中国《民法典》传承与发展系列丛书

《民法典》时代
融资租赁法律合规研究

李鹏飞 侯怀霞 ◎ 著

上海交通大学出版社
SHANGHAI JIAO TONG UNIVERSITY PRESS

内容提要

《民法典》和《最高人民法院关于适用〈中华人民共和国民法典〉有关担保制度的解释》实施以来，纳入非典型担保对融资租赁实务带来哪些影响？融资租赁为非典型担保贡献了哪些实践样本，展开了一幅怎样的实践画面？目前学术界还没有对此进行系统深入的探讨和研究。从理论上看，融资租赁等在涉及担保功能发生纠纷时应适用《民法典担保制度解释》的相关规定，主要包括：一是有关登记对抗的规则；二是有关担保物权的顺位规则；三是有关担保物权的实现规则；四是关于价款优先权等有关担保制度。对于不涉及担保功能的相关事项，包括"融资加融物"的交易特征、出租人不承担质量瑕疵担保、出租人享有取回权等，仍适用融资租赁相关规定。这些变与不变，对融资租赁实务的影响不一而足。从实践看，作为"融资""融物"相结合的交易形式，《民法典》时代"融物"这一核心问题产生了怎样的变化？有哪些典型问题？融资租赁交易结构、担保措施、违约救济等方面的业务实践和司法实践又有哪些新特点？针对这些问题，本书以融资租赁业务整体的实践操作过程为轴，按照业务开始、进行、结尾的时间顺序，从项目审批前、签约放款和履行期间、违约救济三个阶段安排篇章架构，展开探讨。作为《民法典》中的有名合同类型，融资租赁以法律、监管、会计、税务为四大支柱。本书主要论述前两个支柱，致力于从理论观察实务，以实务查验理论，力图为融资租赁和非典型担保理论和实践的发展做出努力。

图书在版编目(CIP)数据

《民法典》时代融资租赁法律合规研究/ 李鹏飞，
侯怀霞著. —上海：上海交通大学出版社，2023.7 (2023.12 重印)
(中国《民法典》传承与发展系列丛书)
ISBN　978 - 7 - 313 - 28708 - 3

Ⅰ.①民…　Ⅱ.①李…②侯…　Ⅲ.①融资租赁—金
融法—研究—中国　Ⅳ.①D922.282.4

中国国家版本馆 CIP 数据核字(2023)第 092444 号

《民法典》时代融资租赁法律合规研究
《MINFADIAN》SHIDAI RONGZIZULIN FALÜHEGUI YANJIU

著　　者：李鹏飞　侯怀霞
出版发行：上海交通大学出版社　　　　　　地　　址：上海市番禺路 951 号
邮政编码：200030　　　　　　　　　　　　电　　话：021 - 64071208
印　　制：苏州市古得堡数码印刷有限公司　经　　销：全国新华书店
开　　本：710 mm×1000 mm　1/16　　　　印　　张：17.5
字　　数：268 千字
版　　次：2023 年 7 月第 1 版　　　　　　印　　次：2023 年 12 月第 2 次印刷
书　　号：ISBN 978 - 7 - 313 - 28708 - 3
定　　价：69.00 元

《中华人民共和国民法典》(简称《民法典》)将融资租赁纳入担保体系,成为非典型担保的一种,这给理论界和实务界带来巨大冲击。2023年,金融审判和融资租赁监管体系步入了新阶段。

《民法典》公布实施后,融资租赁合同作为一种有名合同被保留了下来。《民法典》第十五章"融资租赁合同"章节第735—760条,共计26条,《最高人民法院关于审理融资租赁合同纠纷案件适用法律问题的解释》(2020年修正)共15条,基本保留了《民法典》之前融资租赁相关法律规定的内容。总体来说,融资租赁合同是兼具"融资""融物"属性的有名合同。同时,《民法典》关于融资租赁登记对抗担保物权规则,赋予了融资租赁新的特性。

《民法典》实施后,融资租赁纳入非典型担保。融资租赁等在涉及担保功能发生纠纷时适用《最高人民法院关于适用〈中华人民共和国民法典〉有关担保制度的解释》(简称《担保制度司法解释》),该解释共计71条,直接出现"融资租赁"字样的为6条,分别为第1条"总则"、第6条"公益性质组织融资租赁等交易效力"、第56条"准用正常经营活动买受规则"、第57条"超级优先权"、第65条"担保物权实现规则"、第67条"未经登记不得对抗的'善意第三人'的范围及其效力"。从担保角度看,对融资租赁影响较大的有:一是有关登记对抗的规则;二是有关担保物权的顺位规则;三是有关担保物权的实现规则;四是关于价款优先权等有关担保制度。

上述法律和司法解释共计3部47条规定,与庞杂又分散的各类法律、规章、规定一起,构成融资租赁合同这一有名合同的法律合规基础逻辑。

2023年1月,全国法院金融审判工作会议召开。会议针对金融审判实践中的一些热点问题进行了回应,进一步明确涉及金融安全、市场秩序、国家宏观政策等公序良俗的金融监管规章对合同效力和性质的影响,对包括融资租赁在内的我国金融活动和金融审判意义深远。

同时,从实务看,作为一种交易形式,融资租赁项目大约要经历尽职调查、审查审批、租后管理、项目结束等程序。按照法律关系发生、持续、终止的逻辑,大致可以分为审批前、租期内、结束(正常结束或不正常结束)三个阶段。

项目审批前,出租人、承租人要想建立融资租赁法律关系,需考虑以下因素:一是租赁物,是否符合"融资""融物"的要求;二是交易对手,是否属于适格主体;三是交易结构,选择向承租人购买租赁物然后租给承租人(回租),还是向第三方购买后租赁给承租人(直租)等;四是担保手段及有效性等。当然,从不同角度也会得出不同的排序。从信用审查角度,毫无疑问,承租人、担保人的还款能力是最重要和根本的。

项目审批后,融资租赁公司支付购买价款,承租人开始履行合同。在履行过程中,融资租赁公司可能面临行政处罚,也可能因为与承租人的争议而陷入纠纷。本书选取了行政处罚和诉讼纠纷中的典型问题,进行了评析解读。

几乎与法律变化同步,融资租赁行业监管方面也发生着重大改革和变化。

2020年5月,银保监会制订印发《融资租赁公司监督管理暂行办法》(银保监发〔2020〕22号),金融租赁公司(银保监会管理)和融资租赁公司(原商务部管理)两类主体管理规则开始"同出一门",只不过后者的具体管理职责由地方金融监管部门(一般为地方金融办)行使。

2023年3月,根据党的二十届二中全会通过的《党和国家机构改革方案》,为解决金融领域长期存在的突出矛盾和问题,在中国银行保险监督管理委员会基础上组建国家金融监督管理总局(2023年5月8日,国家金融监督管理总局正式挂牌),统一负责除证券业之外的金融业监管,强化机构监管、行为监管、功能监管、穿透式监管、持续监管。针对地方金融监管部门存在的监管手段缺乏、专业人才不足等问题,强化金融管理中央事权,建立以中央金融管理部门地方派出机构为主的地方金融监管体制,统筹优化中央金融管理部门地方派出机构设置和力量配备。同时,压实地方金融监管主体责任,地方政府设立的金融监管机构专司监管职责,不再加挂金融工作局、金融办公室等牌子。根据上述方案,金融租赁公司的原监管机构将"提能升级",融资租赁公司的监管机构也将"专职专责",两类主体面临的监管专业度和力度等将步入新阶段。

本书在此图景下,以融资租赁实务为"鉴",以法律监管规定为"锚",基于理论和实践双重视角,从法律和合规双重角度切入,力图为观察、了解和完善融资租赁这一非典型担保交易形式的规则提供思考样本。

目 录
CONTENTS

第一节　融资租赁纳入非典型担保的
四个特征、争议及追问

我国《民法典》明确赋予融资租赁担保功能、纳入非典型担保体系已两年有余。纳入之初，无论对担保法律体系，还是对融资租赁理论和实务界都带来了强烈冲击。经过两年多的运行，实践对这一变化的感受却不像预期那么明显。原因何在？是否纳入非典型担保只是对实践成果的条文化、理论化，未对融资租赁既有模式产生较大冲击？抑或一切还有待时间给出答案？回答这些问题，需要认真分析担保对融资租赁究竟会带来哪些影响。

一、纳入非典型担保给融资租赁带来的核心变化

（一）纳入非典型担保的四个核心特征

《担保制度司法解释》第 1 条规定："所有权保留买卖、融资租赁、保理等涉及担保功能发生的纠纷，适用本解释的有关规定。"据此，对于融资租赁交易模式来说，涉及担保功能的纠纷才适用《担保制度司法解释》，而非全盘担保化。融资租赁合同作为一种有名合同，独立交易形式的特性仍然存在，其基础逻辑仍然是"融资"＋"融物"。担保功能对融资租赁的改造是部分的、局部的，加之融资租赁业务本身涉诉比例较低，这些功能呈现到纠纷解决，给实践带来的冲击就远不如法律变化那么强烈。

　　那么,到底哪些属于涉及担保功能发生的纠纷?《民法典》第388条规定:"担保合同包括抵押合同、质押合同和其他具有担保功能的合同。"这为统一动产担保权利体系内部的设立、公示、优先顺位与实行规则提供了前提,是功能主义的重要体现。[1] 最高人民法院在相关解读中也指出,融资租赁等在涉及担保功能发生纠纷时,应适用《担保制度司法解释》的相关规定,主要包括:一是有关登记对抗的规则;二是有关担保物权的顺位规则;三是有关担保物权的实现规则;四是关于价款优先权等有关担保制度。[2] 按此规则,对于不涉及担保功能的相关事项,包括"融资"+"融物"的交易特征、出租人不承担质量瑕疵担保、出租人享有取回权等,仍适用《民法典》关于融资租赁合同的相关规定。由此来看,纳入非典型担保体系后,融资租赁既保持了个性,又吸纳了部分担保规则,属于部分"担保物权"化,不能以抵押等典型担保加以简单类比或套用。

(二) 非典型担保规则适用的追问

　　尽管有上述见解,但鉴于《担保制度司法解释》第1条"涉及担保功能发生的纠纷"表述相对笼统、融资租赁担保化的实践还在探索过程中等原因,各地法院对于"担保功能"的理解和适用多有不同。最高人民法院在解读中指出,在规则适用上,除《担保制度司法解释》明确规定可以适用于非典型担保的条文外,其他条文原则上不适用于非典型担保。如果当事人主张某一条文可以适用于非典型担保,应当详细说明能够适用的理由,法院也应当在判决中对是否适用进行详细说理,避免因非典型相保的泛化适用而冲击担保制度体系。[3] 按此逻辑,典型担保所具备的从属性(例如主从合同关系)、补充性、物保与人保的优先适用、典型担保的决议规则等特征,原则上不适用于融资租赁,但在实践中,仍有较大争议。

---

① 高圣平:《民法典担保制度及其配套司法解释理解与适用(下)》,中国法制出版社2021年版,第1137—1138页。

② 最高人民法院民事审判第二庭:《最高人民法院民法典担保制度司法解释理解与适用》,人民法院出版社2021年版,第43、87页。

③ 最高人民法院民事审判第二庭:《最高人民法院民法典担保制度司法解释理解与适用》,人民法院出版社2021年版,第87页。

1. 规则适用的泛化

《民法典》第 392 条规定:"被担保的债权既有物的担保又有人的担保的,债务人不履行到期债务或者发生当事人约定的实现担保物权的情形,债权人应当按照约定实现债权;没有约定或者约定不明确,债务人自己提供物的担保的,债权人应当先就该物的担保实现债权;第三人提供物的担保的,债权人可以就物的担保实现债权,也可以请求保证人承担保证责任。提供担保的第三人承担担保责任后,有权向债务人追偿。"融资租赁项下出租人从承租人或其他卖方处受让租赁物与第三人提供的保证担保是否构成混合担保? 从司法实务来看,租赁物与保证人同时存在的情况下,法院通常不会述及人的担保和物的担保的优先性问题,但在实践中也有不同认识。

有法院以《民法典》第 392 条为依据,对案件做出判决,例如(2022)粤1972 民初 3413 号案件中,东莞市第二人民法院认为,被告林某等已在案涉两份融资租赁合同连带保证人落款处签名盖章,系案涉债务的连带保证人;同时,根据《民法典》第 392 条的规定,原告应当先就拍卖、变卖案涉租赁物所得的价款受偿本案全部未付租金 188 490 元,不足部分的债务再由保证人承担连带清偿责任。

无独有偶,(2021)京 74 民终 612 号案件中,北京金融法院也认为,本案中,民生银行北京分行的债权已被天津轧一公司管理人确认为优先受偿,作为因融资租赁法律关系发生的债权,与有财产担保、建设工程价款优先受偿等优先债权并列优先分配,破产管理人显然是认可了案涉的融资担保债权中的担保性质在债权清偿顺序中的优先地位,虽然民生银行北京分行认为其取得租赁物既不是直接来源于天津轧一公司,取得所有权的目的也不是实际占有租赁物而只是申报债权,但是从破产重整中破产管理人对其所享有的债权的安排来看,与其通过对租赁物的优先受偿的担保方式的实现并无二致。在此情况下,无论租赁物是否民生银行北京分行直接从天津轧一公司处取得,还是通过金美公司的转让取得,都不影响其已实际取得租赁物的所有权,并且得到了破产管理人认可的优先受偿的权利,故应认定案涉租赁物相当于天津轧一公司自己提供的物的担保。

《中华人民共和国物权法》(简称《物权法》)第 176 条规定:被担保的债权既有物的担保又有人的担保的,债务人不履行到期债务或者发生当事人约定的实现担保物权的情形,债权人应当按照约定实现债权;没有约定或者约定不明确、债务人自己提供物的担保的,债权人应当先就该物的担保实现债权;第三人提供物的担保的,债权人可以就物的担保实现债权,也可以请求保证人承担保证责任。提供担保的第三人承担担保责任后,有权向债务人追偿。本案中,孙某与民生银行北京分行签订的担保合同中对担保的实现顺序进行了约定,即本合同的效力独立于其他担保合同。主合同项下同时存在其他担保的,则乙方有权选择优先行使本合同项下的担保权利,且乙方因任何原因放弃对主合同债务人财产享有的抵押权或质权、变更抵押权或质权的顺位或内容,造成乙方在上述抵押权或质权项下的优先受偿权丧失或减少时,甲方保证责任也不因之免除或减少。在此情况下,孙某应就民生银行北京分行的债权承担连带清偿责任,但是金美公司与民生银行北京分行的合同中并未对此进行约定,在北京金融法院认定民生银行北京分行所享有的债权已经基于行使对债务人天津轧一公司提供物的担保的前提下取得优先受偿,债权人应当先就该物的担保实现债权,在物的担保的范围之外,由金美公司承担连带清偿责任。

《民法典》第392条能否适用于融资租赁项下租赁物与保证担保同时存在的情况?笔者认为不能。理由在于:一是从文义看,第392条规定的情形为"债务人自己提供物的担保"。对于典型担保例如抵押等,抵押期间标的物始终归抵押人所有,系抵押人自己提供的物的担保。而租赁期间,租赁物归属于出租人所有,虽然租赁物客观上发挥了担保租金的作用,但是出租人享有的所有权是完整的、排他性的,以出租人所有的租赁物作为承租人提供的担保来保证出租人的债权,逻辑难以自洽。二是从规则适用上看,该情况并未明确指定适用于融资租赁等非典型担保形式。按照物权法定的一般规则和《担保制度司法解释》的精神来看,也不得任意扩大适用。

尽管分析如上,但从实践操作角度来看,为了提前预防争议、避免相关麻烦,融资租赁交易中涉及保证担保的,无论该保证是以保证合同还是以差额补足函、担保函或回购等任一形式提供,相应条款中排除债务人(承租人)提供的物的担保,特别是租赁物先行作为责任财产,仍然具有重要的现实意义。

2. 是否存在非担保型融资租赁

融资租赁期限届满后,租赁物可能归出租人所有,也可能归承租人所有,后者更为常见。根据期末租赁物归属不同、承担租赁物残值风险的主体不同等情况,法律层面的融资租赁可能在会计层面分为融资性租赁和经营性租赁。

对于租赁期满租赁物归属于出租人的交易类型,即通常的经营性租赁,出租人承担残值风险,承租人按约付清租金后,出租人收回租赁物,钱货两清,出租人、承租人不再就债权总额、租赁物价值予以清算,似乎不存在类似于典型担保"多退少补"的规则。对于该种交易结构,是否不构成非典型担保?笔者认为,一是从法律规定看,《民法典》和《担保制度司法解释》未对融资租赁的不同交易形态进行排除性规定。按照物权法定的基本规则,在该种情况下,人为将融资租赁划分为构成非典型担保的融资租赁和不构成非典型担保的融资租赁缺乏法律依据和法理基础。二是从法律特征上看,融资租赁纳入非典型担保,其核心特征既包括担保物权的清算规则,也包括登记对抗和顺位规则等。租赁期满后租赁物归属于出租人还是承租人,可能影响租赁物清算后的变价款项归属及清算规则的适用,但无论租赁物残值风险由谁承担,出租人均享有登记对抗、价款优先等权利,并可适用担保物权实现规则,也就是说,均属于担保物权的类型。

3. 担保物权的起算时间

实践中,还有一种认识:中国人民银行征信中心动产融资统一登记公示系统(简称中登网)融资租赁登记的物权效力自2021年开始。在(2020)沪74民初3458号判决中,上海金融法院认为,出租人享有优先受偿权的前提是融资租赁合同及出租人对租赁物享有的所有权已经办理登记,且相应登记具有公示公信的作用。本案中,《融资租赁合同》及租赁物所有权于2019年4月27日在中登网登记,但当时该系统还不属于具有法定效力的公示平台。自2021年1月1日起,经国务院批准,中登网成为在全国范围内实施动产和权利担保统一登记的平台,具有法定的公示公信力,本案原告所登记的案涉内容亦被纳入登记系统且公开可查。因此,本院认为案涉融资租赁合同及租赁物的登记应自2021年1月1日起发生物权效力,原告在系争租赁物上享有的优先权利顺位亦可根据该时点进行排列确定。

笔者认为,该观点有待商榷。主要理由在于:一是从《民法典》之前规定看,《最高人民法院关于审理融资租赁合同纠纷案件适用法律问题的解释》第 9 条已经规定:"承租人或者租赁物的实际使用人,未经出租人同意转让租赁物或者在租赁物上设立其他物权,第三人依据物权法第一百零六条的规定取得租赁物的所有权或者其他物权,出租人主张第三人物权不成立的,人民法院不予支持,但有下列情形之一的除外:(一)出租人已在租赁物的显著位置作出标识,第三人在与承租人交易时知道或者应当知道该物为租赁物的;(二)出租人授权承租人将租赁物抵押给出租人并在登记机关依法办理抵押权登记的;(三)第三人与承租人交易时,未按照法律、行政法规、行业或者地区主管部门的规定在相应机构进行融资租赁交易查询的;(四)出租人有证据证明第三人知道或者应当知道交易标的物为租赁物的其他情形。"此处的"融资租赁交易查询"主要指在中登网查询。由此可以看出,融资租赁交易项下租赁物中登网登记及其对抗善意第三人的功能,早在2014 年即已从司法解释层面得到确立,获得了对抗效力。

二是从《民法典》的适用规则看,《最高人民法院关于适用〈中华人民共和国民法典〉时间效力的若干规定》第 3 条规定:"民法典施行前的法律事实引起的民事纠纷案件,当时的法律、司法解释没有规定而民法典有规定的,可以适用民法典的规定,但是明显减损当事人合法权益、增加当事人法定义务或者背离当事人合理预期的除外。"实践中,融资租赁中登网登记也早已成为通行做法,要求融资租赁公司进行中登网登记并未减损其合法权益或增加法定义务。同时,按照是否进行中登网登记来认定出租人是否享有优先受偿、对抗善意第三人等担保物权,也符合交易习惯和当事人的普遍预期。

二、融资租赁纳入非典型担保的实践、影响和争议

如上分析,融资租赁纳入非典型担保,主要获得登记对抗、担保物权顺位规则、担保物权的实现规则、价款优先权规则等的保护。实践中,上述规则在使用上存在一定争议。

(一)登记对抗规则

公示是物权取得对抗和支配效力的基础。在融资租赁交易结构中,租赁物的所有权登记既不创设权利,亦非权利变动的要件,其作用在于公示权

利竞存时的优先顺位。① 《民法典》第 745 条规定：出租人对租赁物享有的所有权，未经登记，不得对抗善意第三人。登记对抗规则中值得注意的问题主要如下。

1. 登记是否包括自抵押

对于车辆类租赁物等，为了方便上牌、理赔、年检或获得补贴等，租赁物通常登记在承租人名下。面对该情况，为了保护物上权利，防止承租人恶意转让，出租人一般会授权承租人将租赁物抵押给出租人，并在承租人所在地的车管所办理抵押登记，即所谓"自物抵押"或"自抵押"。自抵押能否产生优先受偿的法律效果，实践中认识不一。

通常来说，融资租赁的登记机关为中登网。《担保制度司法解释》第 63 条规定："债权人与担保人订立担保合同，约定以法律、行政法规尚未规定可以担保的财产权利设立担保，当事人主张合同无效的，人民法院不予支持。当事人未在法定的登记机构依法进行登记，主张该担保具有物权效力的，人民法院不予支持。"(2021)沪 0112 民初 43762 号案件，上海市闵行区人民法院认为，出租人享有优先受偿权的前提是融资租赁合同及出租人对租赁物享有的担保已经办理登记，且相应登记具有公示公信的作用。本案中，案涉融资租赁合同及其租赁物的动产担保于 2021 年 1 月 13 日在中登网登记，已发生物权效力。

登记是否仅限定为在中登网登记？对于采取自抵押形式登记的，能否适用《民法典》第 745 条规定的"出租人对租赁物享有的所有权，未经登记，不得对抗善意第三人"？(2021)粤 1971 民初 21215 号案件，东莞市第一人民法院认为，"由于《民法典》已经确立融资租赁中出租人的所有权本质上起到了担保的作用，事实上是担保的具体形式之一，所以，对融资租赁合同同样也要适用担保物权制度中的规定，融资租赁合同若能够通过登记等方式进行公示的，均应认可其具有对抗效力，在清偿顺序上，登记的应优先于后登记的、未登记的受偿。本案中，原告对其所属车辆办理了动产抵押登记，其所实施的物权登记方式符合法律规定，依法应当产生相应的法律效力。

---

① 刘保玉、张烜东：《论动产融资租赁物的所有权登记及其对抗效力》，《中州学刊》2020 年第 6 期。

现原告依据融资租赁和其通过抵押登记所形成的公示效力,请求确认其对案涉车辆享有优先受偿权,理据充分,本院予以支持。"关于车辆自抵押是否具备优先受偿的效力问题,(2021)黔 0102 民初 4208 号、(2021)云 0112 民初 7335 号、(2020)豫 1081 民初 7203 号等判决与前述案件持有相同观点。该观点也在 2023 年全国金融审判工作会议精神中做了明确:"为防止承租人擅自转让或为他人设定抵押,出租人在办理融资租赁登记后,往往要求承租人到车管部门办理抵押手续,将车辆抵押给出租人。此时就不能仅以所有权和抵押权为同一人为由认定抵押无效,当事人可以选择行使抵押权或保留的所有权以实现其担保权利"。①

　　值得注意的是,持有相反观点的判决也不在少数,例如(2022)渝 0105 民初 2712 号案,重庆市开州区人民法院认为,天津恒通公司支付租赁车辆购车款时,租赁车辆的物权已变更为天津恒通公司所有。依据《物权法》第 179 条的规定,抵押权应设立在债务人或第三人的财产上,故天津恒通公司不能对其自有车辆设立抵押权,亦不能依据抵押权对案涉车辆优先受偿,抵押登记仅具有对抗善意第三人的效力。故对于天津恒通公司以享有抵押权为由主张优先受偿,本院不予支持。(2022)皖 0207 民初 1931 号案件,芜湖市鸠江区人民法院也认为,双方签订的《融资租赁与保证合同》约定,原告对该车辆享有所有权。原告为便于被告使用车辆,将车辆登记在被告名下,又为防止被告转移车辆,在车辆上设置抵押权并办理抵押登记。原告实际对该车辆享有所有权,而不享有抵押权。

　　2. 车辆"三登记分立":车管所管理登记、抵押登记与中登网登记的并存与冲突

　　2022 年 7 月 17 日,笔者在中国裁判文书网搜索融资租赁判决,发现案件 16.76 万件,其中以"车辆"为关键词进一步搜索,案件数量为 13.04 万件,占比 77.8%。在全部判决中,自 2021 年至查询日,共计 4.29 万件,车辆类占到 3.8 万件,比例进一步提升到 88.58%。而从另外一个统计角度,笔者以"第七百十五条"为关键词,搜索中国裁判文书网,发现涉及"融资租赁"的

---

① 刘贵祥:《关于金融民商事审判工作中的理念、机制和法律适用问题》,《法律适用》2023
　年第 1 期。

案件判决书 158 份,其中与"车辆"有关的共计 153 件。综上,从数量上估算,车辆相关纠纷在融资租赁纠纷中占到大部分。

《公安部关于确定机动车所有权人问题的复函》明确:公安机关办理的机动车登记,是准予或不准予上道路行驶的登记,不是机动车所有权登记。公安机关登记的车主,不宜作为判别机动车所有权的依据。《最高人民法院关于执行案件中车辆登记单位与实际出资购买人不一致应如何处理问题的复函》明确:车辆登记人与实际出资购买人不一致时,不应确定登记名义人为车主,而应根据公平、等价有偿原则,确定实际出资人为车辆所有人。《动产和权利担保统一登记办法》在将融资租赁纳入可以登记的担保范围的同时规定:"其他可以登记的动产和权利担保,但机动车抵押……除外"。在车辆融资租赁业务中,可能同时存在车管所管理登记所有人(与车辆合同、发票买方一致)、车管所登记抵押权人、中登网登记所有权人等权利主体,上述主体分别基于车辆买卖、其他债权债务关系项下抵押、融资租赁等产生。机动车管理登记、抵押登记均在车管所办理,由车管所管理,具有提示第三人注意或对法律层面抗善意第三人的效力。在各种权利主体并存的情况下,如果第三人基于对车管所抵押登记、管理登记和合同发票等信任购买了车辆,而未查询中登网,是否须承担未查询的法律后果,无法取得车辆所有权?

实践中,车辆受让人和融资租赁出租人的权利应当如何平衡和保护,素有争议。对此,2022 年 1 月 27 日,最高人民法院在"全国人大代表全国政协委员联络沟通平台"公布《对十三届全国人大四次会议第 9022 号建议的答复》中做了明确说明:关于实践中的机动车租赁市场中出现的机动车所有权属于出租人,但租赁物登记在承租人名下。《民法典》第 745 条所指"未经登记,不得对抗善意第三人",主要是出租人对租赁物享有的所有权必须登记才能取得对抗善意第三人的效力。第三人在交易时,负有审查出卖人是否享有处分租赁物权的义务,租赁物已在法定登记平台进行登记的前提下,第三人未对租赁物的权属状况进行查询,不应认定为善意。但是在机动车融资租赁业务中,出租人对租赁物的权利主张可能会发生两种情形:一是承租人与第三人发生机动车买卖的真实交易,由于机动车登记在承租人名下,第三人的权益应当予以保护。融资租赁公司明知机动车的登记管理制度与出租人所有权冲突可能产生的风险,仍然开展相关的租赁业务,对此,法律并不能例外作出保护。二是承租人的债权人对承租人名下的租赁物申请强制执行,出租人以其系真实所有权人或者抵押权人为由向人民法院提出执行异议。实践中,出租人通常会通过办理抵押登记方式对租赁物设定抵押权。如果对租赁物办理了融资租赁(抵押)登记,是能够对抗保全、执行措施的;如果对租赁物未办理融资租赁(抵押)登记,人民法院基于承租人的债权人的申请对租赁物采取保全或者执行措施的,出租人主张对抵押财产优先受偿的,根据《担保制度司法解释》第 54 条第三项规定:"动产抵押合同订立后未办理抵押登记,动产抵押权的效力按照下列情形分别处理:……(三) 抵押人的其他债权人向人民法院申请保全或者执行抵押财产,人民法院已经作出财产保全裁定或者采取执行措施,抵押权人主张对抵押财产优先受偿的,人民法院不予支持"。

3. 中登网"人的编程主义"下的问题

在笔者以"第七百十五条"为关键词发现的 158 份判决书中,38 份涉及挂靠问题,出租人均为同一公司。在批量案件中法院观点基本一致,以(2022)沪 0101 民初 774 号为例,上海市黄浦区人民法院认为"租赁车辆虽然登记于挂靠商名下,但三方在合同中一致确认租赁车辆的所有权属于原告,且租赁物所有权在融资租赁关系存续期间归属于出租人亦符合法律规定。因此,原告有权在被告不履行上述还款义务时,要求拍卖、变卖租赁车辆并就所得价款优先受偿"。从挂靠的法律特征和法院判决看,其并未影响出租人对租赁物的所有权和优先受偿。但实践中,挂靠关系会限制中登网的登记公示效果。

众所周知,中登网登记采取"人的编程主义",即只能通过输入公司名称查询其名下登记情况,即"以人查物",无法输入物的名称"以物查人"。在挂靠情形下,车辆承租人与挂靠方分离,车管所登记于挂靠方名下,车辆合同发票购买人也只显示挂靠方,而中登网融资租赁登记只能以融资租赁法律关系为基础,按照原实际购买人(回租模式)登记,登记在承租人名下。第三方在进行车辆交易的过程中,由于车辆合同发票、车管所管理登记显示权利人均为被挂靠方,正常情况下,其无法通过这些法律文件得知承租人的存在,更无法得知挂靠方、承租人关于所有权的约定。在这种情况下,即使第三方以被挂靠方姓名或名称查询中登网,也无法发现"承租人"名下的融资租赁登记,中登网登记的功能受到一定程度削弱。

4. 存货等作为租赁物的,受制于正常经营活动买受人规则

在商事交易中,即使公示于外的事实与实际情形不符,只要第三人对公示在外的事实主观信赖合理,则该第三人据以作出的民事法律行为效力受法律的优先保护,这是一项权衡实际权利人与外部第三人之间利益冲突所应遵循的法律选择适用准则。① 而中登网登记虽然有相应的格式规范,但登记活动由债权人自主进行,登记便利,内容具有较大自主性,事实上很难事先审核。如果不对登记对抗的范围加以明确和限制,很容易影响物的正常流转,增加交易的不确定性和社会成本。

为了限制登记对抗规则的滥用,《民法典》第 404 条规定了正常经营活动买受人规则,即"以动产抵押的,不得对抗正常经营活动中已经支付合理价款并取得抵押财产的买受人"。在此基础上,《担保制度司法解释》第 56 条规定:"买受人在出卖人正常经营活动中通过支付合理对价取得已被设立担保物权的动产,担保物权人请求就该动产优先受偿的,人民法院不予支持,但是有下列情形之一的除外:(一)购买商品的数量明显超过一般买受人;(二)购买出卖人的生产设备;(三)订立买卖合同的目的在于担保出卖人或者第三人履行债务;(四)买受人与出卖人存在直接或者间接的控制关系;(五)买受人应当查询抵押登记而未查询的其他情形。前款所称出卖人正常经营活动,是指出卖人的经营活动属于其营业执照明确记载的经营范围,且出卖人持续销售同类商品。前款所称担保物权人,是指已经办理登记的抵押权人、所有权保留买卖的出卖人、融资租赁合同的出租人。"

如果第三人购买他人的产品,例如从经销商处购买车辆或手机、从农场购买肉鸡及从其他企业中购买库存产品等,均属于正常正常经营活动的买受人。从会计上看,该类"产品"均属于"存货"范畴,与能够产生现金流的"固定资产"不同。该类"存货"作为租赁物的,首先,不符合监管办法关于租赁物应为固定资产的要求;其次,该等标的物看似流通性较强,实则无法对抗经营活动正常的买受人,无法得到法律充分、有效的保护。

---

① 最高人民法院民法典贯彻实施工作领导小组:《中华人民共和国民法典合同编理解与适用(三)》,人民法院出版社 2020 年版,第 745 页。

　　尽管笔者查询中国裁判文书网未发现正常经营活动买受人与担保物权人权利冲突的案例，但该规则在实践中还是得到一定应用，例如有些案件，法院判决担保物权人可以行使优先权的，仍为正常经营活动买受人留下保护空间，(2021)粤 2072 民初 17641 号案件，广东省中山市第二人民法院判令："原告中山市富茂石油化工连锁有限公司对被告冯某所有的粤××号车辆在本案债务范围内享有优先受偿权，但不得对抗善意第三人及不得对抗正常经营活动中已经支付合理价款并取得抵押财产的买受人。"(2021)鲁 1423 民初 2719 号、(2021)闽 0102 民初 1766 号判决也持有类似观点。

(二) 顺位规则

　　《民法典》第 414 条规定："同一财产向两个以上债权人抵押的，拍卖、变卖抵押财产所得的价款依照下列规定清偿：(一) 抵押权已经登记的，按照登记的时间先后确定清偿顺序；(二) 抵押权已经登记的先于未登记的受偿；(三) 抵押权未登记的，按照债权比例清偿。其他可以登记的担保物权，清偿顺序参照适用前款规定。"

　　1. 特定化与排他性：事实争议更需重视

　　办理担保登记(包括典型担保和非典型担保登记)后，债权人的权利顺位按照登记时间即可确定，比较容易判断。实践中，直接适用该条文来认定清偿顺序的融资租赁案例也较少。2022 年 7 月 10 日，笔者以"融资租赁""第四百一十四条"等关键词搜索中国裁判文书网，共发现案例 15 件，其中无直接涉及权利冲突法律适用的案例，因此，顺位规则法律争议并不大，值得注意的问题主要在于登记的事实认定上。

　　(1) 特定化不足的后果。在法律争议不大的情况下，顺位规则适用主要涉及的是事实判断问题，即登记的标的物能否形成特定、明确和排他性的指向。特定化一般通过明确标的物的型号、购买合同、发票、车架号等唯一、专属信息或标识实现，并根据个案情况进行判断。作为所有权的标的物，租赁物应当客观存在，并且为特定物。没有确定的、客观存在的租赁物，即无租赁物的所有权转移，仅有资金的融通，不构成融资租赁合同关系。在(2016)最高法民终 286 号案件中，最高人民法院认为，兴业公司与浩博公司、联盛公司于 2011 年 6 月 20 日签订的编号为 CIBFL - 2011 - 033 - HZ

的《融资租赁合同》，虽名为"融资租赁合同"，并就租赁物及租金等问题作出了明确约定，且附有《租赁物所有权转移证书》及《租赁物清单》，但《租赁物所有权转移证书》仅载明租赁物所有权转移而未载明具体的租赁物名称及型号，《租赁物清单》仅列明了租赁物的供货商、租赁物名称、入账金额入账时间、已提折旧及账面净值。而入账金额、时间、折旧、账面净值系财务记账方式，供货商及设备名称尚不足以使得租赁物特定化。该合同第3条"租赁物的购买"与交付第2款约定：浩博公司须在合同签订当日向甲方提交租赁物所有权凭证原件、租赁物购货合同、销售发票原件、租赁物保险凭证原件（若有），兴业公司认为证明浩博公司拥有租赁物完整所有权所需的其他必要文件、资料；兴业公司在检查完毕上述材料后，留存租赁物所有权凭证原件、浩博公司加盖公章的租赁物购货合同、销售发票及其他材料的复印件。根据该条约定，兴业公司亦可通过提供上述书面文件，证明合同所约定的租赁物真实存在，并转移了所有权。但兴业公司在本案诉讼期间未提交上述书面文件，也未提供兴业公司取得租赁物所有权时对租赁物进行过实物检视、租赁物的现状及存放地点以及其他能够证明特定租赁物真实存在的证据。仅凭《租赁物所有权转移证书》及《租赁物清单》尚不足以证明存在能与《租赁物清单》所列租赁物一一对应的特定租赁物，也不足以证明案涉《融资租赁合同》履行过程中存在租赁物的所有权转移，故现有证据不足以认定三方当事人之间系融资租赁合同关系。对兴业公司有关租赁物实际存在、案涉《融资租赁合同》系融资租赁合同的主张，因证据不足，本院不予支持。

（2）适度扩大的注意义务。对于存在在先登记的，即使登记内容存在一定瑕疵或者不完善之处，后续债权人也应基于谨慎和注意义务，进行必要的核实和排查，以确定标的物不存在重复。在融资租赁交易中，融资租赁公司作为出租人，具有一定专业性，对于已经存在可能导致冲突的信息，如果未进行必要查验，可能将承担不利的法律后果。在（2018）浙01民初342号案件中，浙江省杭州市中级人民法院认为，粤财公司和金控公司办理生产设备"售后回租"业务中所涉金额巨大，且在先已有物产公司融资租赁业务在中登网已登记公示。虽然物产公司的公示存在附件内容不完整的瑕疵，但是在已公示信息已明确体现"2亿元生产设备融资租赁"这一重大信息。

对格洛斯公司已存在金额巨大且涉及同类租赁物的融资租赁情形,粤财公司及金控公司理应对自身融资租赁标的物、在先融资租赁标的物进行全面核实。而从实际情况看,该两公司对在先公示信息未予合理关注和有效核实。粤财公司和金控公司与格洛斯公司开展"售后回租"业务时,既未对在先公示的同类租赁的租赁物予以合理关注和有效核实,又未对自身合同项下租赁物实际情况进行合理审查,未能尽到合理的审查注意义务,对部分租赁物重复租赁情形的发生存在重大过失,不能对抗物产公司在先取得的动产物权。虽然粤财公司就其租赁物设定抵押并完成登记,但该登记依据的抵押合同所指向的抵押物名称已有在先他人所有权,且甄别抵押物的发票均与实际不符,粤财公司不能以该抵押登记对抗物产公司在先所有权。该案上诉后,浙江省高级人民法院认定:"在物产公司取得案涉租赁物所有权在先的情况下,一审法院根据物权法对善意取得制度的规范,认定上诉人粤财公司、金柱合伙企业不构成善意取得,亦并无不当。"

2. 两个容易混淆的观点:在先登记与应收账款质押

(1) 在先登记仍未注销,但对应债权已经结清的,在后登记能否当然构成第一顺位? 实践中,抵押担保之主债权或在先融资租赁已经清偿完毕,受限于在先债权人内部流程或需至外地现场办理登记解除等原因,尚未办理注销登记的,若将该等标的物作为租赁物,在先登记是否影响顺位利益? 实践中,受"主债权存在从债权存在,主债权消灭从债权消灭"的影响,很容易产生混淆。从主从债权规则的内容不难看出,该情况主要针对"债权",而中登网或抵押登记保护的是"物权"。根据《民法典》第225条规定:"船舶、航空器和机动车等的物权的设立、变更、转让和消灭,未经登记,不得对抗善意第三人",登记未注销的,登记所包含的对抗效力仍处于有效状态,尚未消灭。此时,如果存在原担保权利人与债务人签署补充协议约定继续沿用该担保,或者新债旧偿等情况,该等债权仍可就该登记优先受偿,在后的融资租赁存在法律风险。关于新债旧偿,《担保制度司法解释》第16条规定:主合同当事人协议以新贷偿还旧贷,旧贷的物的担保人在登记尚未注销的情形下,同意继续为新贷提供担保,在订立新的贷款合同前又以该担保财产为其他债权人设立担保物权,其他债权人主张其担保物权顺位优先于新贷债权人的,人民法院不予支持。

（2）高速公路等收费权质押的,是否构成租赁物权属瑕疵? 在高速公路、桥梁、大坝、供水管网等作为租赁物的情况下,如果对应的收费权、收益权已经质押的,是否属于在先顺位登记,构成租赁物的所有权瑕疵? 实践中,有观点认为,所有权包括占有、使用、收益、处分四项权能,如果收益权被质押,标的物的所有权即存在瑕疵。

所有权的收益权能是指所有权人收取标的物天然孳息和法定孳息的权能,例如,收取果树结出的果实,收取租金、利息等。需要注意的是,收益权能作为财产权利的内容,非所有权人独享,这也是用益物权的主要内容之一。① 所有权具有整体性。所有权不是占有、使用、收益和处分等各种权能在量上的总和,而是一个整体(浑然一体)的权利。② 它包含两层意思:一是所有权是对标的物全面支配的权利,并非占有、使用、收益和处分权能的简单相加,即使其中个别权能根据权利人的意思由他人行使,或受到限制,所有权的性质并不因此受到影响。二是所有权不能在内容或时间上加以分割。例如,在所有权上设定用益物权或者担保物权,不是让与所有权的一部分,而是创设一个新的、独立的物权,③即所有权权能的个别部分由其他人行使或质押、控制等,并不必然构成所有权瑕疵。举例说明: 假如房屋被出租,以出租所得款项质押融资的,显然不能视为房屋所有权存在瑕疵,进而影响所有权人对房屋的买卖或其他处分。总体来看,如果高速公路收费权被质押,可能影响高速公路的变现能力或阶段性收益归属,但并不构成所有权的瑕疵或妨碍。

3. 破产中的顺位利益: 取回权和别除权的细微差别

根据《民法典》规定,出租人享有租赁物的所有权。同时,进行中登网融资租赁登记后,出租人享有担保物权。对于登记后的租赁物,在破产语境下,承租人可以基于所有权行使取回权,也可以基于担保物权行使别除权。

---

① 最高人民法院民法典贯彻实施工作领导小组:《中华人民共和国民法典物权编理解与适用(上)》,人民法院出版社 2020 年版,第 208 页。

② 王泽鉴:《民法物权》(第 1 册),中国政法大学出版社 2001 年版,第 150 页;谢在全:《民法物权论》(上册),中国政法大学出版社 1999 年版,第 120 页;梁慧星、陈华彬:《物权法》,法律出版社 1997 年版,第 103 页。

③ 最高人民法院民法典贯彻实施工作领导小组:《中华人民共和国民法典物权编理解与适用(上)》,人民法院出版社 2020 年版,第 208 页。

虽然《民法典》将出租人对租赁物的所有权功能化为担保物权，但在承认购买价金担保权超级优先顺位规则的前提之下，出租人的权利并未受到实质性的影响。相反，借助于担保物权规则，租赁物上竞存权利之间的优先顺位、承租人违约后救济的程序保障等得以确立，增加了融资租赁交易的确定性。唯一不同的是，承租人破产之时，在所有权构造之下，出租人基于其所有权可以主张破产取回权，但在担保权构造之下，出租人仅可以主张破产别除权。在我国《企业破产法》就破产别除权的行使与保护存在诸多限制的情形之下，破产取回权的地位明显优于破产别除权。①

《最高人民法院关于适用〈中华人民共和国企业破产法〉若干问题的规定(二)》[简称《破产法规定(二)》]第 2 条规定："下列财产不应认定为债务人财产：（一）债务人基于仓储、保管、承揽、代销、借用、寄存、租赁等合同或者其他法律关系占有、使用的他人财产"。《企业破产法》第 18 条规定：人民法院受理破产申请后，管理人对破产申请受理前成立而债务人和对方当事人均未履行完毕的合同有权决定解除或者继续履行，并通知对方当事人。管理人自破产申请受理之日起两个月内未通知对方当事人，或者自收到对方当事人催告之日起 30 日内未答复的，视为解除合同。基于上述法律逻辑，在破产情况下，管理人未在法定时间内通知或答复的，融资租赁合同解除，出租人可以行使取回权。（2021）粤 19 民初 165 号案件，广东省东莞市中级人民法院认为，和运公司与晋益公司之间构成融资租赁法律关系。合同约定租赁物归和运公司所有，和运公司在本院裁定受理晋益公司破产清算申请后，和运公司有权向晋益公司破产管理人行使取回权，要求晋益公司破产管理人返还上述 10 台钻攻机。晋益公司破产管理人已返还 2 台，但对其余 8 台以现场的钻攻机所贴的铭牌记载的机号与合同记载的机号不一致不予认可。该 8 台钻攻机一直由晋益公司占有、使用，如果在租赁时没有贴和运公司的标识，和运公司也不可能在晋益公司使用钻攻机期间再贴其标识，且晋益公司也没有提供证据证实该 8 台钻攻机属于其所有的证据，和运公司主张取回该 8 台钻攻机理由成立，晋益公司破产管理人应返还该 8 台

---

① 高圣平：《民法典担保制度及其配套司法解释理解与适用（下）》，中国法制出版社 2021 年版，第 1146 页。

钻攻机给和运公司。法院判决:"被告东莞市晋益电子科技有限公司应于本判决发生法律效力之日起 10 日内返还 8 台巨高牌钻攻机给原告和运国际租赁有限公司。"

出租人享有取回权,在租赁物实际无法取回的情况下,出租人享有何种权利? 在(2021)粤 19 民初 17 号案件中,广东省东莞市中级人民法院认为,既然案涉租赁物的所有权不属于烨伟公司,那么该租赁物的变现价值依法亦不属于烨伟公司的财产,仲利公司有权取回该现金价值。无独有偶,(2021)苏 0413 民初 912 号案件,江苏省常州市金坛区人民法院认为,本案中,在租赁物已经被拍卖的情况下,平安公司客观上已经不具备取回租赁物的条件。虽然平安公司向韩保管理人申报债权的依据是上海市浦东新区人民法院作出的(2019)沪 0115 民初 68724 号民事判决书,但结合平安公司在本案中的陈述理由可知,其行使权利的实质是基于融资租赁设备所有人的特殊身份,这种权利与债权请求权有明显的不同。平安公司要求优先受偿并非基于一般债权,而是基于取回权。平安公司未在案涉《售后回租赁合同》项下"涂布机"上张贴任何载明权属的标识,也未在本院执行过程中提出异议。江苏省常州市金坛区人民法院为了全体债权人的共同利益,将案涉《售后回租赁合同》项下租赁物委托拍卖,但拍卖所得价款不属于破产财产,不应参与破产财产分配,应当优先支付给融资租赁设备的所有权人,即平安公司。

值得注意的是,在破产取回的情况下,从上述判决本身来看,租赁物的全部价值(包括超过出租人债权部分的剩余价值)均归出租人所有。即使变卖价值超过了出租人剩余债权,法院也未在案件中做出处理;而如果变卖价值不足以清偿的话,出租人还可以进一步要求赔偿损失。《最高人民法院关于审理融资租赁合同纠纷案件适用法律问题的解释》(2020 年修正)(简称《融资租赁司法解释 2020》)第 11 条规定:"出租人依照本解释第五条的规定请求解除融资租赁合同,同时请求收回租赁物并赔偿损失的,人民法院应予支持。前款规定的损失赔偿范围为承租人全部未付租金及其他费用与收回租赁物价值的差额。合同约定租赁期间届满后租赁物归出租人所有的,损失赔偿范围还应包括融资租赁合同到期后租赁物的残值。对于该部分损失,由于不再有租赁物作为保证,出租人只能要求按照普通债权予以清偿。"

对于出租人行使取回权可能导致的超额受偿或不足受偿,在合同解除类纠纷中,(2021)沪0101民初16260号案件给出了比较好的处理办法。该判决第4条明确:"四、本判决主文第二项中的租赁物收回时的价值由原告丰田融资租赁有限公司于本判决生效之日起十日内与被告廖某协商确定,若协商不成或无法进行协商,双方均可请求人民法院委托有资质的机构通过评估确定,租赁物收回时的价值超过本判决主文第三项中的全部未付租金、截至解除日的到期未付租金的违约金及留购价之和的部分归被告廖某所有,不足部分由被告廖某继续清偿。"

而在《民法典》实施后,融资租赁作为非典型担保的交易形式,租赁物登记后,即获得对抗效力和顺位对抗效力,属于担保物权的一种。前述最高人民法院《破产法规定(二)》第3条明确:债务人已依法设定担保物权的特定财产,人民法院应当认定为债务人财产;《企业破产法》第109条规定:对破产人的特定财产享有担保权的权利人,对该特定财产享有优先受偿的权利。在对租赁物进行登记的情况下,出租人按照担保物权的行使规则或《担保制度司法解释》第65条规定,主张就租赁物拍卖、变卖的价款优先受偿,即产生别除权的效果,与抵押等担保物权人实现担保权利并无差别,即以债权人全部债权为限就租赁物变现价值"多退少补",未得到全面清偿的,按照《企业破产法》第110条规定"享有本法第一百零九条规定权利的债权人行使优先受偿权利未能完全受偿的,其未受偿的债权作为普通债权;放弃优先受偿权利的,其债权作为普通债权",计入普通债权。

综上,在承租人破产的情况下,出租人可以行使取回权或别除权。就租赁物或变卖价款行使取回权的,不足以清偿债权的部分,可以继续按普通债权主张损失赔偿;超过债权的,现实中存在获得超出债权利益的可能。行使别除权的,以出租人全部债权为"锚",就租赁物变现价款"多退少补"。主张取回权的,在司法实务中,可能会获得比别除权更多支持。

(三) 担保物权实现和清算规则

《担保制度司法解释》第65条规定:在融资租赁合同中,承租人未按照约定支付租金,经催告后在合理期限内仍不支付,出租人请求承租人支付全部剩余租金,并以拍卖、变卖租赁物所得的价款受偿的,人民法院应予支持;

当事人请求参照《民事诉讼法》"实现担保物权案件"的有关规定,以拍卖、变卖租赁物所得价款支付租金的,人民法院应予准许。

出租人请求解除融资租赁合同并收回租赁物,承租人以抗辩或者反诉的方式主张返还租赁物价值超过欠付租金以及其他费用的,人民法院应当一并处理。当事人对租赁物的价值有争议的,应当按照下列规则确定租赁物的价值:① 融资租赁合同有约定的,按照其约定;② 融资租赁合同未约定或者约定不明的,根据约定的租赁物折旧以及合同到期后租赁物的残值来确定;③ 根据前两项规定的方法仍然难以确定,或者当事人认为根据前两项规定的方法确定的价值严重偏离租赁物实际价值的,根据当事人的申请,委托有资质的机构评估。

1. 权利救济路径的变化和异化

按照融资租赁合同纠纷解决规则和合同法基本原理,出租人如果基于合同继续履行或者合同继续有效,可以要求加速到期,主张全部租金;如果基于合同权利义务终止,也可以要求解除合同并收回租赁物,二者是择一关系,不可兼得。这种"二分法"可能导致出租人主张权利时的讼累和纠结:主张收回租赁物,则客观上要考虑拆卸、装运、再利用等问题;主张全部租金,则如果无法收回,想处置租赁物变现的,还需要二次诉讼,而随着时间推移,租赁物价值也在不断贬损。

《融资租赁司法解释 2020》第 10 条规定:"出租人既请求承租人支付合同约定的全部未付租金又请求解除融资租赁合同的,人民法院应告知其依照民法典第七百五十二条的规定作出选择。出租人请求承租人支付合同约定的全部未付租金,人民法院判决后承租人未予履行,出租人再行起诉请求解除融资租赁合同、收回租赁物的,人民法院应予受理。"《民法典》第 752 条规定:"承租人应当按照约定支付租金。承租人经催告后在合理期限内仍不支付租金的,出租人可以请求支付全部租金;也可以解除合同,收回租赁物。"

在《担保制度司法解释》第 65 条的规定下,出租人无疑增加了救济手段,在诉讼中有以下三个选项:① 加速到期,主张全部债权。② 解除合同收回租赁物,并要求赔偿损失。③ 参照担保物权实现方式,又有两种路径:在第一项措施基础上要求实现担保物权;直接参照"实现担保物权案件"规则保护权利。

而在实践中,关于主张全部债权的案件,多数法院按照"认定租金和违约金等债权金额、支持出租人就上述金额优先受偿"的逻辑判决,例如(2021)沪0115民初51682号,上海市浦东新区人民法院判决:"一、被告王某应于本判决生效之日起十日内支付原告上海有车有家融资租赁有限公司全部未付租金15 321.12元;二、被告王某应于本判决生效之日起十日内支付原告上海有车有家融资租赁有限公司截至2021年6月1日的逾期利息4 631.12元,以及自2021年6月2日起至实际清偿之日止的逾期利息(以截至2021年6月1日的应付未付租金15 321.12元为基数,按年利率15.4%,以实际逾期天数计算);三、原告上海有车有家融资租赁有限公司可以将租赁车辆(机动车登记编号:宁A8XX＊＊,发动机号:CW09＊＊,车架号:＊＊)拍卖、变卖,所得价款用于清偿被告王某上述第一、二项判决确定的付款义务;如所得价款不足清偿上述债务,则不足部分由被告王某继续清偿,如所得价款超过上述债务,则超过部分归被告王某所有。"

有些地方法院,在优先受偿之外,也出现了对租赁物的权属认定,即在支持出租人享有优先受偿权的判项前,确认租赁物归出租人所有。(2021)浙0102民初7801号案件,浙江省杭州市上城区人民法院判决:"三、确认原告ZY金融租赁股份有限公司在上述第一至二项确认债权未全部受偿前,编号为ZY2021SH0061的《融资租赁合同(售后回租)》项下所有租赁物(租赁物清单详见附件)的所有权归原告ZY金融租赁股份有限公司;四、确认原告ZY金融租赁股份有限公司有权就编号为ZY2021SH0061的《融资租赁合同(售后回租)》项下所有租赁物(租赁物清单详见附件),以折价或以拍卖、变卖所得价款在上述第一至二项范围内优先受偿。"(2020)京02民初610号、(2021)闽0206民初17235号案件也持有相同观点或思路。对于支持优先受偿权同时确认租赁物归出租人所有的判决,如果在执行过程中,未对租赁物变现价值同时清算,则很容易出现类似取回权中超额受偿的问题。

2. 担保物权担保的范围:租金还是债权

表面来看,担保制度司法解释只规定了租金的变价受偿。《担保制度司法解释》第65条规定:以拍卖、变卖租赁物所得价款支付"租金"的,人民法院应予准许。于是,实践中就所得价款的清偿范围出现了较大争议。有些法院认为,租赁物变卖价款仅可以清偿租金,而是否予以登记,则不予讨论。(2022)粤1972民初5498号案,广东省东莞市第二人民法院认为,案涉租赁物已在中国人民银行征信中心进行动产担保登记证明——初始登记,故原告可请求以拍卖、变卖案涉租赁物所得的价款受偿本案全部未付租金649 000 元。对受偿权原告超出本院前述认定的部分本院不予支持(违约金、财产保全担保服务费等均未支持优先受偿)。(2022)粤 1972 民初 3413号案件也持有相同观点。而在已经办理抵押登记的前提下,对于(2021)京74 民终 884 号案件,北京金融法院认为,在融资租赁合同中,承租人未按照约定支付租金,经催告后在合理期限内仍不支付,出租人请求承租人支付全部剩余租金,并以拍卖、变卖租赁物所得的价款受偿的,人民法院应予支持。邓某未按照合同约定时间及时支付租金构成违约,应承担相应的违约责任。智融金科公司上诉请求有权以拍卖、变卖案涉车辆所得的价款优先受偿,且优先受偿的范围应当包括剩余租金、逾期利息、律师费缺乏法律依据,本院无法采信。

而如前所述,根据《担保制度司法解释》第 63 条规定:债权人与担保人订立担保合同,约定以法律、行政法规尚未规定可以担保的财产权利设立担保,当事人主张合同无效的,人民法院不予支持。当事人未在法定的登记机构依法进行登记,主张该担保具有物权效力的,人民法院不予支持。根据该规定,对于已经办理登记的融资租赁,出租人获得优先受偿权。按照担保物权的规定,当事人无约定的,担保的范围应为全部债权,而非仅限于租金。司法实践中,诸多法院也对优先受偿范围包括租金外的债权予以支持。例如(2021)粤 0106 民初 28704 号案件,广东省广州市天河区人民法院认为,中大力鼎公司从 2020 年 1 月起逾期支付租金,其违约行为发生在《民法典》施行之前,但当时的法律、司法解释并没有关于出租人在承租人支付租金违约时有权请求对租赁物拍卖、变卖所得价款受偿的规定,而《担保制度司法解释》第 65 条对此进行了规定,且适用该新规定并不会导致明显减损当事人合法权益、增加当事人法定义务或者背离当事人合理预期,故本院认定本案可以适用《担保制度司法解释》第 65 条规定。最终,法院就租金、违约金、律师费、保全费均支持优先受偿。(2022)浙 0212 民初 2946 号、(2022)沪0101 民初 3912 号、(2022)京 0105 民初 6148 号等案件也持有相同观点。

在承租人无力支付全部未付租金的情形下,出租人自然有权通过诉讼或者非诉的方式请求人民法院拍卖、变卖租赁物并以所得价款受偿。至于出租人能否主张就拍卖、变卖租赁物所得价款优先受偿,则取决于出租人对租赁物享有的所有权是否已经办理登记。根据《民法典》第 745 条规定,出租人对租赁物享有的所有权未经登记的,不得对抗善意第三人。因此,在出租人对租赁物享有的所有权未办理登记时,对于出租人以拍卖、变卖租赁物所得价款优先受偿的请求,人民法院不应支持,而仅支持其以拍卖、变卖租赁物所得价款受偿的请求。①

3. 担保物权实现程序

2022 年 7 月 16 日,以"实现担保物权"为关键词,笔者在中国裁判文书网搜索适用于"融资租赁"纠纷的案件,共发现案例 962 件。这些案件有两个显著特点:一是《民法典》实施后数量占比大。2021 年 681 件、2022 年 167 件,共计 848 件,占比 88.15%。由此看出《民法典》和《担保制度司法解释》对于该特别程序的激活作用。二是基于"抵押"的实现担保物权案件占比较大,为 757 件,占比 78.69%。对于基于租赁物自抵押的特别程序,各地法院均有支持,例如(2021)苏 0302 民特 165 号、(2022)川 0604 民特 365 号、(2022)云 0111 民特 13 号、(2022)鲁 0891 民特 35 号、(2021)湘 0212 民特 29 号等。(2022)川 0604 民特 363 号案件,四川省德阳市罗江区人民法院认为,当事人签订的《融资回租合同及其他文件》合法有效且已办理抵押登记。被申请人未全部履行合同义务,构成违约,依法应当承担支付未付租金和逾期利息责任。本案主债权金额 119 306.27 元,抵押物担保范围为承租人在主合同项下向出租人支付的全部款项。标的车辆停放于德阳市罗江区,本院对本案具有管辖权,异议人所提异议不成立。

实现担保物权案件也有一些缺陷。从程序要求而言,实现担保物权审理周期短,一般为 60 天,方便快捷,及时高效。但综合来看,适用实现担保物权案件面临两个突出问题:首先,异地管辖带来的成本问题。《民事诉讼法》第 196 条规定:申请实现担保物权,由担保物权人以及其他有权请求实现担保物权的人依照物权法等法律,向担保财产所在地或者担保物权登记地基层人民法院提出。特别是融资租赁业务,担保财产或租赁物一般散落

---

① 最高人民法院民事审判第二庭:《最高人民法院民法典担保制度司法解释理解与适用》,人民法院出版社 2021 年版,第 546 页。

于全国各地,在财产所在地或登记地管辖,而不能选择原告住所地,会显著提高诉讼成本。其次,程序脆弱性带来的成本问题。例如(2022)粤 0607 民特 9 号案述及该程序不处理实体争议,一旦被申请人提出该类抗辩,该程序即无法进行。可能由于此类原因,适用实现担保物权案件程序的案件在总案件中显得形单影只。而即使适用了实现担保物权案件程序的 962 件案件,也保持了一定的撤诉比例,达到 117 件,占 12.16%。程序的脆弱性在(2022)粤 0607 民特 9 号案件中也可见一斑。该案中,佛山市三水区人民法院认为,担保物权实现程序在性质上应属非讼程序,是在没有民事权益争议的情况下,由申请人或利害关系人请求法院确认担保物权是否存在,从而作出裁定拍卖、变卖担保财产。因此,不存在权利义务的争议是担保物权实现程序的实质要件。本案中,由于被申请人对担保物权的基础事实包括本息计算金额等均存在争议,而且对于担保物权的实现是否受到限制,仅通过对申请人提交的书面证据进行形式上的审查,无法进行确定。故本院认为,鸿江融资租赁公司主张实现担保物权的条件尚未成就,对其申请不予准许。

(四) 价款优先权规则

1. 规则的理解

《担保制度司法解释》第 57 条规定:担保人在设立动产浮动抵押并办理抵押登记后又购入或者以融资租赁方式承租新的动产,下列权利人为担保价款债权或者租金的实现而订立担保合同,并在该动产交付后 10 日内办理登记,主张其权利优先于在先设立的浮动抵押权的,人民法院应予支持:① 在该动产上设立抵押权或者保留所有权的出卖人;② 为价款支付提供融资而在该动产上设立抵押权的债权人;③ 以融资租赁方式出租该动产的出租人。买受人取得动产但未付清价款,或者承租人以融资租赁方式占有租赁物但是未付清全部租金,又以标的物为他人设立担保物权,前款所列权利人为担保价款债权或者租金的实现而订立担保合同,并在该动产交付后 10 日内办理登记,主张其权利优先于买受人为他人设立的担保物权的,人民法院应予支持。同一动产上存在多个价款优先权的,人民法院应当按照登记的时间先后确定清偿顺序。

《民法典》实施后,融资租赁中登网登记效力得到进一步明确,加上自助登记较为方便,因此,实践中,出租人在支付租赁物购买价款前,一般就办理中登网登记,对租赁物进行公示,即在正常情况下,动产交付后 10 天内登记看起来概率较低。只不过,《担保制度司法解释》第 57 条主要针对新购入设备,即直租情形。在直租情况下,当支付购买价款时,租赁物一般尚未取得,即使办理了中登网登记,也无法实现特定化,需要在租赁物交付后,进行补充登记。因此,直租项目应当特别注意,在办理登记或登记更新、变更后,应在动产交付后 10 天内完成。

价款优先权规则借鉴《美国统一商法典》第九编和《联合国贸易法委员会担保交易立法指南》规定的"购买价金担保权"(Purchase Money Security Interesr,PMSI)制度,目的是在企业已经对现有以及将有的生产设备、原材料、半成品、成品等设立动产浮动抵押的情况下,方便再融资。有些法院将该规则作为支持出租人优先受偿权的论据,例如(2021)湘 1302 民初 3141 号案件,湖南省娄底市娄星区人民法院认为,对于原告要求对案涉抵押车辆折价或者拍卖、变卖该财产所得价款优先受偿的诉讼请求,被告谢某将上述车辆抵押给原告东风公司,并办理了抵押登记手续,按照《民法典》第 416 条的规定:动产抵押担保的主债权是抵押物的价款,标的物交付后 10 日内办理抵押登记的,该抵押权人优先于抵押物买受人的其他担保物权人受偿,但是留置权人除外。故对原告的上述诉讼请求,本院予以支持。

2. PMSI 规则适用的困境

《担保制度司法解释》价款优先权规则与《民法典》第 416 条均是价金担保权的探索性规范。《民法典》第 416 条规定:"动产抵押担保的主债权是抵押物的价款,标的物交付后十日内办理抵押登记的,该抵押权人优先于抵押物买受人的其他担保物权人受偿,但是留置权人除外。"作为新设制度,价金担保权同样面临着司法实践的巨大挑战。由于缺乏先行司法实践与理论基础的支撑,相比境外的详尽立法,我国对价金担保权的立法仅有两个条文,对于一项新设担保物权而言,其规制效力略显单薄。孙宪忠教授更是评价《民法典》第 416 条"用语晦涩难懂,不仅一般人难以理解,甚至专业人士对其制度设想也是难以捉摸"。[①] 在有限的司法实践中,甚至有裁判者将第

---

① 孙宪忠:《关于民法典物权编担保物权分编的修改建议》,http://iolaw.cssn.cn/jyxc/21909/t20190907_4968887.shtml,最后访问日期:2022 年 3 月 20 日。

416 条作为不动产按揭贷款[（2021）吉 0104 民初 1779 号]、借款不动产抵押[（2022）湘 0626 民初 2260 号]优先受偿的法律依据。可以预见的是,价金担保权制度将在未来的司法实务中引发诸多理解和适用上的困惑,不仅掣肘价金担保权制度功能的实现,而且影响将来司法裁判的统一性。[1]

除了适用于不动产抵押优先受偿外,实践中,也有将该规则作为"自抵押"依据的案例。（2022）桂 0124 民初 314 号案件,对于某售后回租业务,广西壮族自治区马山县人民法院认为,关于原告请求确认其对处置抵押涉案车辆享有优先受偿权及请求被告支付罚息、律师费等问题。《民法典》第416 条规定:"动产抵押担保的主债权是抵押物的价款,标的物交付后十日内办理抵押登记的,该抵押权人优先于抵押物买受人的其他担保物权人受偿,但是留置权人除外。"本案中,因双方在《佰仟融资租赁合同通用条款》已就涉案车辆的抵押、被告违约造成未能向原告支付融资租赁费时合同的解除、支付相关罚息、律师费等进行了约定,根据上述法律规定,原告对处置涉案抵押车辆享有优先受偿权。（2021）湘 1302 民初 3141 号案件同样援引该条文,支持了出租人就售后回租车辆的抵押权。

第二节 五评《担保制度司法解释》对融资租赁行业的实践影响

《担保制度司法解释》回答了理论和实践中诸多争议较大的问题,统一了典型担保和非典型担保的适用规则。作为典型的"非典型担保"模式,融资租赁这一交易形式的法律规则、展业领域、救济路径和担保措施等诸多重大问题,都能从《担保制度司法解释》中得到答案。

一、统一适用规则,回应重大争议

自《民法典》等将担保区分为典型担保和非典型担保以来,如何将融资租赁、保理等非典型担保纳入担保体系和担保法律框架,一直是争论不断又

---

[1] 郑思清:《价金担保权优先顺位的司法适用》,《山东法官培训学院学报》2022 年第 1 期。

非常具有现实意义的话题。《担保制度司法解释》比较好地完成了这一历史任务。主要表现在以下方面。

(一) 确立了相对清晰的整体原则

《担保制度司法解释》第 1 条规定:"因抵押、质押、留置、保证等担保发生的纠纷,适用本解释。所有权保留买卖、融资租赁、保理等涉及担保功能发生的纠纷,适用本解释的有关规定。"融资租赁等非典型担保,适用《担保制度司法解释》的前提是"涉及担保功能发生的纠纷",主要包括担保物权的设立、变更、效力(优先权和善意规则、实现方式)、终止等方面。同时,从立法技术上看,该表述较《担保制度司法解释(征求意见稿)》"因所有权保留、融资租赁、保理等其他具有担保功能的合同发生的纠纷,适用本解释,但是根据其性质不能适用的除外"更为清晰。《担保制度司法解释》采用"正面清单"方式,要求适用"有关规定"。是否"有关",需要法官对照《担保制度司法解释》条文"按图索骥",或作相应说理、判断,较以"适用为原则,不适用为例外",需要法官在具体个案中逐个判断"其性质不适用"的"排除法"相对更为明了,对法官自由裁量权形成一定限制,也在一定程度上降低了同案不同判的概率。

一是仅在涉及因担保功能发生的纠纷时才能适用《担保制度司法解释》,即并非所有被称为非典型担保的交易形态都具有担保功能,只在所有权保留买卖、融资租赁中,出卖人、出租人享有的所有权才具有担保功能;非典型担保涉及的担保功能,主要涉及以下规则:登记对抗的规则、担保物权的顺位规则、担保物权的实现规则、有关价款优先权等,当非典型担保因能否以及如何适用前述规则发生纠纷时,可以适用《担保制度司法解释》。二是非典型担保只能适用《担保制度司法解释》的"有关规定"而非全部规定。所谓"有关规定"主要指《担保制度司法解释》第四部分"关于非典型担保"的规定,而这些规定多数都是前述涉及担保规则的规定。同时,"有关规定"还包括司法解释其他部分直接涉及非典型担保的规定。除司法解释明确规定可以适用于非典型担保的条文外,其他条文原则上不适用于非典型担保。例如,当事人主张某条文可以适用于非典型担保,应当具体说明能够适用的理由,法院也应当在判决中对是否适用进行说理,避免因非典型担保的泛化适用而冲击担保制度体系。①

(二) 细化了担保物权语境下的统一规则

如何统一典型担保、非典型担保的法律适用规则和逻辑,《担保制度司法解释》作了具体规定。从融资租赁角度来看这些规则,主要有:

1. 对抗生产活动买受人规则

《担保制度司法解释》第 56 条规定:买受人在出卖人正常经营活动中通过支付合理对价取得已被设立担保物权的动产,担保物权人请求就该动产优先受偿的,人民法院不予支持,但是有下列情形之一的除外:① 购买商品的数量明显超过一般买受人;② 购买出卖人的生产设备;③ 订立买卖合同的目的是担保出卖人或者第三人履行债务;④ 买受人与出卖人存在直接或者间接的控制关系;⑤ 买受人应当查询抵押登记而未查询的其他情形。前款所称出卖人正常经营活动,是指出卖人的经营活动属于其营业执照明确记载的经营范围,且出卖人持续销售同类商品。前款所称担保物权人,是指已经办理登记的抵押权人、所有权保留买卖的出卖人、融资租赁合同的出租人。需要注意的是,从《担保制度司法解释》第 56 条规定来看,在融资租赁业务中,如果以固定资产(主要是生产设备)做租赁物,当然获得对抗第三人效力;如果以存货等作为租赁物的,不仅可能存在合规问题,而且还可能生产活动买受人的善意取得,导致无法行使物权追及效力或优先受偿权等问题。

2. 浮动抵押下的超级优先权

《担保制度司法解释》第 57 条规定:担保人在设立动产浮动抵押并办理抵押登记后又购入或者以融资租赁方式承租新的动产,下列权利人为担保价款债权或者租金的实现而订立担保合同,并在该动产交付后 10 日内办理登记,主张其权利优先于在先设立的浮动抵押权的,人民法院应予支持:① 在该动产上设立抵押权或者保留所有权的出卖人;② 为价款支付提供融

---

① 最高人民法院民事审判第二庭:《最高人民法院民法典担保制度司法解释理解与适用》,人民法院出版社 2021 年版,第 86—87 页。

资而在该动产上设立抵押权的债权人;③ 以融资租赁方式出租该动产的出租人。买受人取得动产但未付清价款或者承租人以融资租赁方式占有租赁物但是未付清全部租金,又以标的物为他人设立担保物权,前款所列权利人为担保价款债权或者租金的实现而订立担保合同,并在该动产交付后 10 日内办理登记,主张其权利优先于买受人为他人设立的担保物权的,人民法院应予支持。同一动产上存在多个价款优先权的,人民法院应当按照登记的时间先后确定清偿顺序。

　　需要注意的是,该条主要针对"新购入的动产",即主要是直租模式。值得进一步讨论的是,在设定浮动抵押后,承租人能否以可能涉及浮动抵押的财产开展售后回租? 关于浮动抵押,《民法典》第 396 条规定:"企业、个体工商户、农业生产经营者可以将现有的以及将有的生产设备、原材料、半成品、产品抵押,债务人不履行到期债务或者发生当事人约定的实现抵押权的情形,债权人有权就抵押财产确定时的动产优先受偿。"而从浮动抵押的性质来看,"浮动抵押权从抵押合同生效时设立,从登记时具有对抗效力,只是抵押财产范围从抵押财产确定之时才确定"。[①] 而《民法典》第 411 条是依据本法第 396 条规定设定抵押的,抵押财产自下列情形之一发生时确定:① 债务履行期限届满,债权未实现;② 抵押人被宣告破产或者解散;③ 当事人约定的实现抵押权的情形;④ 严重影响债权实现的其他情形。由此来看,以浮动抵押可能涉及的标的物为租赁物的,在抵押财产确定之前并无障碍。从实务操作的角度看,抵押权以抵押合同为基础,浮动抵押项下的抵押人、抵押权人均同意标的物转让的,例如浮动抵押双方当事人以协议或向出租人发函等方式明确"浮动抵押不包括某部分标的物"的,有助于规避相关风险和争议。

　　3. 登记对于对抗"善意第三人"的重要性

　　《担保制度司法解释》第 67 条规定:"在所有权保留买卖、融资租赁等合同中,出卖人、出租人的所有权未经登记不得对抗'善意第三人'的范围及其效力,参照本解释第五十四条的规定处理。"第 54 条规定:动产抵押合同订

[①] 最高人民法院民法典贯彻实施工作领导小组:《中华人民共和国民法典物权编理解与适用(下)》,人民法院出版社 2020 年版,第 1050 页。

立后未办理抵押登记,动产抵押权的效力按照下列情形分别处理:① 抵押人转让抵押财产,受让人占有抵押财产后,抵押权人向受让人请求行使抵押权的,人民法院不予支持,但是抵押权人能够证明受让人知道或者应当知道已经订立抵押合同的除外;② 抵押人将抵押财产出租给他人并转移占有,抵押权人行使抵押权的,租赁关系不受影响,但是抵押权人能够证明承租人知道或者应当知道已经订立抵押合同的除外;③ 抵押人的其他债权人向人民法院申请保全或者执行抵押财产,人民法院已经作出财产保全裁定或者采取执行措施,抵押权人主张对抵押财产优先受偿的,人民法院不予支持;④ 抵押人破产,抵押权人主张对抵押财产优先受偿的,人民法院不予支持。实践中,中登网登记重要性不言而喻。

实务层面,有两个问题值得重视:一是融资租赁合同签署后,先办理融资租赁中登网登记,再支付租赁物购买价款,更有利于平衡保护出租人、承租人权利;二是融资租赁登记要具体、明确、特定化,能够锁定具体的租赁物,笼统登记将导致效力模糊,甚至失权。

二、特殊领域"一锤定音",扩展行业发展空间

非营利性机构融资租赁,始终面临着很大的合法合规压力。关于该问题,司法解释在一定范围内予以明确,在该范围之外,仍有需要注意的事项。

(一) 融资租赁承租人主体合法性、公益资产合规性的问题

实践中,融资租赁承租人主体合法性、公益资产合规性的问题一直存在较大争议。作为非营利性机构,学校、医院能否参与市场活动,成为融资主体?《担保制度司法解释》给了"一锤定音"的答案,其中第 6 条规定:"以公益为目的的非营利性学校、幼儿园、医疗机构、养老机构等提供担保的,人民法院应当认定担保合同无效,但是有下列情形之一的除外:(一)在购入或者以融资租赁方式承租教育设施、医疗卫生设施、养老服务设施和其他公益设施时,出卖人、出租人为担保价款或者租金实现而在该公益设施上保留所有权;(二)以教育设施、医疗卫生设施、养老服务设施和其他公益设施以外的不动产、动产或者财产权利设立担保物权。登记为营利法人的学校、幼儿园、医疗机构、养老机构等提供担保,当事人以其不具有担保资格为由主张

担保合同无效的,人民法院不予支持。"

(二) 仍需注意的合规问题

司法解释解决了"能否融资"的"合法性问题",但非营利机构如何开展融资租赁,尺度和边界在哪里?这些操作事项,还需要考虑"合规性问题"。此类主体融资的合规性问题,至少需要考虑以下三方面因素:一是合规管理规定。合法性问题解决后,以公立医院为例,仍面临诸多合规问题,包括银行业金融机构不得向县级医院发放新债、从严控制公立医院建设规模、严禁举债建设和豪华装修等。这些问题需要进一步梳理和明确。从目前的法律规定来看,市级公立医院融资,尤其医疗设施融资,应当属于合规业务范畴(对此,本书将做专章分析)。二是融资额度的合理性。对于拨款或者经营收入能够覆盖支出的医院等,其融资需求是否真实?能否匹配申请额度?这些都是需要信用审查综合衡量的合规问题。三是资金用途。对于以学校或医院名义融资,实际系政府债务或其他主体债务的项目,租赁物购买款项并非"租赁物"原所有权人使用,容易违反"谁用谁借,谁借谁还"的一般债务原则,存在合规隐患。《国务院关于加强地方政府性债务管理的意见》规定:"分清责任。明确政府和企业的责任,政府债务不得通过企业举借,企业债务不得推给政府偿还,切实做到谁借谁还、风险自担。政府与社会资本合作的,按约定规则依法承担相关责任";"规范管理。对地方政府债务实行规模控制,严格限定政府举债程序和资金用途,把地方政府债务分门别类纳入全口径预算管理,实现'借、用、还'相统一。"

三、开辟"第三救济途径",实践中仍有较大困难

在纳入担保物权前,融资租赁的救济途径始终是"二分法":主张履行合同债权,或者解除合同收回租赁物。两者在行使过程中,有不可逾越的鸿沟,即不能既按照合同履行的逻辑,在合同存续的前提下主张全部租金,又同时主张租赁物上的交换价值(例如将租赁物变卖、拍卖等),要求解除合同。在"二分法"下,除非直接解除合同,否则只有通过两次诉讼才能实现租赁物变现等。《融资租赁司法解释》第 10 条规定:出租人既请求承租人支付合同约定的全部未付租金,又请求解除融资租赁合同的,人民法院应告知

其依照《民法典》第 752 条的规定做出选择。出租人请求承租人支付合同约定的全部未付租金,人民法院判决后承租人未予履行,出租人再行起诉请求解除融资租赁合同、收回租赁物的,人民法院应予受理。《民法典》第 752 条规定:承租人应当按照约定支付租金。承租人经催告后在合理期限内仍不支付租金的,出租人既可以请求支付全部租金,也可以解除合同,收回租赁物。

《担保制度司法解释》打破了这种限制,提供了第三种可能,即按照第 65 条第 1 款的规定,出租人可以在合同效力存续的情况下,主张实现担保物权。从程序上看,在同一诉讼中,出租人可以要求"全部未付租金＋租赁物变现",是否解除合同在所不问。从权利实现的便利程度上看,该规定有利于交易保护,也更符合担保物权的本质。只是在实践中,实现担保物权案件较容易被实体异议、送达等问题"稀释",要想真正发挥该制度的效力,还需要进一步改进担保物权机制。

无论如何,出租人在诉讼中可选择做好以下工作:① 加速到期,主张全部债权。② 解除合同,收回租赁物,并要求赔偿损失。③ 参照担保物权实现方式,分为两种路径:在第一项措施基础上要求实现担保物权;直接参照"实现担保物权案件"保护权利。

《担保制度司法解释》第 65 条规定:"在融资租赁合同中,承租人未按照约定支付租金,经催告后在合理期限内仍不支付,出租人请求承租人支付全部剩余租金,并以拍卖、变卖租赁物所得的价款受偿的,人民法院应予支持;当事人请求参照民事诉讼法'实现担保物权案件'的有关规定,以拍卖、变卖租赁物所得价款支付租金的,人民法院应予准许。出租人请求解除融资租赁合同并收回租赁物,承租人以抗辩或者反诉的方式主张返还租赁物价值超过欠付租金以及其他费用的,人民法院应当一并处理。当事人对租赁物的价值有争议的,应当按照下列规则确定租赁物的价值:(一)融资租赁合同有约定的,按照其约定;(二)融资租赁合同未约定或者约定不明的,根据约定的租赁物折旧以及合同到期后租赁物的残值来确定;(三)根据前两项规定的方法仍然难以确定,或者当事人认为根据前两项规定的方法确定的价值严重偏离租赁物实际价值的,根据当事人的申请委托有资质的机构评估。"

四、提供更多交易场景，配套合同规则需完善

（一）委托登记的适用场景

《担保制度司法解释》第 4 条规定："有下列情形之一，当事人将担保物权登记在他人名下，债务人不履行到期债务或者发生当事人约定的实现担保物权的情形，债权人或者其受托人主张就该财产优先受偿的，人民法院依法予以支持：（一）为债券持有人提供的担保物权登记在债券受托管理人名下；（二）为委托贷款人提供的担保物权登记在受托人名下；（三）担保人知道债权人与他人之间存在委托关系的其他情形。"

担保物权委托登记，至少适用于以下融资租赁场景：一是汽车助贷业务商或供应商租赁等"代持抵押权"。汽车融资租赁业务客单价格低、规模小、管理成本高，出租人无暇管理底层资产或者缺乏获客渠道的，通常委托厂商、销售商等管理承租人、回款和租赁物等。对于租赁物，可以采取授权汽车助贷业务商或供应商持有担保物权，特别是抵押权等的方式，保护自身权益。二是共同出租场景。在共同出租模式下，一方或两方出租人与承租人签订融资租赁合同的，出于操作方便考虑，可以通过抵押或融资租赁登记于一方的方式，实现权利保护。

在登记的具体操作中，需要注意两个问题：一是委托人和受托人法律风险、信用风险需要充分考量和精细设计；二是底层交易的显名。根据《担保制度司法解释》第 4 条文义，"隐名抵押权人"需要向债务人或抵押人披露，才能在出现风险时，通过第 4 条第（三）项启动权利保护机制。

（二）共同承租场景

《担保制度司法解释》第 36 条第 3 款规定：前两款中第三人提供的承诺文件难以确定是保证还是债务加入的，人民法院应当将其认定为保证；而第 12 条规定："法定代表人依照《民法典》第五百五十二条的规定以公司名义加入债务的，人民法院在认定该行为的效力时，可以参照本解释关于公司为他人提供担保的有关规则处理。"

按照上述规定，在售后回租共同承租模式（一方承租人为原租赁物所有权人，另一方承租人非所有权人，主要为增信等目的加入合同）中，可以根据

实际需要,明确联合承租人(未提供租赁物一方)的法律地位和性质,例如明确为"债务加入"的,需注意按担保要求提供决议;未明确或无法推定为债务加入或明确为保证的,应注意适用保证规则(包括保证期间、主从合同规范等)。对于联合承租模式,从有利于权利保护的角度,建议明确为"债务加入"模式,主要理由:一方面,赋予联合承租人债务人地位,定位于"主债务人",其还款义务不受"主从合同"关系和法律效力影响;另一方面,不受保证期间等的约束。无论如何约定或定位,需要注意的是:由于联合承租人的法律地位并非实质意义上的承租人,所以,按照融资租赁以"融物"方式"融资"的基本法律特征,租赁物购买价款收取使用方式与租赁物原所有权人应保持一致。

五、重大担保规则变化,重启式更新值得关注

融资租赁作为一种交易模式,出租人在支付租赁物购买价款后,为保障租金回收和债权实现,通常要求提供第三方或担保物等"典型担保"手段作为担保,以缓释信用风险。《担保制度司法解释》在"典型担保"规定上有诸多重大变化,对融资租赁交易模式具有重大影响。

(一) 担保合同的从属性得到更加明确的强调

一是对于实践中存在争议的"担保合同无效后,债务人的返还义务能否成立新的主债权,进而要求担保人就此承担担保责任"。《担保制度司法解释》第 2 条做了回应:"当事人在担保合同中约定担保合同的效力独立于主合同,或者约定担保人对主合同无效的法律后果承担担保责任,该有关担保独立性的约定无效……"

二是担保人的担保责任和违约责任。能否为担保人的担保责任设置违约责任:《九民会议纪要》给予了否定;《担保制度司法解释》第 3 条做了重申:"当事人对担保责任的承担约定专门的违约责任,或者约定的担保责任范围超出债务人应当承担的责任范围,担保人主张仅在债务人应当承担的责任范围内承担责任的,人民法院应予支持……",而对于担保人违反担保合同(例如擅自处分担保物、逾期重大违约等)的,能否设置保证合同项下相应合同责任? 此前一直没有规定,司法解释亦未予规范,实践中争议较大。

笔者认为,从合同法理来看,担保合同属于合同类型的一种,违反合同义务承担违约责任属于题中应有之义,似无专门规定之必要。

(二) 全面禁止机关法人担保,不再局限于"机关法人不能做保证人"

《担保法》第8条规定,国家机关不得为保证人,但经国务院批准为使用外国政府或者国际经济组织贷款进行转贷的除外。《担保制度司法解释》第5条规定:"机关法人提供担保的,人民法院应当认定担保合同无效,但是经国务院批准为使用外国政府或者国际经济组织贷款进行转贷的除外。"由此来看,机关法人提供的股权质押、抵押等各类担保方式,均为法律所明确禁止。同时,如果将融资租赁合同等作为非典型担保合同,机关法人签订的该类合同也属无效。

机关法人担保无效的法律后果,根据《担保制度司法解释》第17条规定:"主合同有效而第三人提供的担保合同无效,人民法院应当区分不同情形确定担保人的赔偿责任:(一) 债权人与担保人均有过错的,担保人承担的赔偿责任不应超过债务人不能清偿部分的二分之一;(二) 担保人有过错而债权人无过错的,担保人对债务人不能清偿的部分承担赔偿责任;(三) 债权人有过错而担保人无过错的,担保人不承担赔偿责任。主合同无效导致第三人提供的担保合同无效,担保人无过错的,不承担赔偿责任;担保人有过错的,其承担的赔偿责任不应超过债务人不能清偿部分的三分之一。"

(三) 担保决议得到一如既往的强调

按照《担保制度司法解释》第7条规定,有三点需要注意:一是按照章程要求提供决议。对于担保人已经向债权人提供章程的,债权人以不知道或不应知道其内部规定为由,主张"未按章程规定出具决议的担保合同有效"的,将面临明显的法律风险。二是债权人非善意的后果虽然是"担保合同不对担保人生效",但并非意味着担保人无需承担任何法律责任。担保人还是要根据《担保制度司法解释》第17条(关于无效后果)的规定,承担担保无效的赔偿责任。三是在差额补足函、债务加入、回购等具有担保效力的法律文件中,切忌遗忘决议要求。

《担保制度司法解释》第7条规定:"公司的法定代表人违反《公司法》关

于公司对外担保决议程序的规定,超越权限代表公司与相对人订立担保合同,人民法院应当依照《民法典》第六十一条和第五百零四条等规定处理:(一)相对人善意的,担保合同对公司发生效力;相对人请求公司承担担保责任的,人民法院应予支持。(二)相对人非善意的,担保合同对公司不发生效力;相对人请求公司承担赔偿责任的,参照适用本解释第十七条的有关规定。法定代表人超越权限提供担保造成公司损失,公司请求法定代表人承担赔偿责任的,人民法院应予支持。第一款所称善意,是指相对人在订立担保合同时不知道且不应当知道法定代表人超越权限。相对人有证据证明已对公司决议进行了合理审查,人民法院应当认定其构成善意,但是公司有证据证明相对人知道或者应当知道决议系伪造、变造的除外。"

(四)上市公司担保要有符合要求的公告

按照《担保制度司法解释》,上市公司作为公众公司,得到更加严格的限制和保护。出租人作为债权人,如果未按规定审查相应公告(注意内容应披露"担保事项已经董事会或者股东大会决议通过"),不仅合同无效,而且赔偿责任也无法获得支持。值得注意的是,上市公司的控股子公司也在规范之列。《担保制度司法解释》第9条规定:"相对人根据上市公司公开披露的关于担保事项已经董事会或者股东大会决议通过的信息,与上市公司订立担保合同,相对人主张担保合同对上市公司发生效力,并由上市公司承担担保责任的,人民法院应予支持。相对人未根据上市公司公开披露的关于担保事项已经董事会或者股东大会决议通过的信息,与上市公司订立担保合同,上市公司主张担保合同对其不发生效力,且不承担担保责任或者赔偿责任的,人民法院应予支持。相对人与上市公司已公开披露的控股子公司订立的担保合同,或者相对人与股票在国务院批准的其他全国性证券交易场所交易的公司订立的担保合同,适用前两款规定。"

对于在大陆注册、大陆上市的公司,当然适用这一规则。而若接受境外注册、境外上市的公司提供的担保,不适用《担保制度司法解释》第9条的规定。《涉外民事关系法律适用法》第14条规定:"法人及其分支机构的民事权利能力、民事行为能力、组织机构、股东权利义务等事项适用登记地法律。"公司对外担保是关于法人行为能力的事项,应适用登记地法律。对于境内注册、境外上市的公司,是否适用这一规则,目前有待最高人民法院作出规定。① 此外,对于上市公司已经进行额度公告,但未对进度担保公告的,担保效力是否受到影响? 实践中多有争议,本书将专章论述。

① 最高人民法院民事审判第二庭:《最高人民法院民法典担保制度司法解释理解与适用》,人民法院出版社 2021 年版,第 150—151 页。

第一节　什么是融物：融物的四大支柱

融资租赁是"融资"与"融物"的结合,融物是基础,融资是目的。作为融资租赁这一特殊交易形式的立命之本、逻辑核心,融物到底是什么,有哪些构成要件? 目前并没有统一的概念或共识。而只有弄清楚这一根本问题,才能夯实融资租赁这一交易模式法律合规的基本逻辑,真正回归融资租赁行业的本源和初心。

一、"融物"构成要件的司法认定：更强调"物"的外观属性

对于租赁物,在司法实践中,审判机关强调其作为法律意义上"物"的属性、权属情况和特定化等特征。这些特征具有可识别、可判断等特点,难以用计量单位直接计量或定量化分析,通常是"非此即彼""非有既无"的"定性"衡量,更侧重于标的物是否具备租赁物的"法律外观"。

从《民法典》实施后最高人民法院第一案[(2020)最高法民终 1275 号]来看,最高人民法院在认定是否构成融物时,着重强调关注租赁物的真实性、特定化和所有权转移等要素。该案中,最高人民法院认为,融资租赁合同的本质是融资和融物相结合,通过融物实现融资。对当事人双方有争议的法律关系,应当根据融资租赁合同法律关系特征,结合案涉标的物的性质、价值、租金的构成以及当事人的合同权利和义务,对是否构成融资租赁法律关系作出认定。本案系售后回租模式融资租赁合同,对于双方约定出

售并回租的采油井、注水井设备,应当重点查清以下事实。

首先,应当确定案涉设备是否真实、特定化,能否与区域内其他采油井、注水井设备区分。亿阳公司在一审中提交的《抵押合同》虽系复印件,但已经人民法院生效判决认定,对于该抵押物清单中298口采油井、注水井设备与本案出售并回租的115口采油井、注水井设备的关系应予查明。此外,对于亿阳公司、香港亿阳涉及其他的融资租赁关系和抵押关系中的标的物与本案中租赁物是否存在交叉或重合等情况也应予以查明[例如(2018)皖民终803号、804号民事案件,上海市第二中级人民法院(2017)沪02民初1219号民事案件等,均涉及亿阳公司、香港亿阳将油水井设备及组件的转让事实],进而判断本案115口采油井、注水井设备是否真实存在、能否特定化、是否存在一物二卖等情况。

其次,应当查明案涉115口采油井、注水井设备价值、兴泰公司支付购买设备款金额、租金是否相对匹配。本案当事人提交的《设备转让明细表》《资产评估报告》列明了评估价值等,但在成新率方面,部分设备存在在先的《资产评估报告》低于在后的《设备转让明细表》,相应设备的价值亦存在在后的高于在前的情形。鉴于上述情况,应结合兴泰公司在《设备交接清单》中注明的其已经"接受了该批转让的生产设备及发票原件",综合判断案涉115口采油井、注水井设备的价值,并以此判断设备是否存在低值高买,设备价值、购买价格、租金是否匹配等问题。

再次,应当查清案涉115口采油井、注水井设备是否已经转让为兴泰公司所有且处分行为有效。二审中,当事人对于案涉设备具体是什么、由什么组成等,不能做出回答。如何交接的案涉设备、是否现场核验,各方陈述不一。兴泰公司在购买案涉设备前是否了解过设备上存在其他权利负担不能明确答复,兴泰公司亦不能提交设备发票原件,且根据当事人陈述,案涉设备均在吉林省松原市,但在2016年7月22日一天时间内,当事人在安徽省合肥市就完成了签订《融资租赁合同》,设备的买卖、租赁、验收、交接、支付购买款和履约保证金,有违通常的交易习惯。一审法院应在查清上述事实情况下,确定案涉融物事实是否真实存在,并对案涉争议法律关系性质作出认定。一审法院对上述问题未予查明,认定本案的基本事实不清。

融资租赁是一种特殊的交易制度,其核心是租赁物。出租人出租租赁物,必须将确定的租赁物交付给承租人,使承租人通过对租赁物的管理和使用发挥租赁物的经济功能,最终实现融资和融物的制度功能。① 司法视角下的融物属性包含三个方面的含义:① 融的是法律意义上的物,在建工程、物体的一部分及权利等一般被排除在外。② 必须有租赁物。租赁物必须特定化,如果不特定化则难言有真实的物。③ 物必须"融",即所有权归出租人。在直租模式下,如果约定租赁物归承租人,那么就没有"融"的属性。在售后回租的模式下,应该依法定方式发生物权变动,动产完成交付,不动产完成变更登记。融物属性将融资租赁合同与借贷合同相区分,如果没有融物,实质上就是借贷。②

融资租赁法律关系应具有"融物"属性,以不适格的物作为融资租赁标的的,不宜认定为融资租赁法律关系。上海法院关于租赁物"适格性"的审查标准,具有一定代表性。可作为融资租赁标的物的一般应具备以下法律特征:租赁物依法可流通;租赁物为可特定化的有形物、有体物;租赁物为非消耗物、租赁物权属和所有权应当明晰。此外,租赁物应当特定化。司法审判中除工业设备、交通运输设备等常规租赁物外,常见的租赁物及其认定标准如下:① 以法律明确规定属于国家所有的基础设施作为租赁物的,不构成融资租赁法律关系;以非专属国家所有的基础设施作为租赁物的,可构成融资租赁法律关系;② 以添附、建设在不动产之上的设备,例如污水管网、电力架空线、机站等作为租赁物的,可以认定为融资租赁法律关系;③ 以无法返还原物的消耗品作为租赁物的,不宜认定为融资租赁法律关系;④ 以生物资产为租赁物且能够特定化的,可以认定为融资租赁法律关系。③

而从 2023 年全国法院金融审判会议情况看,在论及"关于售后回租是否构成融资租赁的判断"问题时,最高人民法院审委会副部级专职委员、二级大法官刘贵祥也指出,"重点不在于出卖人与承租人是否系同一人,而在

---

① 最高人民法院民法典贯彻实施工作领导小组:《中华人民共和国民法典合同编理解与适用(三)》,人民法院出版社 2020 年版,第 1621 页。
② 韩耀斌:《融资租赁司法实务与办案指引》,人民法院出版社 2020 年版,第 23 页。
③ 茆荣华:《融资租赁合同纠纷类案办案要件指南》,人民法院出版社 2020 年版,第 58—59 页。

于是否具备融物的本质属性。租赁物要具备可流通性、特定化、可使用性的基本要素，且以租赁物所有权转移给出租人为要"。[①] 某种程度上，对"融物"的认定开始"由表及里"，不仅重视"法律外观"，而且开始强调标的物的功能等。

二、租赁物适格的监管规定：额外强调"物"的内在经济价值

对于租赁物，在权利无瑕疵等基本要求外，监管规定更强调其作为经济意义上固定资产的特性，关注其经济价值、能够产生收益等。而经济价值具有可变性、评价标准和尺度的多样性等特点。租赁物的经济价值与租赁物的转让价格是否匹配等均属于能够量化的"定量"衡量，更侧重于租赁物的"内在经济价值"。

（一）金融租赁公司对租赁物管理规定得更细致

目前，金融租赁公司和融资租赁公司管理规范均由银保监会制订，二者均规定租赁物应为"固定资产"。在此基础上，对于金融租赁公司可以纳入租赁物的标的物，监管部门不仅明确为固定资产，而且还通过各种监管文件列明了租赁物的负面清单，对于构筑物也作了细致限定。

《金融租赁公司管理办法》（简称《金租管理办法》）第 4 条规定，适用于融资租赁交易的租赁物为固定资产，银保监会另有规定的除外。同时，该办法第 32—40 条从金融租赁公司应当合法取得租赁物的所有权、重视租赁物的风险缓释作用等作了进一步规定。2019 年 5 月 8 日，银保监会发布《关于开展"巩固治乱象成果 促进合规建设"工作的通知》，列明了金融租赁公司经营的负面清单："4. 业务经营。违规以公益性资产、在建工程、未取得所有权或所有权存在瑕疵的财产作为租赁物……租赁物属于国家法律法规规定的所有权转移必须到登记部门进行登记的，未办理相关转移手续等。"值得注意的是，从实践来看，该通知中的"在建工程"并不等同于会计报表上的"在建工程"，对于实际达到完工或可使用状态，仅因为会计原因未转入"固

---

① 刘贵祥：《关于金融民商事审判工作中的理念、机制和法律适用问题》，《法律适用》2023 年第 1 期。

定资产"科目的标的物，具备固定资产特征（根据《财政部企业会计准则第 4 号——固定资产》规定："固定资产是为生产商品、提供劳务、出租或经营管理而持有的，使用寿命超过一个会计年度的有形资产"）的，仍旧可以作为租赁物。

　　随着对租赁物"经济性"和"可融性"的越来越重视，监管部门划定了"绿灯区"和"红灯区"，对构筑物类租赁物作了细致规范。2022 年 2 月，中国银保监会办公厅下发《关于加强金融租赁公司融资租赁业务合规监管有关问题的通知》（银保监办发〔2022〕12 号）。① 该通知要求，作为租赁物的构筑物，须满足以下几点（"绿灯区"）：① 所有权完整且可转移（出卖人出售前依法享有对构筑物的占有、使用、收益和处分权利，且不存在权利瑕疵）；② 可处置（金融租赁公司可取回、变现）；③ 非公益性；④ 具备经济价值（能准确估值、能为承租人带来经营性收入并偿还租金），同时还要求（"红灯区"），严禁将道路、市政管道、水利管道、桥梁、坝、堰、水道、洞，非设备类在建工程、涉嫌新增地方政府隐性债务，以及被处置后可能影响公共服务正常供应的构筑物作为租赁物。

（二）融资租赁公司对租赁物管理规定得更灵活

　　2020 年 5 月 26 日实施的《融资租赁公司监督管理暂行办法》（简称《融资租赁暂行办法》）第 7 条规定："适用于融资租赁交易的租赁物为固定资产，另有规定的除外。融资租赁公司开展融资租赁业务应当以权属清晰、真实存在且能够产生收益的租赁物为载体。融资租赁公司不得接受已设置抵押、权属存在争议、已被司法机关查封、扣押的财产或所有权存在瑕疵的财产作为租赁物。"

　　适用于融资租赁交易的租赁物应符合以下条件：① 租赁物为固定资产，但另有规定除外。不同于《金融租赁公司管理办法》，《融资租赁暂行办法》未明确"另有规定"的形式、有权机构或层级，因此相对来说也更为灵活。

---

① 《中国银保监会办公厅关于加强金融租赁公司融资租赁业务合规监管有关问题的通知》，http://www.gov.cn/zhengce/zhengceku/2022-11/29/content_5729356.htm，最后访问日期：2023 年 3 月 5 日。

实践中，《北京市服务业扩大开放综合试点实施方案》规定："试点著作权、专利权、商标权等无形文化资产的融资租赁"，将无形资产也纳入融资租赁物的范围内。《厦门市融资租赁公司监督管理指引（试行）》也规定了融资租赁的租赁物包括固定资产和无形资产。② 权属清晰，真实存在。③ 能够产生收益。④ 租赁物不得为已设置抵押、权属存在争议、被司法机关查封和扣押的财产或所有权存在瑕疵的财产。

与《融资租赁暂行办法》相比，央企所属融资租赁公司进一步强调租赁物的"可变现性"。2021 年 5 月 19 日，国资委下发《关于进一步促进中央企业所属融资租赁公司健康发展和加强风险防范的通知》，明确要求："规范租赁物管理，租赁物应当依法合规、真实存在，不得虚构，不得接受已设置抵押、权属存在争议、已被司法机关查封、扣押的财产或所有权存在瑕疵的财产作为租赁物，严格限制已不能变现的财产作为租赁物，不得对租赁物低值高买，融资租赁公司应当重视租赁物的风险缓释作用。"

三、法律合规语境下"融物"构成要件的"四大支柱"

从文义看，租赁物姓"租赁"，名"物"，所以既要符合"可租赁"的属性，也要有"物"的表征。综合司法判决、监管规定和当前实践来看，符合"融物"属性的标的物，应当具有以下特征。

（一）法律特征：所有权清晰，可转移

权属清晰无瑕疵。标的物成为租赁物前，权属应当归属于承租人或卖方，且没有抵押、质押等权利瑕疵；同时，租赁物所有权能够且应转移至出租人。

实务中的问题主要有：① 权利瑕疵。虽然《民法典》第 406 条规定，抵押期间，抵押人可以转让抵押财产。但从监管部门规定来看，对于抵押财产仍不适宜作为租赁物。因此，对于抵押登记或中登网登记未涤除的租赁物，按照物权法定的原理，不论抵押对应之主债权或中登网登记对应之融资租赁债权等是否已经偿还，只要登记还在，应认定为存在权利瑕疵。② 物上瑕疵。一是非流通物或消耗品，前者如文物保护单位持有物、佛像等宗教用品等，后者如装修材料等；二是物的一部分，没有单独的权属。例如安装在

汽车上的发动机等，虽然有一定价值，但是由于隶属于"汽车"整体的一部分，故不能再单独构成法律上的"物"。③ 无权处置物。常见的如车库或车位中的人防工程、文物等，属于国防资产或国家资产，管理或持有方无权进行处置。④ 国有资产售后回租问题。实践中，部分地方政府平台企业、医院等出租人，在被诉时，常以租赁物涉及国有资产，未按照国有资产处置流程（即转让于出租人）等作为抗辩事由。对此，法院通常不会认可该抗辩。① 2021 年 11 月，国资委在官方网站上对类似问题做过明确回复，认为"融资租赁行为不在《企业国有资产交易监督管理办法》（国资委、财政部令第 32 号）的规范范围内"。② ⑤ 海关监管物。海关监管物可能带来一定的合规问题，但从法律层面看，并不会影响合同效力，例如（2019）沪 74 民终 244 号案件，承租人起诉案件认为标的物属于受海关监管的免税产品。上海金融法院审理后认为，《海关法》第 37 条第 1 款虽然规定海关监管货物未经海关许可，不得提取、交付和转让，但从该规定的内容和法律后果来看，其目的旨在规范进口货物在海关放行之前，禁止货物的实际转移，防止当事人通过转移货物权利逃避监管，属于管理性、强制性规范范畴，不属于效力强制性规范。以涉案融资租赁的标的物为海关监管物品为由，主张本案双方当事人之间签订的《售后回租协议》无效，缺乏法律依据，不予采纳。

承租人将海关监管物作为融资租赁标的物的，可能受到行政处罚。中华人民共和国湖州海关下达的杭湖关缉违字〔2018〕6 号《行政处罚决定书》，对中钢公司做了处罚，主要处罚事由为："2009 年 5 月 21 日，当事人擅自将上述四套减免税设备作为租赁物，与 ZY 金融租赁有限公司签订了编号为 C3191ZZ0904030048 的融资租赁合同，租赁物包括上述四套减免税设

---

① （2020）沪 74 民终 718 号判决，上海金融法院认为，《售后回租赁之买卖合同》不同于传统的、单纯的买卖合同，而是与《融资租赁合同》共同构成融资租赁法律关系的基础要素。租赁物的所有权在融资租赁合同履行期间系阶段性的让与出租人（某租赁公司）作为融资担保，当合同义务全部履行完毕，租赁物的所有权仍旧回归承租人（旅游公司）所有，故整个合同履行不涉及国有资产的处理，最终也不会产生租赁物所有权实质转让的结果，上诉人旅游公司提出国有资产转让应履行相关程序等规定对本案并不适用，上诉人旅游公司与被上诉人某租赁公司构成售后回租式融资租赁法律关系。

② 《关于国有企业资产融资性售后回租的问题咨询》，http://www.sasac.gov.cn/n2588040/n2590387/n9854212/c22033191/content.html，最后访问日期：2022 年 3 月 20 日。

备和一套国产等静压设备,2017 年 1 月 9 日当事人还清全部款项,2 月 9 日取得动产权属注销登记。……当事人上述未经海关许可擅自将免税设备融资租赁的行为,违反了《中华人民共和国海关法》第三十七条第一款的规定,构成了《中华人民共和国海关法》第八十六条第(十)项、《中华人民共和国海关行政处罚实施条例》第十八条第一款第(一)项规定的违反海关监管规定行为。鉴于当事人已经收回四套减免税设备所有权,恢复海关监管,消除危害后果,根据《中华人民共和国行政处罚法》第二十七条第一款第(一)项、《中华人民共和国海关法》第八十六条、《中华人民共和国海关行政处罚实施条例》第十八条第一款之规定,我关决定对当事人科处罚款人民币 90 万元。"值得注意的是,该处罚只针对承租人公司。目前,笔者尚未发现针对金融租赁公司的相关处罚。

(二) 合规特征: 固定资产

固定资产系会计行业的术语。《企业会计准则第 4 号——固定资产》第 3 条规定,固定资产是指为生产产品、提供劳务、出租或经营管理而持有的、使用寿命超过一个会计年度的有形资产。固定资产并非法律术语,究竟何为固定资产,认定标准也不一致。有观点认为,企业为了使用或购置而建造,不打算在正常营业过程中出售;也有观点认为,固定资产是流动资产的对应称呼,是使用年限在一年以上、单位价值在规定标准以上,并在使用过程中保持原来物质形态的资产;固定资产的一个重要特征是持有的目的在于使用而不是出售或投资;固定资产是劳动工具或手段,而不能是劳动对象,其价值通过分期转化到劳动产品当中。① 从融资租赁角度看,固定资产就是能够制造产品或产生现金流的生产工具。

租赁物应属于"固定资产",这一特征在实务操作中的主要问题有:一是"在建工程"的识别。"在建工程"不属于法律意义上的物,不符合租赁物的特征。但是,如果只是因为总包工程(包括构筑物、设备等)整体未建成等,会计上计入"在建工程"科目,对于其中的动产设备部分,法律性

---

① 最高人民法院民事审判第二庭:《最高人民法院关于融资租赁合同司法解释理解与适用》,人民法院出版社 2014 年版,第 48—49 页。

质上与一般动产设备无异,无论会计上如何记账,只要是为生产和使用目的持有,看中的是其使用价值而非交换价值,即符合固定资产的实质特征。而对于已投入使用但尚未转入会计固定资产的构筑物等,虽然仍计入在建工程科目,但其已经可以作为生产资料和工具产生现金流,实质上已经符合法律意义固定资产特征。二是存货资产。《企业会计准则第1号——存货》第3条规定:"存货,是指企业在日常活动中持有以备出售的产成品或商品、处在生产过程中的在产品、在生产过程或提供劳务过程中耗用的材料和物料等。"从性质上看,固定资产属于生产资料,而存货属于生产产品,不具有持续创造现金流的能力,不适宜作为租赁物。实践中,常见的存货如库存汽车、肉牛、肉鸡等,均属于为获得"交换价值"而持有,而奶牛、蛋鸡等均可以生产产品,持续产生现金流,符合固定资产特征。三是消费品。固定资产一般是指生产资料,对于包括家庭乘用车在内的机动车、手机等消费资料,虽然不属于严格意义上的"固定资产",但作为融资租赁标的物的情形也广泛存在。以"融资租赁"为案件名称、"车辆"为关键词在中国裁判文书网搜索案件,仅2021年即有判决29 865件,而当年融资租赁判决总计不过33 841件。

(三) 经济特征:价值匹配

价值不匹配,最常见的问题是"低值高买"。对于"低值高买",监管机构零容忍。《金融租赁公司管理办法》第36条、《商租管理暂行办法》第17条均明确规定,在售后回租业务中,金融租赁公司对租赁物的买入价格应当有合理的、不违反会计准则的定价依据作为参考,不得低值高买。司法机关则体现出一定的容忍度,对于低值高买的情况"主要针对的是以价值明显偏低、无法起到担保租赁债权实现的情形,例如将价值1 000元的设备估价为1 000万元的设备作为融资租赁合同的标的物"。[1]

司法审查中,低值高买的容忍界限在哪里?租赁物价值与购买价值有重大的偏差,租赁物起不到保障出租人债权的功能,不能认定为融资租

---

[1] 最高人民法院民事审判第二庭:《最高人民法院关于融资租赁合同司法解释理解与适用》,人民法院出版社2014年版,第53页。

赁法律关系。关于"重大偏差"到底多大,目前无统一标准,需要进行个案分析。[①] 有观点认为,一般而言,融资租赁合同中往往载明了租赁物当初的购买价格及现值情况,依据现值确定购买价格,该约定即可视为双方对租赁物现值协商一致。法院只需依据常识和合同约定判定是否明显低值高买即可,没有必要深究签订合同时租赁物的价值到底是多少,进而作出判断。例如普通的一个水杯估值 100 万元,发票载明的价格为 1 000 万元,但估值 2 000 万元,即属于此种情形。[②] 从司法判决情况看,(2021)京民终 127 号案即体现了该级别的差距,北京市高级人民法院认为,虽存在租赁物,但根据查明的事实,在售后回租的模式下,租赁物的账面价值与评估价值相差达 10 倍之多,明显存在"低值高估"的情况,租赁物未能起到物的担保作用,故案涉合同不符合融资租赁合同的法律特征,其法律关系性质应为民间借贷。

而(2021)川 01 民终 15989 号案,四川省成都市中级人民法院认为,本案无证据表明设备价值与融资额存在明显差异。在售后回租中,通常租赁物购买价格即为融资额,狮桥公司认可案涉车辆的裸车价为 380 000 元,案涉《所有权转让协议》载明,狮桥公司、陈某、成都和嘉鑫物流有限公司三方确定租赁物件协议价款为 440 000 元,抵扣成都和嘉鑫物流有限公司代狮桥公司向陈某收取的履约保证金 44 000 元、租赁物留购价 100 元,狮桥公司实际支付 395 900 元,因在陈某依约履行的情况下前述保证金存在退还情况,故实际融资额为狮桥公司实际支付 395 900 元加上租赁物留购价 100 元,尚属合理范围。

(2022)津 03 民终 752 号案,天津市第三中级人民法院认为,关于刘某主张案涉车辆存在低值高买的问题,案涉车辆的价值 111 200 元(2021 年 1 月 26 日签署融资租赁合同)是经双方协商一致确定的,虽然该价值比销售发票金额略高(2020 年 9 月 21 日开具发票,金额 10 万元),但不影响以租赁物承担担保功能,并非明显的低值高买,且刘某主张案涉车辆实际价值为五六万元,缺乏相应的证据予以证明,故对其主张本院不予支持。

---

① 江必新:《中华人民共和国民法典适用与实务讲座》(下册),人民法院出版社 2020 年版,第 635—636 页。

② 韩耀斌:《融资租赁司法实务与办案指引》,人民法院出版社 2020 年版,第 83 页。

（四）基本特征：特定化

租赁物的特定化是实践中最容易忽视、标准最不统一的问题，但同时，租赁物特定化又关系重大。一方面，可用以证明租赁物真实存在，不存在虚构；另一方面，可以证明租赁物可区分、可识别，能够实现与其他物的区分，体现特定性、排他性、可宣誓的权利。一般来说，特定化要求融资租赁合同和中登网所附租赁物清单与确权确值材料（包括合同、发票、划拨凭证、竣工决算报告等）相互印证。这些确权确值材料，类似于诉讼中的证据材料，需具有真实性、完整性和关联性等特征。实践中常见的佐证特定化承租人固定资产台账或说明等，由于系承租人自行制作，承租人又属于利害关系方，其出具的对其有利的证明，可以作为辅证，但不宜单独作为直接或唯一的特定化证据。

能否实现特定化直接关系担保是否成立。《担保制度司法解释》第 53 条规定，当事人在动产和权利担保合同中对担保财产进行概括描述，该描述能够合理识别担保财产的，人民法院应当认定担保成立。有观点认为，概括描述达到合理识别标准，既是担保合同的成立要件，也是担保物权的设立要件，[1] 即能否特定化既影响担保合同是否成立，也影响担保物权的设立。虽然上述条文是否适用于包括融资租赁在内的非典型担保尚无定论，但司法实践中，如前所述，法院一般都对租赁物特定化有明确要求和审查，因为特定化不足而否定融资租赁关系的案例屡见不鲜。（2021）粤 19 民终 2341 号案，广东省东莞市中级人民法院认为，首先，双方签订的《售后回租合同》《买卖合同》《设备抵押合同》以及泰通公司出具的《交货与验收证明书》《交机实地勘验单》《租赁物清点明细表》只载明了设备名称、套数、规格及型号，并未载明设备的机身号、厂牌、制造商、原始发票号码，也没有附上设备的照片。设备的名称、规格及型号等未使租赁物特定化。而且，泰通公司并未按《买卖合同》的约定将设备的原始发票交付新光公司。其次，新光公司（出租人）主张其在一审提交了 2017 年拍摄的设备照片，但该照片并未作为案涉合同附件，新光公司并未提供证据证明照片中的设备就是案涉合同约定的租赁物。综上，新光公司提交的证据不足以证明案涉合同约定的租赁物是客观

---

[1] 最高人民法院民事审判第二庭：《最高人民法院民法典担保制度司法解释理解与适用》，人民法院出版社 2021 年版，第 466 页。

存在、特定并转移了所有权,故对于新光公司主张双方之间为融资租赁合同关系,本院不予支持。

租赁物特定化是由融资租赁"融物"属性所决定。实践中往往有一些融资租赁合同对租赁物的约定,无法判断所指向的特定物。有的仅作概括性描述,有的虽有财产清单,但与实物不相关。租赁物特定化是指对租赁物的约定明确具体,约定的财产与实际的财产相对应,而不是泛化或虚化。一般而言,合同中通过一定数量、品种等概括性描述能够确定财产范围的,应认可其符合特定化要求。即使合同所约定的租赁物范围不够清晰,或个别财产是否包含在约定范围之内有争议,但这只是一个事实问题,只要不丧失承租人使用的可能性,就不宜以租赁物未特定化为由认定不适格。①

第二节 融资租赁视角下公益资产的识别与审查规范

关于如何认定"公益性资产",素来争议较大,其原因主要在于,公益性资产没有明确定义,有时作为一个专有名词指向某些特定资产,有时则作为一种属性强调资产的公益功能。

一、公益资产识别的基础规范梳理

(一) 公益资产的基础规范

公益资产是指为社会公共利益服务,且依据有关法律法规规定不能或不宜变现的资产,例如学校、医院、公园、广场、党政机关及经费补助事业的单位办公楼等,以及市政道路、水利设施、非收费管网设施等不能带来经营性收入的基础设施等。②

---

① 刘贵祥:《当前民商事审判中几个方面的法律适用问题》,《判解研究》2022 年第 2 辑。

② 这一定义最早出现在《关于贯彻国务院关于加强地方政府融资平台公司管理有关问题的通知相关事项的通知》中,之后文件均未沿用该通知定义。而该通知已于 2016 年 8 月 18 日被《财政部关于公布废止和失效的财政规章和规范性文件目录(第十二批)的决定》废止。

这个概念从主体和客体两个角度规定了公益资产。从主体角度看,包括学校、党政机关的办公楼等;从客体看,包括市政道路、水利设施等不能带来经营性收入的设施。综合而言,是否属于一般意义上政府机关或事业单位等持有的单位办公楼等资产、是否能带来经营性收入,应当是判断是否构成公益性资产的核心标准。

笔者查阅各地方的规定,出现"公益资产"概念的较少。例如《淄博市人民政府关于加强公益性资产运营工作的意见》[①]认这公益资产的范围:"一是市城市资产运营有限公司名下通过划转、购买、直接投资形成的具有公益性质的资产,例如市体育中心、文化中心、新区水系等;二是政府投资形成的公益性资产,例如城市道路、桥梁、公园、游乐园、广场、绿地、河道、湖泊等。"

以上两个关于"公益资产"的概念界定先后被废止或有效期届满。目前,较为明确规定公益性资产概念的是《国家发展改革委办公厅财政部办公厅关于进一步增强企业债券服务实体经济能力严格防范地方债务风险的通知》,其中第1条规定:"申报企业拥有的资产应当质量优良、权属清晰,严禁将公立学校、公立医院、公共文化设施、公园、公共广场、机关事业单位办公楼、市政道路、非收费桥梁、非经营性水利设施、非收费管网设施等公益性资产及储备土地使用权计入申报企业资产。"

(二)涉公益性资产融资的合规界限

1. 融资限制

(1)"不得作为资本注入融资平台公司"过渡到"不得注入"。《国务院关于加强地方政府融资平台公司管理有关问题的通知》规定:"今后地方政府确需设立融资平台公司的,必须严格依照有关法律法规办理,足额注入资本金,学校、医院、公园等公益性资产不得作为资本注入融资平台公司。"

《关于贯彻国务院关于加强地方政府融资平台公司管理有关问题的通知相关事项的通知》规定:"'公益性资产'是指为社会公共利益服务,且依据有关法律法规规定不能或不宜变现的资产,例如学校、医院、公园、广场、党政机关及经费补助事业单位办公楼等,以及市政道路、水利设施、非收费管

---

① 该意见有效期已于 2018 年 12 月 31 日届满。

网设施等不能带来经营性收入的基础设施等。"

《关于进一步规范地方政府投融资平台公司发行债券行为有关问题的通知》规定:"申请发行企业债券的投融资平台公司,必须依法严格确保公司资产的真实有效,必须具备真实足额的资本金注入,不得将公立学校、公立医院、公园、事业单位资产等公益性资产作为资本注入投融资平台公司。'公益性资产'是指主要为社会公共利益服务,且依据国家有关法律法规不得或不宜变现的资产。对于已将上述资产注入投融资平台公司的,在计算发债规模时,必须从净资产规模中予以扣除。"

《关于进一步强化企业债券风险防范管理有关问题的通知》规定:"加强对城投公司注入资产及重组的管理:(一)注入资产必须为经营性资产。政府办公场所、公园、学校等纯公益性资产不得注入城投公司。(二)注入资产必须经具有证券从业资格的资产评估机构评估,由有关主管部门办理相关权属转移登记及变更工商登记。(三)作为企业注册资本注入的土地资产除经评估外,必须取得土地使用权证,属于划拨、变更土地使用权人的,应证明原土地使用证已经注销。"

《关于制止地方政府违法违规融资行为的通知》规定:"地方政府对融资平台公司注资必须合法合规,不得将政府办公楼、学校、医院、公园等公益性资产作为资本注入融资平台公司。"

《关于进一步规范地方政府举债融资行为的通知》在"切实加强融资平台公司融资管理"章中规定:"地方政府不得将公益性资产、储备土地注入融资平台公司。"

(2)不得计入企业财产申报企业债,而非不得计入企业财产。《关于进一步增强企业债券服务实体经济能力严格防范地方债务风险的通知》规定:"严禁将公立学校、公立医院等公益性资产及储备土地使用权计入申报企业资产;纯公益性项目不得作为募投项目申报企业债券。"

(3)存在特定情形的,不得提供融资或贷款。《关于加强2012年地方政府融资平台贷款风险监管的指导意见》规定:"对于存在以下情形的融资平台,各银行一律不得发放任何形式贷款:……五是以学校、医院、公园等公益性资产作为抵质押品的。"

《关于规范金融企业对地方政府和国有企业投融资行为有关问题的通

知》规定："若发现存在以'名股实债'、股东借款、借贷资金等债务性资金和以公益性资产、储备土地等方式违规出资或出资不实的问题，国有金融企业不得向其提供融资。"

2. 涉公益性资产融资的合规路径

首先，债券融资是一条"大路"。《关于做好 2018 年地方政府债务管理工作的通知》指出："按照中央经济工作会议确定的重点工作，优先在重大区域发展以及乡村振兴、生态环保、保障性住房、公立医院、公立高校、交通、水利、市政基础设施等领域选择符合条件的项目，积极探索试点发行项目收益专项债券。"《国务院关于加强地方政府性债务管理的意见》也有相似规定："没有收益的公益性事业，可以发行一般债券，以一般公共预算收入偿还；有一定收益的公益性事业，可以发行专项债券融资，以对应的政府性基金或专项收入偿还。"

其次，是两条"小路"。一是合法合规且没有政府兜底的 PPP 模式。《国务院关于加强地方政府性债务管理的意见》鼓励社会资本通过特许经营等方式，参与城市基础设施等有一定收益的公益性事业投资和运营。二是棚户区改造等。《关于坚决制止地方以政府购买服务名义违法违规融资的通知》将建设工程排除在政府购买服务之外，但党中央、国务院同意部署的棚户区改造、异地扶贫搬迁工作中涉及的政府购买服务事项，按照相关规定执行。

二、融资租赁视角下公益资产的审查与操作要点

(一) 公益性资产作为租赁物的法律合规后果

作为融资租赁标的，租赁物应当具备"融物"的属性，包括具有经济性、属于固定资产、能够转让给出租人等特点。而公益性资产，由于其具备公益属性、不产生现金流等特点，不宜作为租赁物；同时，该类标的物通常属于国家所有，限制流通，无法变价抵偿，不具有担保功能，出租人无法取得租赁物的所有权。因此，对于以该类物为租赁物，例如，以城市市区道路等限制流通物作为租赁物的"融资租赁合同"，不应认定构成融资租赁关系。①

---

① 最高人民法院民法典贯彻实施工作领导小组：《中华人民共和国民法典合同编理解与适用(三)》，人民法院出版社 2020 年版，第 1625 页。

2019 年 5 月 17 日,《中国银保监会关于开展"巩固治乱象成果　促进合规建设"工作的通知》附件——《2019 年非银行领域"巩固治乱象成果　促进合规建设"工作要点》第 3 条第(二)项第 4 小条明确规定,公益性资产不能作为租赁物。

而以公益性资产为租赁物,也会受到监管部门的处罚。2019 年 5 月 13 日,桂银保监银罚决字〔2019〕19 号对某金融租赁公司罚款 80 万元,违法违规事实是:接受承租人无处分权的公益性资产作为售后回租业务的租赁物;2019 年 9 月 25 日,某金融租赁股份有限公司因"以公益性资产作为租赁物,违规提供融资",收到了由江苏银保监局开出的一张罚单(苏银保监罚决字〔2019〕18 号),罚款金额 50 万元。

(二) 合规审查"负面清单"

在融资租赁业务审查过程中,如何判定某一租赁物是否公益性资产?可以从以下两个维度进行。

1. 主体维度

从主体角度看,《银行保险机构进一步做好地方政府隐性债务风险防范化解工作的指导意见》指出,不得要求或接受以机关、事业单位、社会团体的国有资产为相关单位和个人融资进行抵押,以及以售后回租、售后回购等的方式变相抵押、质押。① 从中可以看出,机关、事业单位、社会团体的资产均不得成为售后回租等交易模式标的物,不得以此模式融资。值得注意的是,该意见针对的主体已经超出以往相关文件。

2. 资产维度

结合前述规定,从资产性质角度看,公益性资产融资主要包括两类:一是不论是否产生现金流的公益性资产,包括公立学校、公立医院、公共文化设施、公园、公共广场、机关事业单位办公楼、市政道路、公立医院等资产作为融资租赁标的。此类资产具有公共服务属性等特征。二是需要判断是否

---

① 《银行保险机构进一步做好地方政府隐性债务风险防范化解工作的指导意见》,http://www.shysrzzl.com/page107? article_id=202,2021 年 7 月 12 日发布,最后访问日期:2021 年 10 月 5 日。

属于经营性资产的标的物,主要有非收费桥梁、非经营性水利设施、非收费管网设施。

综上,仅从是否属于公益资产的角度,对于承担了一定公共服务职能,但是可以产生现金流,通常表现为"收费"的桥梁、水利设施、管网等,可以作为融资标的物。但值得注意的是,金融租赁公司作为出租人的,还需要注意监管部门关于构筑物类租赁物的规定,"严禁将道路、市政管道、水利管道、桥梁、坝、堰、水道、洞,非设备类在建工程、涉嫌新增地方政府隐性债务以及被处置后可能影响公共服务正常供应的构筑物作为租赁物。"①

三、典型案例:企业法人持有的雨污水管网等作为租赁物

对于企业法人以其真实持有的污管网、雨水管网等可能涉及公共服务的标的物作为租赁物的,在司法实践中应如何认定?

(2021)鲁民终 150 号案,对于案件争议的融资租赁法律关系,山东省高级法院认为,《最高人民法院关于审理融资租赁合同纠纷案件适用法律问题的解释》第 1 条规定,人民法院应当根据《合同法》第 237 条的规定,结合标的物的性质、价值、租金的构成以及当事人的合同权利和义务,对是否构成融资租赁法律关系作出认定。本案中,青银租赁公司(出租人)与国控建设公司、宋都开发公司(共同承租人)于 2017 年 5 月 19 日签订《融资租赁合同》,将国控建设公司、宋都开发公司已建成并已经投入使用的 5 处排污管网、雨水管网以及 w-25 电缆及路灯作为融资租赁物,采用售后回租的方式租赁给国控建设公司、宋都开发公司使用。租赁物评估净值为 40 834.30 万元。本院认为,双方当事人之间构成融资租赁关系,一审法院认定为借款合同纠纷错误,本院予以纠正。理由如下:首先,根据青银租赁公司二审提交的河南誉金资产评估有限公司出具的《资产评估报告》,能够确认案涉租赁物的真实性以及所有权的归属,且各方当事人对租赁物所有权归属于宋都开发公司的事实并无异议。其次,本案融资租赁的方式约定为售后回租,即国控建设公司、宋都开发公司将其自有物出卖给青银租赁公司,

---

① 刘颖、张荣旺:《构筑物租赁出局 金租发力"融物"业务》,《中国经营报》2022 年 3 月 28 日,第 17 版。

再通过融资租赁合同将租赁物从出租人处租回,该租赁形式符合融资租赁合同关系的形式要件。再次,涉案租赁物为地下管网等属于宋都开发公司的固定资产,具有使用价值,且案涉租赁物的评估净值显示远超出青银租赁公司的买入价格,不存在标的物价值虚假的问题。该租赁物的性质可能会影响融资租赁交易的物权保障功能,但这属于融资租赁公司的经营风险问题,而非融资租赁合同性质的认定依据。国控建设公司、宋都开发公司辩称案涉租赁物系限制流通物,不能作为融资租赁交易的租赁物的抗辩不成立,本院不予支持。

当事人申诉至最高人民法院后,最高人民法院在(2021)最高法民申5368号案中做了进一步认定。首先,根据案涉《融资租赁合同》的约定,本案属于承租人将其自有物出卖给出租人,再通过融资租赁合同将租赁物从出租人处租回的情形。根据原审查明事实,国控建设公司、宋都开发公司向青银租赁公司出具《租赁设备物权无瑕疵核查声明》,承诺清单所列设备未办理抵押登记手续,以及截至2017年5月16日未存在与公司已投放项目租赁物及其他租赁物重合等物权瑕疵。国控建设公司、宋都开发公司在二审中认可案涉租赁物产权属于宋都开发公司。青银租赁公司于2017年5月19日将案涉租赁物在中国人民银行征信中心办理了动产权属统一登记,故案涉租赁物权属明确。其次,本案租赁物建成后才将融资、租赁物作为限制流通物等,属于双方通过意思自治对《融资租赁合同》内容所作的约定,不影响对双方之间是否成立融资租赁法律关系的认定。因本案租赁物现实存在,且不属于法律、行政法规规定的禁止买卖和融资租赁的物品,故案涉租赁物是否具有担保功能、能否作为融资物品,均属于青银租赁公司根据商业风险进行自我判断的范畴,不影响双方之间融资租赁合同关系的成立。再次,二审法院认定,案涉租赁物的评估净值远超过青银租赁公司的买入价格,因此本案青银租赁公司系"高值低买",不存在低值高买的情形。故国控建设公司、宋都开发公司关于原审对双方之间法律关系认定错误,双方之间系借贷关系并非融资租赁关系的再审申请理由不能成立。最后,因本案当事人之间系融资租赁合同关系,原审判决国控建设公司、宋都开发公司按照《融资租赁合同》约定,将风险抵押金和咨询服务费计入所欠本息计算的基数并无不当。

四、管网属于设备还是市政管道类构筑物的判断标准——以燃气管网为例

《中华人民共和国国家标准——固定资产分类与代码》(GB/T 14885 - 2010)对各类标的物做了归类,将固定资产区分为构筑物、设备等。从各类标的物的归类来看,虽然大部分清晰明确,但有一类较为复杂,且与融资租赁业务密切相关。

如果某管网或管道属于"市政管道"范围,按照《中国银保监会办公厅关于加强金融租赁公司融资租赁业务合规监管有关问题的通知》(银保监办发〔2022〕12号)中"严禁将道路、市政管道、水利管道、桥梁、坝、堰、水道、洞,非设备类在建工程、涉嫌新增地方政府隐性债务以及被处置后可能影响公共服务正常供应的构筑物作为租赁物"的规定,则不属于适格构筑物类租赁物。那么,对于某一管道,如何判断其是否属于"市政管道"?这是个复杂的问题。综合相关规定,以输气等管道为例,笔者认为,可以按参照如下标准。

一是"城镇燃气门站以前"的管道可计入《固定资产分类与代码》中的设备类。城市门站以前的输气管道通常属于长距离输气管道,不按城镇燃气相关规定管理。《城镇燃气管理条例(2016年修订)》第2条规定:天然气、液化石油气的生产和进口,城市门站以外的天然气管道输送,燃气作为工业生产原料的使用,沼气、秸秆气的生产和使用,不适用本条例。国家标准《城镇燃气设计规范》也载明"本规范不适用于城镇燃气门站以前的长距离输气管道工程"。

二是城市门站以内,城市内的供水、供气等管道等均应属于"市政管道"。《建设部关于加强市政公用事业监管的意见》(建城〔2005〕154号)中指出,市政公用事业是为城镇居民生产生活提供必要的普遍服务的行业,主要包括城市供水排水和污水处理、供气、集中供热、城市道路和公共交通、环境卫生和垃圾处理以及园林绿化等。《市政公用事业特许经营管理办法(2015年修正)》第2条明确:"本办法所称市政公用事业特许经营,是指政府按照有关法律、法规规定,通过市场竞争机制选择市政公用事业投资者或者经营者,明确其在一定期限和范围内经营某项市政公用

事业产品或者提供某项服务的制度。城市供水、供气、供热、公共交通、污水处理、垃圾处理等行业,依法实施特许经营的,适用本办法。"建设部《关于印发城市供水、管道燃气、城市生活垃圾处理特许经营协议示范文本的通知》中的《城市管道燃气特许经营协议》明确:"市政管道燃气设施:市政规划红线外所有燃气管道设施;2.8 庭院管道燃气设施:市政规划红线内所有燃气管道设施。"

三是"经营单位持有"并非判断是否构成"市政管道"的标准。《住房和城乡建设部办公厅、国家发展改革委办公厅关于印发城市燃气管道老化评估工作指南的通知》第 3 条规定:"按照'谁拥有、谁负责'原则,燃气专业经营单位负责其拥有的市政管道和燃气厂站、设施的老化评估工作。"可以看出,市政管道也可由经营单位负责。

四是核实承租人固定资产台账情况。核实承租人将管道类资产计入"设备"类还是"构筑物"类,是否适用设备类的折旧规则。如果承租人按设备类计,并进行了相应折旧等,可以作为认定租赁物性质的参考。如果承租人进行了相反认定,则出租人不宜改变其分类。

第三节　划拨型租赁物的合规要点与争议焦点

无偿划转或划拨是所有权取得的特殊方式,在基础设施类融资租赁业务中较为常见。目前,直接规范划拨的法律文件主要有:《企业国有产权无偿划转管理暂行办法》(简称《暂行办法》)、《企业国有产权无偿划转工作指引》(简称《工作指引》)等。

一、基础问题:无偿划转的适用范围和特点

(一)客体范围:产权＋实物资产

《暂行办法》第 2 条规定,本办法所称企业国有产权无偿划转,是指企业国有产权在政府机构、事业单位、国有独资企业、国有独资公司之间的无偿转移;第 3 条规定,各级人民政府授权其国有资产监督管理机构(简称国资

监管机构)履行出资人职责的企业(统称出资企业)及其各级子企业国有产权无偿划转适用本办法。据此,无偿划转管理的客体主要为"产权",即通常意义上的股权,同时,《暂行办法》第21条规定,企业实物资产等无偿划转参照本办法执行。

(二) 特点:具有严格的程序规定

无偿划拨主要包括:一是政府机构或事业单位向国有独资企业或国有独资公司的划拨;二是国有独资企业或国有独资公司之间的划拨。对于第二类,《暂行办法》规定了明确的划转程序和要求,履行相关内部程序后,可按相关权限申请管理部门批准。根据《暂行办法》,主要程序如下。

(1) 可行性研究。企业国有产权无偿划转应当做好可行性研究,包括被划转企业的财务状况、所处行业情况及有关法律法规、产业政策规定等。

(2) 内部审议。划转双方应当在可行性研究的基础上,按照内部决策程序进行审议,并形成书面决议。划入方(划出方)为国有独资企业的,应当由总经理办公会议审议;已设立董事会的,由董事会审议。划入方(划出方)为国有独资公司的,应当由董事会审议;尚未设立董事会的,由总经理办公会议审议。

(3) 通知债权人。划出方应当就无偿划转事项通知本企业(单位)债权人,并制订相应的债务处置方案。

(4) 清产核资。划转双方应当组织被划转企业按照有关规定开展审计或清产核资,以中介机构出具的审计报告或经划出方国资监管机构批准的清产核资结果作为企业国有产权无偿划转的依据。

(5) 无偿划转协议。划转双方协商一致后,应当签订企业国有产权无偿划转协议,包括划入划出双方基本情况、被划转企业国有产权数额及划转基准日、职工分流安置方案、违约责任等。

二、划拨函的常见问题及审查标准

(一) 划拨主体问题

1. 管理权限及方式

按照划拨是否在出资企业内部进行,可以分为外部划拨和内部划拨。

（1）外部划拨"分类批准"。《暂行办法》第12条规定："企业国有产权在同一国资监管机构所出资企业之间无偿划转的，由所出资企业共同报国资监管机构批准。企业国有产权在不同国资监管机构所出资企业之间无偿划转的，依据划转双方的产权归属关系，由所出资企业分别报同级国资监管机构批准"；第13条规定："实施政企分开的企业，其国有产权无偿划转所出资企业或其子企业持有的，由同级国资监管机构和主管部门分别批准"；第14条规定："下级政府国资监管机构所出资企业国有产权无偿划转上级政府国资监管机构所出资企业或其子企业持有的，由下级政府和上级政府国资监管机构分别批准。"

（2）内部划拨企业批准并"抄报"备案。《暂行办法》第15条规定："企业国有产权在所出资企业内部无偿划转的，由所出资企业批准并抄报同级国资监管机构。"

2. 常见划拨机构及审核

由于行政机构设置、管理权限安排等的不同，各地负责管理管理企业国有产权的机构也多有不同。常见的包括：国资委或国资管理办公室、财政部门、地方政府或管委会。其中，地方政府划拨通常以政府办公室名义或会议纪要形式实施。该种情形，应注意审核政府办公室职责范围和会议纪要的真实性（会议纪要为内部文件，通常不加盖印章。第三方使用时，需加盖印章，核实其真实性）；管委会通常为政府派出机关，承担了某一个区域"政府"的管理职能。另外，某事业单位，例如某管理中心等，该类单位属于受政府或国资管理机构委托行使相关职责的单位，应注意通过官方网站审核其职责权限范围。

（二）划拨文件真实性

一是财产来源虚假。"划拨"一般是将财产从A公司划往B公司，而在实践中，经常出现A、B公司的主管部门不一或管理关系未理顺等问题，导致划拨函中记载的财产来源存在虚假，明明不属于或属于A公司的财产，划拨函上做了错误记录。在A公司不知情的情况下，通过虚假记录的文件做出划拨。对于该问题，一般可以通过要求提交划拨财产的原始权属文件，例如建设合同、买卖合同等予以防范或佐证。

二是划拨附件真实性。主要有：划拨文件附件与划拨函不配套、附件与划拨函来源不一（例如附件源于评估报告等）。对于该问题，除认真审核附件内容外，还可以通过要求加盖骑缝印章等进一步补强。

三是印章虚假。划拨文件印章虚假较难识破，需要业务人员、审查人员等多方施策。实践中，一般通过电话访问、实地调查、经办人访谈等方式，配合划拨主体资格审查、程序审查、财产来源审查等予以防范。

（三）是否需要审核划拨程序性和资产入账问题

一是划拨程序审核的必要性限度。在售后回租交易中，出租人受让划拨财产的，审查划拨文件后，是否需要进一步审查划拨程序履行情况？对此，笔者认为，划拨文件为有权机关出具，从形式和效力上看，属于具有法律效力的行政文件。出具划拨文件，属于有权机关或机构在行政管理活动中行使行政职权，针对特定的公民、法人或者其他组织，就特定的具体事项作出的有关该公民、法人或者其他组织权利义务的单方行为，即具体行政行为。[①] 具体行政行为具有公定力、确定力、拘束力和执行力。出租人作为第三方，依据划拨这一具体行政行为开展融资租赁业务，尽到了注意义务，应当属于善意，无需进一步审核内部审批等情况。值得注意的是，无需审核内部审批程序并非意味着无需作出任何审核。对划拨文件本身，出租人还需要履行相应注意义务。

二是资产入账问题。《暂行办法》第 19 条规定，下列无偿划转事项依据中介机构出具的被划转企业上一年度（或最近一次）的审计报告或经国资监管机构批准的清产核资结果，直接进行账务调整，并按规定办理产权登记等手续：① 由政府决定的所出资企业国有产权无偿划转本级国资监管机构其他所出资企业的；② 由上级政府决定的所出资企业国有产权在上、下级政

---

① "根据有关法律和司法解释的规定，因政府及其主管部门对国有企业资产调整、划拨而引起的纠纷，不属于人民法院受理民事诉讼的范围。因而本裁判意见就本案是否属于人民法院受理的民事诉讼范围问题作出认定，因当事人双方之间不是基于民事法律行为而引起的纠纷，人民法院不应作为民事案件受理。本案双方之间的争议依法应由有关行政机关处理，不属于人民法院受理民事诉讼的范围。"参见刘德权：《最高人民法院裁判意见精选》（下），人民法院出版社 2011 年版，第 1474 页。

府国资监管机构之间的无偿划转;③ 由划入、划出方政府决定的所出资企业国有产权在互不隶属的政府的国资监管机构之间的无偿划转;④ 由政府决定的实施政企分开的企业,其国有产权无偿划转国资监管机构持有的;⑤ 其他由政府或国资监管机构根据国有经济布局、结构调整和重组需要决定的无偿划转事项。

出租人、承租人以划拨资产为租赁物的,融资租赁合同生效前,是否必须完成账务调整和入账程序? 笔者认为,一方面,资产入账属于会计处理问题,不影响承租人对租赁物所有权的认定;另一方面,如前所述,划拨文件具有证明所有权转移的法律效力,在已经获得划转文件的前提下,租赁物可以满足要求。只是出租人在支付租赁物购买价款后,需要注意跟进租赁物实际入账情况,防止虚假划拨。

(四) 划拨资产是否属于公益资产

划拨资产是否具有经济性,属于能够产生现金流的"固定资产",是该类租赁物需要重点审核的问题。该问题的本质是"划拨资产是否属于公益资产"。对于这一问题,除按照前述公益资产规定审核外,还需注意以下事项。

(1) 划拨资产是否属于承租人经营范围。如果划拨资产不属于承租人经营范围,则承租人收取相应款项并获得收益的,存在合规问题。出租人未做相应审核的,也存在合规瑕疵。

(2) 划拨资产是否存在经营收费可能。某些资产,例如雨水管网、市政道路等,通常为服务民生、提供公共服务设置,一般无法直接产生收益。而综合管廊、污水管网,根据《国务院办公厅关于推进城市地下综合管廊建设的指导意见》《国家发展改革委、住房和城乡建设部关于城市地下综合管廊实行有偿使用制度的指导意见》《污水处理费征收使用管理办法》等均属于可收费或经营的资产。

(3) 如何证明经营收费。证明经营收费的方式主要有两种:一是收费相关规定,例如前述规定等;二是收费许可,例如特许经营协议或收费文件等。实践中,常见以租赁协议方式证明存在经营收费事实的情形。对于该租赁协议,可结合"资产是否属于承租人经营范围、是否属于可以收费的资产、合同签署情况及履行情况"等综合判断。

（五）划拨土地之上构筑物等的转让

实践中，一个容易忽视的问题是"划拨土地上构筑物等的转让"。构筑物等作为租赁物的，租赁期间其所有权需要从承租人转让至出租人。我国《城镇国有土地使用权出让和转让暂行条例》（简称《暂行条例》）第45条规定：符合下列条件的，经市、县人民政府土地管理部门和房产管理部门批准，其划拨土地使用权和地上建筑物、其他附着物所有权可以转让、出租、抵押：① 土地使用者为公司、企业、其他经济组织和个人；② 领有国有土地使用证；③ 具有地上建筑物、其他附着物合法的产权证明；④ 依照本条例第二章的规定签订土地使用权出让合同，向当地市、县人民政府补交土地使用权出让金或者以转让、出租、抵押所获收益抵交土地使用权出让金。

《暂行条例》属于行政法规，具有较高效力层级，是能够决定合同效力的法律渊源，其第45条是否属于影响融资租赁合同效力的"效力性规定"？结合条例用语和第46条"对未经批准擅自转让、出租、抵押划拨土地使用权的单位和个人，市、县人民政府土地管理部门应当没收其非法收入，并根据情节处以罚款"来看，该规定属于授权管理机关可以就特定类型的民事行为对民事主体采取行政处罚措施的"管理性规定"，违反该规定的，一般不直接产生合同无效的法律后果。

虽然一般不直接产生合同无效的法律后果，但从合规的角度看，如果土地使用权系划拨的，以其上构筑物等作为租赁物的，仍应取得人民政府或房管局和土地局等同意"该标的物作为融资租赁标的物"的函或文件。

（六）非国有独资企业之间的无偿划转

《暂行办法》第2条规定，本办法所称企业国有产权无偿划转是指企业国有产权在政府机构、事业单位、国有独资企业、国有独资公司之间的无偿转移。《工作指引》第2条规定，国有独资企业、国有独资公司、国有事业单位投资设立的一人有限责任公司及其再投资设立的一人有限责任公司（统称国有一人公司），可以作为划入方（划出方）。

可以看出，《暂行办法》对于可以无偿转移的主体进行了明确限定，主要是政府机构、事业单位、国有独资企业、国有独资公司、国有一人公司。实践中，对于上述主体之外资产无偿转移，例如国有控股或者股份公司之间的资产划转问题是否适用《暂行办法》,素有争议。笔者认为,办法规定的范围、程序较为明确,对于上述主体之外的资产无偿转移,应当属于企业之间的重大资产处置行为,该行为如何审议及决定,可参照公司章程或地方管理规定进行;没有明确规定的,应审查股东会决议等。

三、焦点争议:划拨财产的转让是否涉及国有资产转让

在(2020)沪74民终718号案件中,承租人认为,案涉租赁物系山海关景区从龙园到澄海楼的道路及附属管道,属于国有资产,根据国有资产转让相关规定,其转让应经过产权交易机构的公开拍卖程序;且涉案租赁物也属于不动产,不动产产权变更应当办理变更登记手续。

(一)争议缘由:法律明确国有资产转让程序等

《企业国有资产法》第53条规定,国有资产转让由履行出资人职责的机构决定;第64条规定,国有资产转让应当遵循等价有偿和公开、公平、公正的原则。除按照国家规定可以直接协议转让的以外,国有资产转让应当在依法设立的产权交易场所公开进行。转让方应当如实披露有关信息,征集受让方,征集产生的受让方为两个以上的,转让应当采用公开竞价的交易方式。转让上市交易的股份依照我国《证券法》的规定进行。

《企业国有产权转让管理暂行办法》第32条规定,在企业国有产权转让过程中,转让方、转让标的企业和受让方有下列行为之一的,国有资产监督管理机构或者企业国有产权转让相关批准机构应当要求转让方终止产权转让活动,必要时应当依法向人民法院提起诉讼,确认转让行为无效:① 未按本办法有关规定在产权交易机构中进行交易的;② 转让方与受让方串通,低价转让国有产权,造成国有资产流失的。

(二)固定资产≠国有资产

融资租赁买卖合同的标的物是"国有企业的固定资产,而非国有资产"。《企业国有资产法》第2条规定,本法所称企业国有资产,是指国家对企业各种形式的出资所形成的权益。国有资产指的是"权益",非具体的财产表现形式。从释义来看,本法所称的企业国有资产,是指国家对企业出资所形成的权益,

即作为出资人对其出资的企业享有的资产收益、参与企业重大决策和选择企业管理者等权利,而不是指国家出资企业的厂房、机器设备等不动产和动产。依照《物权法》的规定,企业法人的不动产和动产,由企业依照法律、行政法规和企业章程享有占有、使用、收益和处分的权利。[1] 同时,《企业国有资产法》第 53、54 条等也仅确定了国有资产处分方式,对国有企业固定资产的处分并无相应的法律要求。此外,国有企业实行"产权清晰、权责明确、政企分开、管理科学"的原则,国有资产主要是基于股权产生的权益,与经营权分离,如果国资委等对企业的具体财产拥有所有权,企业将无法自主开展经营,显然是政企不分、产权不清,与法理有悖、与现实不符,客观上也无法操作。

(三) 法院对于划拨资产转让的态度

(2020)沪 74 民终 718 号案件,上海金融法院审查后认为,上诉人旅游公司与被上诉人某租赁公司在《融资租赁合同》中约定的交易方式为售后回租式融资租赁,故双方为此而签订的《售后回租赁之买卖合同》不同于传统的、单纯的买卖合同,而是与《融资租赁合同》共同构成融资租赁法律关系的基础性要素。租赁物的所有权在融资租赁合同履行期间系阶段性地让与出租人(某租赁公司)作为融资担保,当合同义务全部履行完毕,租赁物的所有权仍归承租人(旅游公司)所有,故整个合同履行不涉及国有资产的处理,最终也不会产生租赁物所有权实质转让的结果。上诉人旅游公司提出国有资产转让应履行相关程序等规定对本案并不适用,上诉人旅游公司与被上诉人某租赁公司构成售后回租式融资租赁法律关系。

该判决以融资租赁系非典型担保方式作为逻辑起点,论述了承租人向出租人转让划拨资产的合法性,具有一定借鉴意义。而在出租人需要通过处置租赁物实现债权的场景下,由于租赁物已经经过合法程序划拨至承租人,出租人基于信赖已经向承租人支付了合理转让价款,且在尽到相应审查义务的情况下,应当属于"善意方",可以取得租赁物所有权。在承租人违约或破产的情况下,出租人可以主张物上权利,包括物上追及权、取回权和别除权等。

---

[1] 安建:《中华人民共和国企业国有资产法释义》,法律出版社 2008 年版,第 8—10 页。

第四节   知识产权融资租赁的争议与司法态度

对于知识产权融资租赁,市场主体既跃跃欲试,又担心监管规则和司法机关不予支持。知识产权能否作为融资租赁客体,既是一个法律问题,也是一个实践问题,对融资租赁行业发展和法律规则完善具有重大意义。

最高人民法院审判委员会副部级专职委员、二级大法官刘贵祥指出,"专利权、著作权、商标权等知识产权的使用权均可从权属中分离出来而由承租人使用,其作为融资租赁物当具适格性,在审判实务中对知识产权作为融资租赁物应持肯定态度。判断知识产权是否转让给出租人,应区别情况:专利权的转让自专利行政部门登记之日起生效;商标权的转让自商标行政部门核准公告之日起生效;就著作权而言,因实行自愿登记制度,财产权的变动只能依合同约定,登记仅产生对抗第三人效力。知识产权权属登记的可撤性、价值认定的复杂性,虽会给融资租赁带来一定的风险,但与其作为质权标的物的风险没有什么不同,是否以其为租赁标的物只是一个商业判断问题,而不是作为租赁物是否适格问题"。① 而从实践和学界观点看,知识产权作为租赁物还有许多值得探讨之处。

一、轰动业界的案例:著作权可以成为融资租赁标的的逻辑

案号:(2020)津 0116 民初 27378 号②

---

① 刘贵祥:《当前民商事审判中几个方面的法律适用问题》,《判解研究》2022 年第 2 辑。
② 该案入选《天津高院发布 2021 年度十大影响性案例》,案件典型意义为:"本案是人民法院积极破解企业融资难题,助力我市国家租赁创新示范区建设的典型案例。知识产权融资租赁,是融资租赁从传统有体物领域向无形资产领域的延伸,对促进知识产权市场化有积极作用。在现行法律对知识产权等无形资产融资租赁尚无明确规定的情况下,人民法院并未轻易否定无形资产融资租赁合同的效力,而是从化解科创类企业融资难题、实现资源优化配置的角度出发,坚持宽容谦抑的理念,充分尊重当事人意思自治,积极回应企业和市场需求,认定著作权融资租赁合同有效。本案的判决,有利于激发市场主体的创新活力,促进知识产权成果有效转化,对天津市融资租赁业创新政策机制,加快建设国家租赁创新示范区,具有重要推动作用。"http://tjfy.tjcourt.gov.cn/article/detail/2022/02/id/6520800.shtml,最后访问日期:2022 年 8 月 28 日。

判决日期：2021 年 3 月 9 日

案情简介：2018 年 10 月 29 日，远东宏信公司（出租人、甲方）与大业创智传媒股份公司（承租人、乙方）签订了编号为××的《售后回租赁合同》，约定，甲方根据乙方的要求向乙方购买本合同记载的无形资产租赁物件，并通过许可的方式回租给乙方使用，乙方向甲方承租、使用该无形资产租赁物件，并向甲方支付租金。后乙方违约，甲方诉至法院。

判决事由：关于本案是否构成融资租赁关系，法院认为，我国《合同法》第 237 条规定："融资租赁合同是出租人根据承租人对出卖人、租赁物的选择，向出卖人购买租赁物，提供给承租人使用，承租人支付租金的合同。"《最高人民法院关于审理融资租赁合同纠纷案件适用法律问题的解释》第 1 条第 1 款规定："人民法院应当根据《合同法》第二百三十七条的规定，结合标的物的性质、价值、租金的构成以及当事人的合同权利和义务，对是否构成融资租赁法律关系作出认定。"

首先，从租赁物的性质来看，《合同法》并未对租赁物的性质加以限定，亦无法律、行政法规对著作权作为租赁物的适格性进行否定。中国银行保险监督管理委员会出台的《融资租赁公司监督管理暂行办法》第 7 条第 1 款规定："适用于融资租赁交易的租赁物为固定资产，另有规定的除外。"根据上述规定，虽然租赁物原则上应为固定资产，但并未完全将著作权排除在租赁物范围之外，故本案《售后回租赁合同》以真实存在的"好运旅行团"电视栏目著作权作为租赁物符合"融资""融物"双重特性，不违反法律、行政法规的强制性规定。而且，本案到庭被告对著作权作为融资租赁合同标的亦不持异议。

其次，从租赁物的价值来看，第三方评估机构对涉案著作权的市场价值进行了评估，到庭被告对该估值不持异议，亦无相反证据证明租赁物的价值存在低值高估的情形。

再次，从租金构成来看，《合同法》第 243 条规定："融资租赁合同的租金，除当事人另有约定的以外，应当根据购买租赁物的大部分或者全部成本以及出租人的合理利润确定。"涉案《所有权转让协议》确认租赁物转让价款为 1 700 万元。《售后回租赁合同》约定租金总额为 17 762 789.33 元，分 10 期偿还。可见，本案租金系由租赁物购买价款及合理利润组成，符合法律规定。

最后,从双方的合同权利义务来看,《所有权转让协议》约定大业创智公司将涉案著作权转让给远东宏信公司,且双方已在国家版权局办理了权利转移变更登记,故涉案作品著作权已转移至远东宏信公司;大业创智公司享有涉案著作权的使用权并依约向远东宏信公司支付了前 7 期租金及第 8 期部分租金,符合融资租赁权利义务关系。综上所述,涉案《售后回租赁合同》系双方当事人的真实意思表示,内容不违反法律法规效力性强制性规定,合法有效。被告抗辩涉案合同性质为借款合同的主张没有事实和法律依据,本院不予支持。

二、冲突与机遇:知识产权融资租赁管理规定的冲突

上述案例给了融资租赁行业一剂"强心剂",也"一石激起千层浪",以知识产权作为租赁物在行业聚集地天津地区获得司法支持,很有示范意义。笔者梳理了当前的法律制度和规则,总体来看,法律效力层级越低的规定,越为开放。

(一) 法律层面尚无空间

《民法典》规定的租赁物属于"物"的范畴。《民法典》第 115 条规定:"物包括不动产和动产。法律规定权利作为物权客体的,依照其规定。"融资租赁法律关系的基础是"所有权",所有权属于物权的一种,在没有法律明确规定的情况下,同样不能将知识产权等无形资产作为标的。对此,在对相关条文的释义中,最高人民法院认为,以收费权、商标权、专利权为租赁物的"融资租赁合同",一般不构成融资租赁合同关系,应按照其实际构成的法律关系确定合同的性质、效力及当事人之间的权利义务,理由在于:① 权利不属于物,租赁物的实质是使用物,但对于此类标的物而言,承租人根本无法使用这样的"物",这已违背了基本的民法权利体系;② 有关租赁物的折旧、残值的计算和折抵规则均无法适用于此类合同;③ 既有监管规定将租赁物限定为固定资产,即排除了权利;④ 从发展的角度看,租赁物的范围也是一个发展的过程。从最开始的有形物到今天出现在美国市场的无形物,进而发展为有关物的权利都成为租赁交易的载体,但不以物为载体的各种租赁形式不属于租赁的研究范畴,只是该载体所属领域对租赁概念的借用;⑤ 从

法律关系的本质来看,收费权的融资租赁实质上是收费权的质押,专利权、商标权的融资租赁多为知识产权的质押或者许可使用。①

(二) 规章层面留有机会,地方规定提供可能

中国银保监会《金融租赁公司管理办法》第4条规定,适用于融资租赁交易的租赁物为固定资产,银保监会另有规定的除外。中国银保监会于2020年5月26日发布的《融资租赁公司监督管理暂行办法》第7条规定,适用于融资租赁交易的租赁物为固定资产,另有规定的除外。而根据《企业会计准则第6号——无形资产》第3条,财政部、国家税务总局《关于全面推开营业税改征增值税试点的通知》注释部分的有关规定,知识产权属于无形资产,不属于固定资产。因此,融资租赁公司实施以知识产权作为"租赁物"的"融资租赁交易",属于违反相关部门规章的行为,除非"另有规定"。

2020年9月7日,厦门市地方金融监督管理局发布《厦门市融资租赁公司监督管理指引(试行)》,其第15条明确租赁物包括固定资产和无形资产;2020年10月30日发布的《厦门经济特区知识产权促进和保护条例》第15条也规定"创新知识产权证券化、融资租赁等金融服务模式"。

(三) 规范性文件方面较为积极

鼓励以知识产权作为租赁物开展融资租赁业务的规范性文件主要包括:国务院于2015年出台的《国务院办公厅关于加快融资租赁业发展的指导意见》:"鼓励融资租赁公司在飞机、船舶、工程机械等传统领域做大做强,积极拓展新一代信息技术、高端装备制造、新能源、节能环保和生物等战略性新兴产业市场,拓宽文化产业投融资渠道";商务部、北京市人民政府于2015年9月13日发布的《北京市服务业扩大开放综合试点实施方案》规定:"试点著作权、专利权、商标权等无形文化资产的融资租赁";2019年1月31日,国务院《关于全面推进北京市服务业扩大开放综合试点工作方案的批复》同意"试点著作权、专利权、商标权等无形资产融资租赁";2016年4

---

① 最高人民法院民法典贯彻实施工作领导小组:《中华人民共和国民法典合同编理解与适用(三)》,人民法院出版社2020年版,第1625—1626页。

月,广州市人民政府发布《关于广州市构建现代金融服务体系三年行动计划》,提出"推动文化融资担保、文化融资租赁、文化小额贷款、文化投资基金、文化信托、文化保险等集聚发展";《天津市金融业发展"十四五"规划》指出,"支持融资租赁公司试点开展专利权、商标权、著作权等无形资产融资租赁业务,拓宽小微企业融资渠道,更好发挥租赁服务实体经济作用";《山西省人民政府关于新形势下推进知识产权强省建设的实施意见》提出"试点专利权、商标权、著作权等知识产权的融资租赁"。

三、实证分析:知识产权融资租赁纠纷的司法态度

(一) 模式一:否定型

2017 年 1 月 3 日,深圳前海合作区人民法院发布《关于审理前海自贸区融资租赁合同纠纷案件的裁判指引(试行)》,其中第 4 条规定:"融资租赁合同的标的物一般为有体物,名为'融资租赁合同',但以高速公路收费权、商标权、专利权等权利作为标的物的,应按照权利质押、知识产权的许可使用等合同性质认定当事人之间的真实法律关系。"

(2019)沪 0115 民初 13365 号案,上海市浦东新区人民法院认为,以著作权为租赁物的"融资租赁合同"不构成融资租赁合同关系。本案中,原告与被告皆悦公司签订的《售后回租合同》性质应属于借贷合同,原告已履行其出借资金义务,被告皆悦公司未归还原告借款,显属违约,应承担相应还款责任。

(二) 模式二:先抑后扬型

2019 年 1 月 31 日,国务院公布《关于全面推进北京市服务业扩大开放综合试点工作方案的批复》。(2018)京 0113 民初 7130 号案,北京市顺义区人民法院认为,本案系双方当事人对涉诉著作权作品项下的财产权处分过程中所产生的纠纷,应属著作权纠纷项下的争议,案件类别不是单纯的合同纠纷。在(2019)京 0113 民初 16169 号判决中,北京市顺义区人民法院认为,租赁物为"三匚创意"商标;融资公司与三方创意汇公司签订的《融资租赁合同》,系双方真实意思表示,且约定的内容并不违反有关融资租赁合同的相关法律规定,合法有效,本院予以确认。

（三）模式三：肯定型

（2017）渝 01 民终 3138 号案，重庆市第一中级人民法院裁决，重庆科技融资担保公司认为专利权不能作为融资租赁合同的标的物，故本案所涉《融资租赁合同》部分无效。该院认为，法律、行政法规的强制性规定并未明确专利权等财产性权利不能作为融资租赁合同的标的物，故融资租赁合同将专利权等财产性权利设为标的物，并不必然导致合同无效。

（2018）闽 0102 民初 4564 号案，福州市鼓楼区人民法院则指出，融信公司与紫荆动漫公司签订的《售后回租合同》《无形资产转让合同》均为当事人真实意思表示，合同依法有效。融信公司按约履行，向紫荆动漫公司购买讼争的无形资产组合，并将无形资产组合交由紫荆动漫公司租赁使用，已经履行合同义务。

四、争议与建议：知识产权融资租赁的问题及建议

（一）关于知识产权融资租赁的争议

实践中，呼吁和认可知识产权融资租赁的声音众多。代表观点认为，知识产权融资租赁是实践的产物；《国际统一私法协会租赁示范法》第 2 条将"租赁物"界定为"所有承租人用于生产、贸易及经营活动的财产，包括不动产、资本资产、设备、未来资产、特制资产、植物和活的以及未出生的动物"，其"所有"范围之大显然囊括了无形财产类的"未来资产"；我国澳门地区《商法典》第 890 条规定："融资租赁合同之标的得为任何可作租赁之财产"。我国现行法律对知识产权能否作为融资租赁交易标的物既未明确支持，也未明确禁止。有学者认为在司法审判实践中，租赁物"是什么"不重要，其"有没有"才重要。[①]

否定者认为，由于知识产权是一种非物质性的标的物，权利人难以实现对其占有、支配，与有体物相比，其具有可复制性、不可损耗性，很难保证承租人排他地占有与使用标的物，因此不能作为融资租赁的标的物。[②] 以商

---

① 刘汉霞：《我国知识产权融资租赁的现实困惑与法律规制》，《知识产权》2017 年第 8 期，第 70—77 页。

② 钱晓晨：《关于〈中华人民共和国融资租赁法（草案）〉民事法律规范若干问题的评析》，《法律适用》2006 年第 4 期。

标权、专利权作为租赁物的,实际上属于商标权、专利权的许可使用,不能成立融资租赁法律关系的,可按照权利质押、知识产权的许可使用合同加以认定。[①]

(二)知识产权融资租赁的障碍

笔者支持知识产权作为融资租赁标的物的观点,但在实践中广泛实行似乎还有一段路要走。

1. 法理障碍

《民法典》项下的物是指有体物,包括动产和不动产。融资租赁合同属于《民法典》中的典型合同,其法律依据、制度框架和结构逻辑均以"物"为基础构建,在《民法典》或同等效力的法律规定层面尚未明确的情况下,将租赁物扩大到无形资产,缺乏必要的法理基础和法律依据。而且知识产权不具备"物"的属性和特定,不属于物权相关法律规制对象。在法律没有规定的情况下,将知识产权等无形资产纳入"租赁物"范畴,可能不符合"物权法定"的一般法理。

2. 规则障碍

从融物角度看,与有形财产不同,作为无形资产,知识产权在占有、使用上无法实现排他性,所谓知识产权融资租赁,更多的是特许使用;从税务和会计上看,知识产权属于无形资产,不属于固定资产,其记账规则、折旧方式、会计科目、税收规则等均与固定资产不一致,需要特别规制。这些知识产权融资租赁的"基础设施"目前还有待进一步建设。

3. 现实障碍

在知识产权融资租赁中,除了因其无形性而带来的租金确认困境外,交易参与人还面临着无形的权利交易带来的特殊问题,包括出租人面临权利丧失和侵权的风险,可能受到第三人提起的侵权主张;承租人面临技术泄露的风险。[②] 同时,知识产权,例如专利、商标等大多没有成熟和完善的交易

---

① 宋晓明、刘竹梅、原爽:《〈关于审理融资租赁合同纠纷案件适用法律问题的解释〉的理解与适用》,《人民司法》2014 年第 7 期。

② 刘汉霞:《我国知识产权融资租赁的现实困惑与法律规制》,《知识产权》2017 年第 8 期,第70—77 页。

市场,流通性较差,较难确定公允价值,且价值不稳定,作为融资租赁标的物存在一定劣势。

(三) 建议

1. 寻找依据

在《民法典》等法律层面短期内无法突破、最高人民法院观点总体偏否定态度的情况下,从规则层面可以探索的逻辑是:《金融租赁公司管理办法》《融资租赁公司监督管理暂行办法》虽均将租赁物规定为固定资产,但前者明确"银保监会另有规定的除外";后者亦规定"另有规定的除外"。同时,按照后者第 31 条规定,省级人民政府负责制定促进本地区融资租赁行业发展的政策措施,对融资租赁公司实施监督管理,处置融资租赁公司风险,即单纯从规则逻辑上看,经过省级政府等政策授权或批准的租赁物范围应当属于此类。

除前述厦门地区规定外,2019 年 10 月 15 日,中关村科技园区管理委员会、中国人民银行营业管理部、中国银行保险监督管理委员会北京监管局、北京市知识产权局联合印发的《关于进一步促进中关村知识产权质押融资发展的若干措施》提出:"支持知识产权专业机构与融资租赁机构合作研发中长期运营融资产品,采用收购许可等模式开展企业高价值专利等知识产权融资租赁业务,协助企业盘活知识产权资产。中关村管委会按照融资租赁业务规模的 1% 给予知识产权专业机构资金支持,单家机构年度补贴金额不超过 500 万元。"

2. 规范操作

争取省级等管理部门授权或同意,允许以知识产权等无形资产作为租赁物;按照融资租赁属性,合理确定转让价款、租金和双方权利义务等,符合融资租赁法律关系的要素,不得低值高买或变相借贷;按照知识产权交易的属性,做好协议安排、权利转让登记和管理等。

3. 约定管辖

在法律尚未做出明确规定、各地法院判决存在不一的情况下,从稳定合同预期、平衡合同双方权益的角度出发,可以考虑约定支持知识产权融资租赁的地区为纠纷管辖地。《最高人民法院关于适用〈中华人民共和国民事诉讼法〉的解释》第 19 条规定,财产租赁合同、融资租赁合同以租赁物使用地为合同履行地;合同对履行地有约定的,从其约定。《民事诉讼法》第 34 条规定,合同或者其他财产权益纠纷的当事人可以书面协议选择被告住所地、合同履行地、合同签订地、原告住所地、标的物所在地等与争议有实际联系的地点的人民法院管辖,但不得违反本法对级别管辖和专属管辖的规定。

4. 借鉴经验

作为国内第一家文化融资租赁公司,文科租赁在 2016 年 10 月完成对 118 家文创企业的融资,租赁物包括电影、电视剧的版权、著作权、专利权及专有技术使用权、网络游戏著作权及运营权等,总融资额高达 15.2 亿元。此外,文科租赁在直接将知识产权许可使用费作为基础资产发行 ABS 方面也迈出了第一步。自 2015 年 12 月 30 日发行"文科租赁一期资产支持专项计划"(简称文科租赁一期)后,接连发行了文科租赁二期和三期。以文科租赁一期为例,其 13 家承租人所处行业囊括了光伏发电、投资与资产管理、工艺品及其他制造业、广播、电视电影和音像业、化学原料及化学产品制造、农业、文化等;到了文科租赁三期,基础资产对应的租赁物则包括专利权、商标权、文字作品和计算机软件著作权等。[①]

第五节　生物资产融资租赁的
适格性和特殊事项

生物资产可以作为租赁物,实践中已经成为广泛共识。一些生物,例如林木、耕牛、奶牛等具有可使用性,与机器设备无实质差别,作为融资租赁物并无不可。[②] 对于可以作为租赁物的生物资产类型,应当结合"融物"标准予以判断。从涉及生物资产融资租赁的纠纷看,案件较为集中,承租人缔约

---

① 黄恩霖、纪奕男:《新形势下的知识产权融资租赁业务》,https://law.wkinfo.com.cn/professional-articles/detail/NjAwMDAwNzkyODg%3D,最后访问日期:2021 年 8 月 15 日。

② 刘贵祥:《当前民商事审判中几个方面的法律适用问题》,《判解研究》2022 年第 2 辑。

能力差异较大,所有权证明文件存在特殊性,租赁物取回和变现容易成为焦点。同时,特定化也容易成为业务开展中的难点。

一、生物资产作为租赁物的适格性

《国务院办公厅关于促进金融租赁行业健康发展的指导意见》明确"探索将生物资产作为租赁物的可行性"。《企业会计准则第5号——生物资产》第2条规定:"生物资产,是指有生命的动物和植物";第3条规定:"生物资产分为消耗性生物资产、生产性生物资产和公益性生物资产。消耗性生物资产,是指为出售而持有的或在将来收获为农产品的生物资产,包括生长中的大田作物、蔬菜、用材林以及存栏待售的牲畜等。生产性生物资产,是指为产出农产品、提供劳务或出租等目的而持有的生物资产,包括经济林、薪炭林、产畜和役畜等。公益性生物资产,是指以防护、环境保护为主要目的的生物资产,包括防风固沙林、水土保持林和水源涵养林等。"

生产性生物资产可以作为适格租赁物,目前已经形成共识,主要理由:一是符合"融物"特征。从"融物"四大支柱看,生产性生物资产无疑具备独立的权属,可以向承租人转移;具备经济价值,能产生收益,具有生产资料特征;可以实现特定化,实践中,可以通过耳标、脚标或铭牌等实现特定化;具备可以衡量的经济性。二是获得司法审判广泛认可。例如根据《涉上海自贸区融资租赁案件审判白皮书(2013年10月—2020年9月)》,上海市浦东新区法院以判决形式肯定了融资租赁中以生产性生物资产(奶牛)作为租赁物的可行性,主要基于两点考虑:一方面,奶牛属于畜牧场的生产性生物资产,非消耗品,使用寿命一般为5—6年,可以自由转让,并且所有权和使用权可以分离;另一方面,虽然奶牛和一般的机械设备相比,容易受到生长周期、生存环境等影响,但该风险在一定程度上是可控的,所以本案所涉奶牛符合融资租赁租赁物的相关要求。三是政策层面的支持。除前述《关于促进金融租赁行业健康发展的指导意见》外,《国务院办公厅关于加快融资租赁业发展的指导意见》也指出"在风险可控的前提下,稳步探索将租赁物范围扩大到生物资料等新领域""探索将生物资产作为租赁物的可行性",给予了明确的政策支持。

至于公益性生物资产,从其性质来看不仅涉及社会公共利益,而且作为租赁物存在合规问题,不宜作为租赁物;对于消耗性生物资产,其本身不具备生产资料的属性,经济价值表现为交换价值,一次性出卖、消费后即发生形态或权属变化,不能持续产生现金流,不符合融资租赁物为非消耗物的特征。

实践中,多选择生产性生物资产作为融资租赁租赁物。具体而言:① 有特殊经济价值的林木和果木,利用树木的果实、种子、树皮、树叶、树汁、树枝、花蕾、嫩芽等等产生经济价值;以生产油料、干鲜果品、工业原料、药材及其他副特产品为主要经营目的的乔木林和灌木林,例如木本粮食林、木本油料、工业原料特用林等。② 能直接带来经济利益的产畜,包括奶牛、繁殖母猪、种公猪、种鸡或蛋鸡等,它们是畜牧企业最主要的生产资料。③ 役畜也称力畜,是指专门用来耕地或运输的家畜,例如牛、马、骡子、驴、骆驼等。[①]

二、生物资产融资租赁业务及纠纷的特点

从生物资产融资租赁的实践及纠纷可以看出生物资产融资租赁的特点。

(一) 案件较为集中,承租人缔约能力差异较大

主要表现在:一是当事人和租赁物集中。2022 年 5 月 4 日,以"生物资产"为关键词,搜索名称包含"融资租赁"的判决书,发现案件 16 件,均涉及同一出租人,13 件涉及张掖某公司,租赁物均为母牛或奶牛;以"母猪"为关键词搜索发现案件 6 件。二是出租人鲜有败诉,承租人缔约能力差异较大。其中,前述 16 件案件中,出租人起诉 15 件,5 件涉及是否成立融资租赁法律关系争议,承租人起诉 1 件。16 件案件,出租人债权均获得支持(1 件部分败诉,即服务费未获得支持)。承租人主体多为合作社、农户等,与运作成熟的公司法人相比,缔约能力差异较大,部分人称对融资租赁法律关系并不

---

① 江苏华文融资租赁有限公司:《生物资产作为租赁物的探析》,江苏文投集团公众号,最后访问日期:2019 年 10 月 25 日、2022 年 5 月 4 日。

了解,例如(2018)沪0115民初72832号案,被告辩称:原告与当地政府洽谈融资项目时,没有告知当地政府和被告是基于融资租赁关系,原告向被告实际放款240万元,合同是放款之后在张掖市签署的,被告对融资租赁法律关系完全不清楚。

(二)所有权证明文件存在特殊性

生物性资产往往通过收购、饲养等取得,不像传统机器设备、机动车等有买卖合同、发票等作为权属证明材料。在没有原始证明文件的情况下,如何确认权属成为一个操作难题,(2019)沪0115民初91756号案作出了示范。上海市浦东新区法院查明并认定如下:原告出资向被告民年农业开发公司购买生产经营过程中所需的生物资产西门塔尔基础母牛200头(耳标号:海尔租赁甘G－MN0001－海尔租赁甘G－MN0200),并将其作为租赁物出租给被告民年农业开发公司占有使用,被告民年农业开发公司根据《实际租金支付表》的要求定期向原告支付租金。根据被告民年农业开发公司出具的《所有权声明函》,因案涉租赁物为其向周边农户零散采购所得,当地交易习惯为不签订采购合同和不开具发票,被告民年农业公司表示案涉租赁物为其所有。

(三)租赁物取回和变现容易成为焦点

生物性资产具备较好的流通性和变现价值,承租人违约的,出租人取回租赁物变现操作便利;而一旦取回,出租人变现价值是否合理往往成为争议焦点。面对承租人关于变现价格的质疑,(2019)沪74民终244号案,上海金融法院认为,海尔融资租赁公司收回839头母牛后,经过数次询价,择出价最高者卖出。普盛圆公司虽主张该出卖价格过低,应为2万元/头,并提供了科右前旗畜牧工作站出具的证明,但该证明并无任何客观证据可予佐证,且遭海尔融资租赁公司否认,对此实难采信。在普盛圆公司申请启动的评估过程中,因系争牛只已卖给案外人,而案外人不予配合,使评估无法进行。评估人本拟参照尚留存于普盛圆公司处的同批租赁物剩余牛只的状况尝试评估,但因上述牛只的耳标均已脱落,无法进行批次识别而无果。此外,上述牛只并非在双方《售后回租协议》约定的饲养场所"内蒙古自治区兴安盟科右前旗归流河镇满达胡嘎查"内饲养,更难确认为《售后回租协议》项下的租赁物。鉴于母牛系生物租赁物,其生长发育情况与个体体质、饲养方式等密切相关,无法一概而论,而普盛圆公司作为母牛的饲养者,未能提供任何原始证据证明系争母牛的具体情况,故原审法院对其诉请要求出租人赔偿损失的请求亦不予支持。

(四) 生物资产的死亡和孳息

从法律角度看,生物资产的死亡和孳息属于租赁物的更新、替代或增加等,本质上都属于合同履行中的问题,不影响合同性质认定。一是租赁物更新。生物资产融资租赁存在丢失、死亡、疫情等特有风险,出现该等情形的,可以通过购买保险、合同条款约定替换、协商替代、调整折旧等缓释相应风险。对于替代后的租赁物,应及时在中登网登记公示。二是关于租赁物孳息。对于租赁合同签订后出生的动物、结出的果实等,按照《民法典》第321条规定:"天然孳息,由所有权人取得;既有所有权人又有用益物权人的,由用益物权人取得。当事人另有约定的,按照其约定";如果双方没有约定的,归出租人所有。

三、败诉案件的启示

(一) 特定化的证明标准和责任

生物性资产特别是动物类,活动频繁、流动性强、管理难度大,特定化成为难题。实践中,生物资产往往通过铭牌、脚标、耳标等方式实现特定化。未实现特定化的,融资租赁关系也容易被否定。(2019)沪0115民初6954号案,上海市浦东新区法院认为,本案合同仅约定租赁物为"养殖设备、养殖栏舍设备、400头母猪",未明确约定"养殖设备、养殖栏舍设备"的具体品名、型号,母猪也未特定化,原告未能举证证明租赁物的真实存在、租赁物的具体范围及其价值,系争《售后回租总协议》缺乏融物特征。

(二) 服务费

在生物资产融资租赁中,承租人往往是中小微企业,服务费问题无疑更容易引起法院重视。以(2021)鲁 02 民终 7239 号案件为例,山东省青岛市中级人民法院认为,晨峰公司主张海尔融资租赁公司返还咨询服务费,在二审中提供的咨询服务费发票的金额为 9 800 元,该 9 800 元应当从晨峰公司欠付的逾期租金、迟延罚金中予以扣减。

第六节 最高人民法院发回重审案的启示:房产 附属设施融资的六大法律合规界限

房地产附属设施作为租赁物的,是否符合"融物"特征?"融物"所有权方面有无需要特别注意的问题? 关于附属设施的性质和归类,《民法典》与《物权法》等规定基本一致,均作为建筑物区分所有权项下的标的。而这一标的本身的权属等问题在实践中较为复杂。

一、最高人民法院发回重审案例:房产附属设施的性质与权属

关于附属设施融资租赁案件,经历了复杂的诉讼过程,前后大约涉及以下几个纠纷和阶段。

(一)融资租赁合同纠纷

2013 年 7 月,某金融租赁公司与某房产公司签订回租合同,租赁物为某酒店运行设备并设定抵押。设备包括:消防设备、电梯、综合布线设备、中央空调设备、给排水(污)设施、高低压配电相关设备、安防设备、煤气管道、锅炉和供热系统等。

2015 年,融资租赁合同展期。(2017)新民初 48 号判决,新疆维吾尔自治区高级人民法院认定租赁合同有效,涉租赁设备的抵押合同有效,金融租赁公司享有优先权。

(二)"节外生枝"的纠纷:房产抵押纠纷

2013 年 11 月,附属设施等所在商务中心部分房产被抵押给银行,后房产公司与某银行发生纠纷。(2017)粤民初 17 号调解书明确,房产公司以商

务中心 41 套房产提供抵押，银行享有优先权。后（2017）粤 13 执 390 号之十七民事裁定，房产公司 41 套房产交付银行抵债。

上述 41 套房屋被某银行行使抵押权拍卖。金融租赁公司认为，执行标的涉及承租人租赁物，故提起执行异议。（2018）粤执复 374 号《执行裁定书》认为，银行申请执行标的是房屋，金融租赁公司提出异议的是设备，并非同一对象。银行只对房屋享有权利，对设备不享有权利。

（三）融资租赁合同纠纷发回重审

（2018）最高法民终 465 号裁定认为：① 标的物为酒店相关设备，通过租赁物清单对名称、价值等予以明确，符合"融资""融物"相结合的法律特征。② 房产公司将案涉租赁设备所属的商务中心房产已抵押给银行，该设备系银行享有抵押权房产的附属设施。本案处理结果可能影响银行利益，为保障其程序性权利，应由银行作为第三人参加一审诉讼，故本案应发回重审。

在房产公司与金融租赁公司纠纷重审阶段，银行作为有独立请求权第三人参加诉讼［（2019）新民初 17 号］。银行诉请确认房产公司对商务中心建筑物共有部分处分无效，金融租赁公司无所有权和抵押权。理由如下：① 租赁物为国际商务中心建筑物共有部分的附属设备设施。② 租赁物是不动产的组成部分，构成建筑物共有部分，为全体业主共有。③ 租赁前，房产被抵押，建筑物抵押及于作为附合物的争议标的物。房地产公司将动产抵押明细中的消防设备（一期、二期）、电梯（一期、二期）、综合布线设备、中央空调设备、给排水（污）设施、高低压配电相关设备、二期配电设备、安防设备、煤气管道、锅炉和供热系统等设备、设施（简称争议标的物）转让、抵押给金融租赁公司的行为无效，长城国兴公司亦不享有抵押权。

金融租赁公司则认为：① 银行无独立请求权。租赁合同在前，银行抵押在后，银行无权代表全体业主对租赁物主张权利。② 银行权利标的是房屋，与金融租赁公司的权利标的设备属于完全不同的两类标的。③ 租赁合同项下设备符合"融物"特征，具有独立名称、型号、发票等。评估公司已查阅发票，房产公司为权属人。

关于系争设备转让给金融租赁公司是否有效的问题,新疆维吾尔自治区高级人民法院认为,① 根据《最高人民法院关于审理建筑物区分所有权纠纷案件具体应用法律若干问题的解释》第 3 条,系争设备属于实现建筑物基础公共功能的设备、设施,与建筑物共有权人的生产、生活密切相关,因此属于业主共有。② 银行依据法院裁定取得 41 套房产所有权,属于业主所有。对于侵害合法权益的行为,业主可以提起诉讼。③ 租赁合同签订时,系争设备所在建筑物已经办理房屋产权登记,故应属于已有业主的建筑物。按照《最高人民法院关于审理建筑物区分所有权纠纷案件具体应用法律若干问题的解释》第 7 条,共有部分处置应由业主共同决定。而房产公司出卖给租赁公司相关设备时,仅是共有业主之一,无权单独处分共有财产。④ 金融租赁公司购买并非属于房产公司专有的争议标的物,不符合善意取得。综上,对于银行诉讼请求,本院予以支持,房产公司将争议标的物设置抵押并转让给金融租赁公司的行为无效。合同部分无效,不影响其他部分效力的,其他部分仍然有效。金融租赁公司就抵押财产清单中除争议标的物之外,对剩余抵押物仍享有优先受偿权。

二、从案例看房产附属设施融资六大注意事项

从上述案例可知,房产附属设施融资可以作为融资租赁标的。而作为融资租赁标的,除了符合"融物"的一般要求外,附属设施还需注意以下六方面法律合规问题。

(一)可以融资的房产附属设备范围

根据《民法典》和《最高人民法院关于审理建筑物区分所有权纠纷案件具体应用法律若干问题的解释》规定,建筑物区划内一般包括专有部分和共有部分两类。专有部分包括房屋、车位、摊位等特定空间;共有部分包括建筑基础、承重结构等基本结构部分,楼梯、大堂等共同通行部分,消防、公共照明等附属设施,避难层、设备层等结构部分。

从分类上看,共有部分一般包括:① 法定共有部分,主要是建筑物基本构造部分,例如支柱、房顶、外墙和地下构造等,道路、绿地、公共场所和设施也属于业务共有。② 天然共有部分,例如楼梯间、消防设备、走廊、水塔、自

来水管道等。③ 约定共有部分。① 其中,对于建筑物基本构造部分,本身属于不动产范畴,从所有权的角度,无法单独分离和确权;对于设备部分,虽然从物理上无法分离,或分割将造成使用价值严重贬损,但所有权单独分离应无异议。所有权可以分离和单独确认,就具备了"融物"的基础。

结合上述法律规定和案例中各级法院的认定来看,这些可以分离出来作为租赁物的附属设施设备主要包括:消防、电梯、综合布线、空调、给排水、配电、安防、管道、供热等。

(二) 是否存在建筑物区分所有权

上述可以分离出来的设备,都是实现建筑物基础公共功能的设备、设施,与建筑物共有权人的生产、生活有密切关系。如果将之作为租赁物的,承租人应能够单独或无瑕疵处分,即在整栋建筑物内,不存在其他不动产或房屋所有权人。如果存在的话,则根据《民法典》第 271 条规定:"业主对建筑物内的住宅、经营性用房等专有部分享有所有权,对专有部分以外的共有部分享有共有和共同管理的权利",应取得全体业主的共同同意。

(三) 有无抵押等权利负担

附属设施作为租赁物的,不能只关注附属设施,还要注意审查设备所附着的房屋等是否已经设置抵押、是否存在权利负担。如果房产或建筑物已经设置抵押,则应进一步审查是否已将"附属设施"作为登记的一部分;如果未作为登记的一部分,还需要进一步审查抵押合同,看是否纳入抵押财产范围(虽然设备动产抵押自合同生效时设立,登记后才能对抗第三人,但从合规和尽职的角度,建议做相应审查。至于能否承担该风险,则是公司风险偏好问题)。

(四) 如何实现附属设施的区分和特定化

附属设施通常附着或内嵌于建筑物。如何证明其确实存在是此类项目

---

① 最高人民法院民法典贯彻实施工作领导小组:《中华人民共和国民法典物权编理解与适用(上)》,人民法院出版社 2020 年版,第 347—348 页。

操作上的难题。如何实现附属设施的特定化，通过有形的合同、发票等证明附属设施存在，锁定这些肉眼无法直接识别的设备？实务中，可以结合竣工决算报告、工程量清单、交接表等确定具体租赁物名称、型号等内容。通过梳理相关案件，笔者发现金融租赁公司也做了较好的示范，通过这些设备独立的名称、规格型号、购置发票等，实现了具体、特定化的要求。

（五）涉足房地产行业应当注意的合规问题

按照当前的监管要求，金融租赁主要的监管限制是，资金不能违规流入房地产，也就是约定的资金用途不能是房地产开发。如果附属设施本身属于国家禁止流入的房地产，例如住宅等领域，向其提供流动性贷款或资金的，即违反了相关规定。《中国银保监会关于开展银行业保险业市场乱象整治"回头看"工作的通知》中关于信托公司"（一）宏观政策执行"方面，对"2.'房住不炒'政策"做了明确："表内外资金直接或变相用于土地出让金或土地储备融资；未严格审查房地产开发企业资质，违规向'四证'不全的房地产开发项目提供融资；个人综合消费贷款、经营性贷款、信用卡透支等资金挪用于购房；流动性贷款、并购贷款、经营性物业贷款等资金被挪用于房地产开发；代销违反房地产融资政策及规定的信托产品等资管产品。"《中国银保监会办公厅、住房和城乡建设部办公厅、中国人民银行办公厅关于防止经营用途贷款违规流入房地产领域的通知》对经营用途贷款流入房地产也做了专项排查。

（六）哪些"物"的附属设施可以参考本案原则

以"物权法定"作为逻辑起点，根据法律规定，所有权属设立、变更等都需要办理登记的不动产，无论建筑物还是构筑物，其附属设施作为融资租赁标的物的法律认定，均可以参考本书案例的操作路径和原则。

按照《不动产登记暂行条例》规定，"房屋等建筑物、构筑物"不动产权利，依照本条例规定办理登记。关于什么是房屋等建筑物，住建部政策法规司《房屋登记办法释义》（2019 年 9 月《房屋登记办法》废止）有描述："建筑物"一般指可供人们在内进行生产和生活的地上或地下，具有顶盖、梁柱、墙壁的构筑物，包括房屋、地下室、空中走廊等。而构筑物，一般是人们不直接在内进行生产生活的场所,例如水塔、烟囱、栈桥、堤坝、蓄水池等。

操作层面,依照《中华人民共和国国家标准 GB/T 14885－2010 固定资产分类与代码》更为简单直接,该分类与代码直接列明具体固定资产属于建筑物还是构筑物。《固定资产分类与代码》"5.1 土地、房屋及构筑物"表格直接对房屋和构筑物做了列示。对于其中列示为"房屋"的不动产,均应办理登记。通常来说,商品房、体育馆、厂房、钢结构房屋等属于该范畴,而"房屋"类附属设施也可参照执行。

第一节　新能源 EPC 等模式下融资租赁
应当关注的十大问题与应对

光伏、风电等新能源项目一般采取总承包模式建设。总承包模式 (EPC)兼具设备购买、工程建设等内容，与融资租赁"融资""融物"的属性天然契合。如何让 EPC 与融资租赁相得益彰、相互融合，就需要在交易结构、风险防范等方面做好对接。

一、建设期设备融资的可行性与交易架构

EPC 总包合同双方当事人为发包方和承包方。发包方是整个项目的业主方，即最终的所有权人；发包方向融资租赁公司融资的，在融资租赁合同中担任承租人角色。出租人作为出资方可以直接购买租赁物，也可以委托总包方或承租人购买。从操作角度看，在 EPC 总包模式下，设备购买义务一般由总包商履行。融资租赁介入后，需要总包商、出租人、承租人通过特别约定的方式，变更设备购买义务。具体操作方式：可以是《变更协议》，也可以签订《总包合同项下设备购买权利义务转让合同》，设备项下其他义务仍由总包商或供货商履行。具体交易结构如图 3-1 所示。

建设期的标的物主要包括设备和在建工程部分。在建工程部分由于尚未形成法律意义上的"物"，无法成为融资租赁标的物。设备部分与工程土建部分最终会融为一体，为什么可以作为租赁物？理由有二：

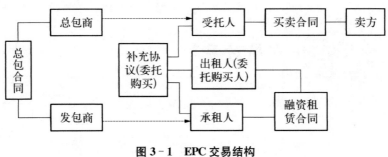

图 3 - 1 EPC 交易结构

一是设备与土建部分可分割。建成前,设备未成为工程的一部分,在物理形态、法律形态上均系独立的"物",能够单独确认权属。建成后,设备附着于工程中,虽然物理上很难分割,容易混淆,但从法律上看,权属独立并未妨碍。《最高人民法院关于融资租赁合同司法解释理解与适用》中认为,"设备添附于不动产之上,与以房地产、商品房作为租赁物有显著区别,前者租赁的是设备,后者租赁的是房地产、商品房本身,正如国际统一私法协会《租赁示范法》第 2 条所规定的,租赁物不会仅因其附着于或嵌入不动产而不再是租赁物。因此,以此类添附、建设在不动产之上的设备作为租赁物的融资租赁合同,仍然属于融资租赁合同。"[1]

二是设备作为动产,如果没有特别约定,在"进场"交付后视为已向工程所有权人,即发包方完成交付,所有权随之转移。发包方取得所有权后,可以用于售后回租。若在交付之前或租赁物所有权转移至出租人前,可以将设备作为直租赁标的。(2019)京民辖终 159 号案,北京市高级人民法院认为,租赁公司与火电公司(承包方)、新能源公司(发包方)签订的《风电场 49.5 MW 项目工程 EPC 总承包合同之权利义务转让协议》仅涉及租赁物设备、组件及材料购买及其租赁以及融资租赁的交易方式等事项,并不涉及建设施工内容,故本案不属于建设施工合同纠纷,亦不适用不动产专属管辖规则确定案件管辖。从该案例来看,设备作为直租赁标的,实践操作也无障碍。

---

[1] 最高人民法院民事审判第二庭:《最高人民法院关于融资租赁合同司法解释理解与适用》,人民法院出版社 2016 年版,第 50 页。

二、工程部分能否成为直租标的物

EPC项目建成前,能否以总承包商作为卖方、发包方作为承租人、融资租赁公司作为买方和出资人,以工程部分为租赁物,建立直租法律关系? 具体交易结构如图3-2所示。

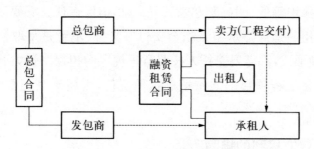

图3-2 工程部分直租交易结构

笔者认为,答案是否定的。理由在于:一是总承包商对"工程土建"部分既无所有权,也无处置权。在建工程由发包人(业主)申请后批准建设。发包人通常需要具备相应的资质和营业范围等。对于该工程,发包人才是合法批建文件的持有人和所有人。这一点也可以从其有权通过抵押等方式处分在建工程得到进一步佐证。二是承包商只是工程土建部分的施工方,负责提供施工等服务,不具备运营租赁物以获得现金流的营业范围和能力。施工方享有工程项下的优先受偿权,而非所有权,故其不能对"工程土建部分"进行处置,也不能以"工程土建部分"为标的,将所有权转移至租赁公司以融资。三是所谓工程部分的直租,只是向出租人向总承包商支付工程款。工程款的本质是设计、施工等费用,属于无形资产,不属于固定资产,不能作为租赁物。

三、委托购买下如何做好资金用途管理

如前所述,EPC合同项下设备采购具有专业性、复杂性、烦琐性等特征,一般出租人很难全程参与。在此情况下,委托承租人(发包人)或总包商购买租赁物(设备),成为现实选择。在委托购买模式下,为防止资金挪作他用,确保设备顺利交付,保证项目建成,资金支付、发票开具等的节奏控制较

为重要。

若出租人将购买价款一次性支付受托人的,可以考虑以下三种控制措施:一是控制利益——资金监管。资金投放于监管账户,受托人(总包商等)凭借与供应商签订的购买合同提款,确保款项的支付与出租人利益保持一致。二是控制人——明确受托人的法律责任:① 受托责任。如果设备未交付或款项挪用等的,明确其赔偿责任。② 担保责任。需要注意的是,如果受托人承担的是保障承租人租金支付等义务,不管是采取代偿、差额补足,还是其他形式,都需要受托人按照章程规定的担保决议方式出具决议;如果承担的是工程项目的质量瑕疵担保责任,则属于其正常经营和责任范围。

四、总包方权利的排除

不管是委托购买,还是直接向设备供应商购买,融资租赁项下的债权债务均由出租人、承租人承担,与总包商无关。而融资租赁的标的物,即设备属于工程中的一部分,此时,应该注意总包商的哪些权利?

(一)建筑工程价款优先权

工程价款是优先于抵押权和其他债权的法定优先权。《民法典》第 807 条规定:"发包人未按照约定支付价款的,承包人可以催告发包人在合理期限内支付价款。发包人逾期不支付的,除根据建设工程的性质不宜折价、拍卖外,承包人可以与发包人协议将该工程折价,也可以请求人民法院将该工程依法拍卖。建设工程的价款就该工程折价或者拍卖的价款优先受偿。"

租赁物附着于工程后,如何防止工程价款未支付带来的风险? 可以通过合同条款做如下设置:① 约定放弃。例如(2016)最高法民终 532 号案认定,"建设工程优先受偿权是法律赋予建设工程施工人的法定权利,属于具有担保性质的民事财产权利。作为民事财产权利,权利人当然可以自由选择是否行使,当然也应当允许其通过约定放弃。而且,放弃优先受偿权并不必然侵害建设工程承包人或建筑工人的合法权益,承包人或建筑工人的合法权益还可通过其他途径的保障予以实现。"② 总包商、出租人、承租人三方协议。设备购买的补充协议或权利义务转让协议,总包商签署或确认后,即认可了其中关于租赁物所有权的约定,同意租赁物归出租人所有。由此,租赁物虽然附着于工程,但已经不属于承租人(发包方)财产,即使总包商行使优先权,租赁物也不属于适格标的物。

(二)留置权

留置权是指债权人因合法手段占有债务人的财物,在由此产生的债权未得到清偿以前留置该项财物,并在超过一定期限仍未得到清偿时依法变卖留置财物,从价款中优先受偿的权利。《最高人民法院关于审理建设工程施工合同纠纷案件适用法律问题的解释(一)》第 41 条规定:承包人应当在合理期限内行使建设工程价款优先受偿权,但最长不得超过 18 个月,自发包人应当给付建设工程价款之日起算。此时,建设工程通常已经不由总包商实际占有,同时如前所述,租赁物不属于债务人,即承租人的财产,是否属于留置权的范围?

《担保制度司法解释》第 62 条规定,债务人不履行到期债务,债权人因同一法律关系留置合法占有的第三人的动产,并主张就该留置财产优先受偿的,人民法院应予支持。第三人以该留置财产并非债务人的财产为由请求返还的,人民法院不予支持。企业之间留置的动产与债权并非同一法律关系,债务人以该债权不属于企业持续经营中发生的债权为由请求债权人返还留置财产的,人民法院应予支持。企业之间留置的动产与债权并非同一法律关系,债权人留置第三人的财产,第三人请求债权人返还留置财产的,人民法院应予支持。

五、项目资本金的合规风险

投资项目资本金作为项目总投资中由投资者认缴的出资额,对投资项目来说必须是非债务性资金,项目法人不承担这部分资金的任何债务和利息;投资者可按其出资比例依法享有所有者权益,也可转让其出资,但不得以任何方式抽回。款项发放时,应注意项目资本金到位情况。

(一)同比例发放原则

规范银行业金融机构的《固定资产贷款管理暂行办法》(简称《办法》)第

17条规定,贷款人应在合同中与借款人约定提款条件以及贷款资金支付接受贷款人管理和控制等与贷款使用相关的条款,提款条件应包括与贷款同比例的资本金已足额到位、项目实际进度与已投资额相匹配等要求。以动产设备建立融资租赁关系的,是否构成固定资产投资,原中国银行业监督管理委员会《关于〈固定资产贷款管理暂行办法〉的解释口径》第1条规定:根据《办法》所称固定资产贷款是指用于固定资产投资的贷款,即不论贷款人内部如何界定贷款品种,只要贷款用途为固定资产投资,均属固定资产贷款。根据该《办法》,从严格合规和绑定与项目投资人利益的角度看,以融资租赁关系购买设备的,原则上还要关注资本金到位情况。

(二) 项目资本金认定注意事项

《国务院关于加强固定资产投资项目资本金管理的通知》规定:设立独立法人的投资项目,其所有者权益可以全部作为投资项目资本金。金融机构在认定投资项目资本金时,应严格区分投资项目与项目投资方,依据不同的资金来源与投资项目的权责关系判定其权益或债务属性,对资本金的真实性、合规性和投资收益、贷款风险进行全面审查,并自主决定是否发放贷款以及贷款数量和比例。通过发行金融工具等方式筹措的各类资金,按照国家统一的会计制度应当分类为权益工具的,可以认定为投资项目资本金,但不得超过资本金总额的50%。存在下列情形之一的,不得认定为投资项目资本金:① 存在本息回购承诺、兜底保障等收益附加条件;② 当期债务性资金偿还前,可以分红或取得收益;③ 在清算时受偿顺序优先于其他债务性资金。

六、项目公司"空手道"风险防范

一般情况下,EPC项目发包人通常为项目公司,形成的相应标的物也归项目公司所有。项目公司大多属于新设,注册资本往往未实缴到位,且认缴期限较长,很容易出现项目到期但注册资本仍未届缴纳期的情况。

《九民会议纪要》第6条规定:"在注册资本认缴制下,股东依法享有期限利益。债权人以公司不能清偿到期债务为由,请求未届出资期限的股东在未出资范围内对公司不能清偿的债务承担补充赔偿责任的,人民法院不予支持。但是,下列情形除外:(1)公司作为被执行人的案件,人民法院穷尽执行措施无财产可供执行,已具备破产原因,但不申请破产的;(2)在公司债务产生后,公司股东(大)会决议或以其他方式延长股东出资期限的。"

在认缴制下,除非穷尽执行债务人公司财产或债务发生后延期缴纳,否则无法要求股东出资加速到期。无疑这将在一定程度上影响承租人清偿能力,延长诉讼或清偿过程。此时,以下两个问题尤其重要:一是如何防范"空手套白狼"? 通过意思自治实现。融资租赁项目落地前,可以要求未届出资期股东出具承诺——如果承租人未按约履行的,股东在认缴的出资额范围内承担清偿或代偿责任。二是如何防止表决权"偷梁换柱"? 需审查章程中有无表决权限制,有无按实际出资而非认缴出资表决的约定。如果有,应注意股权质押方表决权不被稀释;同时,审查项目公司决议时,注意按照约定表决比例确定决议是否有效。

七、建成后租赁物上关注的风险

EPC项目建成后,可以作为租赁物的标的物包括设备部分和工程形成的构筑物部分等。

(一) 仅将设备作为租赁物的"扩张"策略

仅将设备作为租赁物的情况下,万一将来出现风险需要将租赁物变现的,若此前未把设备附着的土建工程、辅助设施等列入租赁物范畴,极可能面临推诿、扯皮,给违约承租人阻碍处置提供借口。因此,维护整个工程的整体性,将附属的建筑、零件等概括性约定为租赁物,就显得非常重要。

考虑到公平性和可操作性,约定"租赁物扩张"时建议注意三点:一是以功能单位为限。租赁物附着于特定工程或构筑物,该工程为实现发电、传输或其他目的而建,应将整个工程概括性约定为租赁物范畴。二是以违约为触发原则。出于公平考虑,也为便于承租人接受,宜将承租人违约作为"租赁物扩张"的启动条件。约定在承租人违约的情况下,相应附着物均作为本项目租赁物。三是以登记于中登网为要。将上述"扩张约定"附录于租赁物清单,一并登记于中登网,既为万一面临的租赁物处置提供便利,也提示后来融资者,防范善意第三人。

（二）"工程部分"的管辖和"不可测"风险防范

一是补充协议下的专属管辖问题。将 EPC 合同项下工程部分单独作为租赁物的，一般约定由出租人所在地管辖。该约定是否违背工程专属管辖的规定？《最高人民法院关于适用〈中华人民共和国民事诉讼法〉的解释》第 28 条规定，建设工程施工合同纠纷按照不动产专属管辖确定。融资租赁合同发生的纠纷不应适用专属管辖。值得注意的是，如果因为 EPC 合同的补充协议发生纠纷，而该补充协议未约定管辖地的话，虽然该纠纷并非建设工程纠纷，但因通常属于 EPC 合同的一部分，仍应按照 EPC 合同约定管辖。

二是所附着土地被转让的"不可测"风险。工程部分一般附着于土地或建筑物，不可拆卸、不可分割、不可搬迁。此时，如果其所附着的土地被拍卖，新的买受人要求出租人搬离相关设施或支付土地占用费，或以此为借口侵害出租人权利的，出租人可以采取的救济措施有哪些？目前来看，有效措施并不多。租赁物很容易成为出租人的负担，除非已事先将土地等抵押并登记。

八、收费权质押问题

如果 EPC 合同项下为光伏、风力发电等收费项目，将项目收益权质押，甚至账户监管就是比较有效的风险控制手段。质押时，需要特别注意以下问题。

（一）收益权的法律性质及基础文件

《动产和权利担保统一登记办法》第 3 条规定，应收账款包括："（三）能源、交通运输、水利、环境保护、市政工程等基础设施和公用事业项目收益权。"收益权质押本质上是权利质押，承租人取得相应发电、发热许可，即取得收费权基础，后续仅需要正常生产，不需要额外的经营活动（营销、竞争等）即可产生现金流（而超市等所谓"未来经营收入"，完全取决于未来经营情况，不具有类似于收益权同样的合同、法律或特许经营基础）。因此，收益权质押登记时，最重要的权利文件应为特许经营权文件，例如并网发电许可、经营权文件等，其后重要文件应为购售电合同等采购协议。

（二）防守性登记

鉴于应收账款质押的自主性、便利性和合意性，对于存疑（是否属于法定应收账款范围有疑问）、尚未产生（收益权或收费权许可文件尚未取得）等应收账款，可以约定先签订合同并进行中登网登记，待情况进一步明朗、条件进一步成熟时，再将应收账款基础合同、特许经营权文件等以补充登记的方式提前公示权利。

（三）按比例登记的"证伪"

收益权能否按比例登记？这是实践中经常会遇到的问题。笔者认为，收益权的产生基础不是单一的基础合同，而是特许经营权。作为一项权利，特许经营权具有不可分性、独立性和完整性等特征，只能作为一个整体进行登记。即使权利人自行登记为"××收益权的 50％"，将来行权时，对于收益权项下的全部款项，其仍具有优先受偿权利，除非应收账款多个质权人基于同一笔债权同时登记。

九、工程未验收的，租赁物合法合规的界限

工程验收是工程风险转移的标志。工程未验收的，不影响工程的所有权。不论是否验收，工程所有权均应归发包人所有，承包方取得工程款的法定优先权，可以就工程处置款项享有先于抵押等的优先受偿权。那么，工程未验收情况下作为租赁物的，法律合规上应注意哪些问题？

（一）合规文件的关键作用

物权的取得既可以基于法律规定，也可以基于事实行为。《民法典》第352 条规定："建设用地使用权人建造的建筑物、构筑物及其附属设施的所有权属于建设用地使用权人，但是有相反证据证明的除外。"合规文件，包括立项、环评、建设用地使用权等资料，不仅是确认项目是否合规的基础，而且也是确认项目是否违法的界限，通常是认定所有权人的关键资料。如果合规文件不齐全，建设工程很容易被认定为非法建设，其后果要么整治，要么直接拆除。对于该类建筑，承租人也不能享有法律意义上的所有权和处分权，当然不属于合规租赁物。

(二) 固定资产与在建工程

基于折旧等方面的考虑,有些承租人选择将工程等放置于"在建工程"科目下,暂不验收。而按照金融租赁公司和融资租赁公司相关管理办法,租赁物应为固定资产。从法律规定和实践来看,作为租赁物的固定资产注重的是实质考量,而非形式审查。如果租赁物本身已经属于生产资料,能够为企业带来经营收益,即使尚未验收,或置于"在建工程""存货"等会计科目,也应认定为固定资产。至于是否已经属于固定资产和生产资料,则可以通过"是否建成""是否已使用""是否已产生现金流"等加以判断。上述判断属于事实判断,而非法律判断,只需要提供能够证明相关事实的法律文件,例如显示完工情况的监理报告、试运行文件、移交文件等,辅助以视频、照片、生产情况流水等。

十、总包方(受托购买方)的责任约定

出租人在建设期的介入,不管是通过与发包方(承租人)、总包方签订EPC合同的补充协议,还是通过签订EPC合同项下设备购买权利义务转让协议来实现,总包方都是交易的重要一环,尤其是在继续委托总包方代为购买和交付租赁物的情况下。此时,总包方作为受托方,应承担哪些责任或义务?

(一) 基于委托代理关系或合同义务,承担违约责任

出租人委托总包方购买设备,将购买价款支付给总包方。此时,如果出现设备未按约交付、交付不合格、项目未按期完成建设等情形的,视为总包方(受托方)违反委托购买协议或合同约定等,出租人可按约要求其返还购买价款或赔偿损失等。

在(2021)京民终831号案中,关于东庆公司(总包商)等是否应向康富公司连带支付违约金的问题,北京市高级人民法院认定,2015年10月22日,东庆公司向康富公司出具《承诺函》,承诺其作为光伏发电厂项目建设总包方,保证《融资租赁合同》签署之日起6个月内完成电站建设及并网发电,若未按时完成,则以租赁本金(27 000万元)为基数,按每日5‰的标准向康富公司承担延期责任。《融资租赁合同》签订日期同为2015年10月22日,

故东庆公司按承诺完成电站建设及并网发电的时间应为 2016 年 4 月 22 日前,现东庆公司及康富公司均确认电站并网发电时间在 2016 年 6 月 30 日之前,故康富公司应于 2019 年 6 月 30 日之前向东庆公司主张权利。即使按照康富公司主张电站竣工日期为 2017 年 3 月 10 日,至康富公司 2020 年 10 月向一审法院申请本案诉前保全,已超过了法律规定的 3 年诉讼时效,故东庆公司就诉讼时效的抗辩于法有据,一审法院予以支持。康富公司要求东庆公司支付 918 万元违约金的诉讼请求,一审法院不予支持。

2018 年 9 月 20 日,康富公司与顺能公司、顺风国际清洁能源有限公司、顺风公司签订的《补充协议》中约定,根据顺风公司向康富公司提供的承诺函,假如顺风公司未完成承诺事项,顺风公司应向康富公司支付 918 万元;若顺能公司按照约定按时足额向康富公司支付款项,则康富公司同意将东庆公司出具的承诺书中承诺事项违约金 918 万元予以免除,若顺能公司未按时足额向康富公司支付款项,则顺风公司仍应该按照承诺函承诺的延期责任向康富公司支付上述已免除的费用。虽顺风公司未曾向康富公司出具过承诺函,但本案查明的事实以及根据《补充协议》的约定,表明顺风公司对东庆公司出具的承诺函内容知晓,并承诺在顺能公司未按期足额支付到期租金的情况下,向康富公司支付东庆公司在承诺书中承诺事项的违约金 918 万元。顺风公司上述意思表示明确,该承诺作出时间至康富公司起诉并未超过诉讼时效,现顺能公司未按期足额支付到期租金,顺风公司应按照上述承诺支付违约金 918 万元,康富公司此项诉讼请求有合同依据,一审法院予以支持。二审判决维持一审判决结果。

(二) 基于担保或回购,承担租金担保义务

出租人介入 EPC 合同后,总包方的垫资建设义务和资金压力实际上有所降低。此时,出租人承担设备购买义务,与发包方(承租人)建立融资租赁关系后,如果承租人未按约定支付租金或有其他违约情形的,出租人可以要求总包方承担回购义务或担保责任。该方案具有商业上的合理性和公平性。

值得注意的是,总包方(受托方)对发包方(承租人)租金义务进行担保,需要出具有效决议。而受限于总包方内部担保管理规定、股权关系、负债要

求、经营范围等,总包方可能无法就承租人的债务承担回购或担保责任,也无法出具相关决议。《担保制度司法解释》第 8 条规定:"有下列情形之一,公司以其未依照公司法关于公司对外担保的规定作出决议为由主张不承担担保责任的,人民法院不予支持:(一)金融机构开立保函或者担保公司提供担保;(二)公司为其全资子公司开展经营活动提供担保;(三)担保合同系由单独或者共同持有公司三分之二以上对担保事项有表决权的股东签字同意。上市公司对外提供担保,不适用前款第二项、第三项的规定。"超出上述情形,且未能出具有效决议的,担保合同可能归于无效,总包方的担保责任只能根据各方责任确定,最多不超过 1/2(主合同有效,担保合同无效)或 1/3(主合同无效导致担保无效)。

(三)将租赁合同项下违约,作为委托购买协议项下违约

若委托购买协议项下"代为购买"义务已经履行完毕,该类似于"交叉违约"结构的法律性质如何认定? 这存在一定争议。

一种观点认为,该情形下,虽然委托购买协议违约系由租赁合同触发,但委托购买协议本身具有法律性质,法律效力上的独立性不附属于租赁合同,与其并非主从合同关系。委托购买协议违约导致的合同解除、购买价款返还,消灭的是该合同项下债务。虽然该债务与融资租赁合同项下债务有统一性,但法律属性和产生基础等并不一致。所以,委托购买协议与融资租赁构成"不真正连带之债",与"担保项下主从合同的连带之债"差异较大。另一种观点认为,该情形下,委托购买协议项下受托方(总包方)购买和交付义务实际已经履行完毕,虽然其违约责任可以按照"租赁合同违约,视为委托购买违约"的逻辑启动,但实质上,总包方承担的并非委托购买合同项下义务,而是租金支付的担保义务。该义务本身,仍应参照担保合同的法律关系和决议要求处理。

讨论构成"担保"抑或"不真正连带之债"的核心价值在于"总包方应按担保出具决议,还是按照一般经营事项出具决议"。对于该问题,笔者认为,就法律性质而言,委托购买协议与融资租赁合同虽有一定牵连性,但两者"效力上具有独立性、法律关系上有区别、义务产生的基础不一致、法律性质也不同",因此,上述第一种观点更为妥当。

第二节 公立医院融资的法律 合规注意事项

公立医院能否开展融资租赁？如何开展？实践中颇有争议。法律层面，《担保制度司法解释》第6条规定："以公益为目的的非营利性学校、幼儿园、医疗机构、养老机构等提供担保的，人民法院应当认定担保合同无效，但是有下列情形之一的除外：（一）在购入或者以融资租赁方式承租教育设施、医疗卫生设施、养老服务设施和其他公益设施时，出卖人、出租人为担保价款或者租金实现而在该公益设施上保留所有权。"而在合规层面，公立医院融资多有限制。

一、合规管理规定：总体趋严

以公益为目的的非营利性医疗机构既包括公立医院，也包括民办医院等。准确认定民办学校、幼儿园、医疗机构、养老机构等法人究竟是非营利法人还是营利法人，在一定程度上取决于登记。在民政部门登记的，往往是非营利法人；而在市场监管部门登记的，则一般是营利法人。[①] 鉴于目前政策主要指向公立医院，本节主要考察公立医院的相关规定。

梳理近年来的制度和监管规范，笔者发现两个显著特点：一是下位政策较上位法更为严格；二是监管从严中又有放松。

（一）现有规章：保留了操作空间

2010年12月，财政部、原卫生部联合印发的《医院财务制度》第61条规定：医院原则上不得借入非流动负债，确需借入或融资租赁的，应按规定报主管部门（或举办单位）会同有关部门审批，并原则上由政府负责偿还。关于该制度，需要注意以下四个问题：① 该制度现行有效，效力层级为"部

---

① 最高人民法院民事审判第二庭：《最高人民法院民法典担保制度司法解释理解与适用》，人民法院出版社2021年版，第123页。

门规章",具有仅次于法律、行政法规的效力。在不与上位法违背的情况下，该制度具有约束力。② 根据该制度，原则上不得借入"非流动负债"，确需借入或融资租赁的，履行了相关审批手续，符合规定。③ 该制度自 2011 年 7 月 1 日起在公立医院改革国家联系试点城市执行，2012 年 1 月 1 日起施行，而在 2012 年，各主管部门开始逐渐收紧政策。

（二）总体从严的监管政策

1. 县级公立医院的禁止性规定和可能路径

2012 年 10 月，发改委、财政部、原卫生部、银保监会联合印发《关于严格禁止县级公立医院举借新债的紧急通知》，禁止县级公立医院举借任何形式的新债，并要求自发文之日起，银行业金融机构不得向县级公立医院发放新债。该文虽然已在 2021 年 4 月 1 日由《关于废止部分规章和行政规范性文件的决定》废止，但在之后的几年，关于医院建设等方面的文件对县级公立医院仍然做了一些限制。

2015 年 5 月 8 日，《国务院办公厅关于全面推开县级公立医院综合改革的实施意见》规定，严禁县级公立医院自行举债建设和举债购置大型医疗设备。

2015 年 8 月 6 日，原卫计委《对十二届全国人大三次会议第 5588 号建议（关于加快化解县级公立医院债务，全面推进公立医院综合改革的建议）的答复》，其中"一、关于要从严控制形成新的债务"直接引用了 2012 年四部委文等。① 从该答复可以看出，规范县级公立医院融资既是为了全面推进县级公立医院综合改革，理清投资关系，也是为了控制地方债务。对 5588 号建议的答复同时指出，2014 年，《国务院关于加强地方政府性债务管理的意见》明确规定政府债务只能通过政府及其部门举借，不得通过企事业单位。公立医院等有一定收益的公益性事业发展确需政府举借专项债务的，由地方政府通过发行专项债券融资。对医院等事业单位存量债务，应进

---

① 《对十二届全国人大三次会议第 5588 号建议的答复（摘要）》，http://www.nhc.gov.cn/wjw/jiany/201601/976ff29c83c94da39540b6c8613b7cf8.shtml，最后访问日期：2022 年 5 月 3 日。

行清理甄别,凡属于政府应当偿还债务的,要经过国务院批准后分类纳入预算管理。纳入预算管理的债务原有债权债务关系不变,偿债资金要按照预算管理要求规范管理。对甄别后纳入预算管理的存量债务,可申请发行地方政府债券置换。

对县级医院的融资,各监管部门可以说是三令五申。2016 年 3 月,国务院在《关于促进医药产业健康发展的指导意见》指出,探索金融租赁公司为各类所有制医疗机构提供分期付款采购医疗设备。县级公立医院属于各种所有制医疗机构的一种,如果项目资金全部用于直租采购医疗设备,似乎符合上述国务院文件精神。

2. 县级以上公立医院

很多监管文件明确指向县级公立医院,是否意味着其他层级融资不受影响? 答案显然是否定的。其他层级医院融资除了受《医院财务制度》影响外,还有具体规定。

2017 年,《国务院办公厅关于现在医院管理制度的指导意见》规定,要从严控制公立医院床位规模、建设标准和大型医用设备配备,严禁举债建设和豪华装修。

《银行保险机构进一步做好地方政府隐性债务风险防范化解工作的指导意见》(简称 15 号文)规定,不得要求或接受以机关、事业单位、社会团体的国有资产为相关单位和个人融资进行抵押、质押以及以售后回租、售后回购等方式变相抵押、质押。[①]

而通常所谓的公立学校、幼儿园、医疗机构、养老机构等法人都属于事业单位。所谓事业单位是指国家为了公益目的,由国家机关举办或者其他组织利用国有资产举办的从事教育、科技、文化、卫生等活动的社会服务组织(《事业单位登记管理暂行条例》第 2 条)。《中共中央、国务院关于分类推进事业单位改革的指导意见》要求,要在清理规范基础上,按照社会功能将现有的事业单位划分为承担行政职能、从事生产经营活动和从事公益服务三类:对承担行政职能的,逐步将其行政职能划归行政机构或者转为行政

---

① 《银行保险机构进一步做好地方政府隐性债务风险防范化解工作的指导意见》,http://www.jjfhjt.com/NewsView.Asp? ID=1706,最后访问日期: 2022 年 5 月 3 日。

机构;对从事生产经营活动的,逐步将其转为企业;对从事公益服务的,继续将其保留在事业单位序列,强化其公益属性。今后,不再批准设立承担行政职能的事业单位和从事生产经营活动的事业单位。对于从事公益服务的事业单位,根据职责任务、服务对象和资源配置方式等情况,进一步将其细分为两类:承担义务教育、基础性科研、公共文化、公共卫生及基层的基本医疗服务等基本公益服务,不能或者不宜由市场资源配置的,划入公益一类;承担高等教育、非营利医疗等公益服务,可部分由市场资源配置的,划入公益二类。①

(三) 医疗器械管理等规定

融资租赁公司从事医院相关融资经营医疗器械符合特定情况的,应当注意取得相应许可。《医疗器械监督管理条例(修订)》第 2 条规定:"在中华人民共和国境内从事医疗器械的研制、生产、经营、使用活动及其监督管理,应当遵守本条例。"

参照上述条例规定,由于融资租赁公司购买医疗器械或出租给医院,虽然没有进行直接研制、生产、使用,但其购买以及出租的行为具备"经营"活动的形式,所以应当适用此条例和《医疗器械经营监督管理办法》。

以上规定将医疗器械按照风险程度分为三类:经营第一类医疗器械无需许可和备案;经营第二类医疗器械实行备案管理;经营第三类医疗器械实行许可管理。

综上,当前公立医院从事融资租赁存在以下特点:一是县级医院融资租赁合法不合规。虽然《担保制度司法解释》为公立医院融资租赁打开了一扇窗,但相关监管规定从规范地方医院建设、防止增加地方政府隐性债务等角度,对县级公立医院做了严格限制,基本不允许新增融资。二是县级以上公立医院对不同出租人的政策不同。金融租赁公司属于银行业金融机构,对于包括公立医院在内的事业单位无法通过售后回租形式进行融资。至于能否通过直租或经营性租赁方式,目前来看,15 号文虽无明确禁止,但从整

---

① 最高人民法院民事审判第二庭:《最高人民法院民法典担保制度司法解释理解与适用》,
　人民法院出版社 2021 年版,第 125—126 页。

体趋严和《国务院关于加强地方政府债务受理的意见》以及事业单位的性质等来看,谨慎为宜。对于其他融资租赁公司,则不受此限制。

二、公立医院的抗辩事由与司法认定

公立医院涉及公共利益、监管政策多,又往往与政府债务、招投标等事项交叉,因此,诉讼中承租人往往就此提出抗辩。

(一)《民法典》时代公立医院纠纷情况

2022年5月3日,笔者在"中国裁判文书网"以"公立医院"为关键词,搜索到自2021年以来(《民法典》实施后)生效判决共4件、裁定1件,其中4件判决均以承租人败诉结案。

1. 违反规定并不必然导致合同无效

(2021)粤01民终12952、12953号案涉及违规举债、违反招投标、未取得许可证三项抗辩。广东省广州市中级人民法院认为,上述合同违反政策、行政规章关于禁止公立医院举债建设的强制性规定,规避招投标程序,损害国家利益和社会公共利益,故上述合同无效。法院认为,违反政策及行政规章的相关规定并非法律规定的导致合同无效的事由,至于规避招投标程序的问题,一审法院已在一审判决中论述清晰,医院是否按照招投标程序购买医疗设备属于行政法律法规、行政管理的范畴,不属于民商事法律中的强制性规定,医院是否违反招投标程序不必然导致其对外签订的合同无效。至于山海关医院认为京卫汇京公司未取得《医疗器械经营企业许可证》的问题,现并无法律或行政法规的强制性规定对此作出规定,即使京卫汇京公司未取得该许可,也不影响本案的处理。

(2021)粤01民终3057号案,医院同样坚持认为因案涉设备未办理配置许可证、未经公开招投标程序购买而主张可免除还款责任,法院同样未予支持。①

---

① 另外一个案件[(2021)沪74民终1298号],对于上诉人所称,在其签署买卖合同之前涉案租赁物就系其自有物,故签署买卖合同仅是融资的形式需要,本案融物的事实难以认定,本案缺乏融物属性的意见。上海金融法院认为,这是上诉人对售后回租型融资租赁合同关系的误解,未予认可。

2. 执行障碍

医院和医疗设施涉及公共卫生和社会稳定,在保全、查封和拍卖时可能面临执行障碍,同时,医院账户也较为复杂。(2021)浙04执复15号案就体现出该问题。浙江省嘉兴市人民法院认为,关于贵港市第二人民医院提出冻结账户中有专项资金、政府债券等,法院不得冻结的问题。国家财政下拨的专项资金,应设立专用账户,单独管理使用。而贵港市第二人民医院未严格按照专项资金的财务制度规定,将财政专项资金与其日常资金往来账户混同,造成无法区分账户中被冻结的资金的性质与使用情况。执行法院对贵港市第二人民医院两个银行账户中的11 818 283.50元存款并未冻结,即使按贵港市第二人民医院所称其银行账户中有职工养老金及专项资金共计8 768 264元,执行法院的执行行为也未影响职工养老金及专项资金的使用。贵港市第二人民医院所称的银行账户中有490万元为政府债券,实际上是贵港市第二人民医院向政府有关部门借用债券募集的资金,该资金进入贵港市第二人民医院账户后的性质已不是政府债券,即使借用的资金全部留在账户中没有使用,也属于贵港市第二人民医院支配的责任财产,人民法院可以依法处置。《最高人民法院关于人民法院办理执行异议和复议案件若干问题的规定》第12条规定,只有案情复杂且争议较大的案件才应当进行听证。本案争议的事实并不复杂,主要是对被执行人银行账户中的款项可否冻结认识不一,因此,执行法院未组织听证并不违法上述规定。综上,贵港市第二人民医院提出的复议理由不能成立。关于被执行人贵港市第二人民医院提出其被冻结银行账户中有9 773 264.34元为200多名职工住房押金,此款为职工所有,执行法院不得冻结的问题。既然被执行人认为此款为医院职工所有,应由被执行人职工以案外人异议方式向执行法院提出,被执行人为此提出执行异议,不符合执行异议的受理条件。现职工已向执行法院提出案外人异议,执行法院应另行审查处理,对被执行人贵港市第二人民医院此执行异议不予受理。

(二)《民法典》实施前典型纠纷

除上述纠纷事由外,在《民法典》实施前,部分案件中也出现一些典型抗辩事由。

1. 违反相关管理规定不影响合同效力

(2017)沪01民终6186号案,医院以融资租赁合同等签订过程不符合《政府采购法》规定的程序为由,要求确认该两份合同无效。

(2013)浦民六(商)初字第8763号案,被告认为其是事业单位,应按照政府采购法规定进行集中采购和招投标的程序采购所需货物和服务。上海市浦东新区人民法院审理后认为,采购人违反该法规定的程序而为政府采购的,产生的后果是相应责任者应受行政处分或被追究刑事责任,原告是具备融资租赁业务资质的主体,而被告作为事业单位具有独立法人资格,是适格的合同主体;若被告违反《政府采购法》,则应由相关人员承担行政责任,与本案应承担的民事责任无关,且原告基于善意,信赖被告而与被告签订了《融资租赁合同》及《购买合同》,被告未办理相关手续的后果不应由原告承担。法院未支持被告抗辩事由。

2. 不符合融物要求可能影响法院认定

(2017)沪01民终6206号案,尽管出租人当庭陈述"对于公立医院我们相信它的公信力,对于发票一般都是免检",当事人双方也未就合同效力产生争议,但由于租赁物并不存在,上海市第一中级人民法院认定构成借款合同关系,并以实际发放款项为本金,按照合同约定利率进行判决。法院认为,《售后回租赁合同》名为融资租赁合同,但由于涉案中央空调及末端系统设备并不存在,一审法院据此认定双方当事人构成借款合同关系并无不当。本案中,并无证据证明该借款合同存有法律、行政法规所规定的无效事由,故应认定其有效。

综上,涉及公立医院的融资租赁纠纷很少因为未符合管理性规定、监管要求而产生合同无效的法律后果,但可能因为不符合"融物"特点,包括租赁物不存在、重复等影响合同性质,被认定为不构成融资租赁法律关系。可见,是否构成"融物"往往成为公立医院融资租赁合同纠纷的"胜负手"。

第一节 租赁交易类型会计和法律视角的分裂与统一

会计上将租赁分为融资性租赁、经营性租赁;法律上将租赁分为租赁、融资租赁。二者到底是何关系?实践中,非常容易产生认识上的混淆。

2021年1月19日,浙江省杭州市中级人民法院(2020)浙01民终9504号判决,对于上述问题,作出了一定程度的回应。关于租时光公司与冰源网吧之间的法律关系性质,法院认为,本案中,租时光公司根据其与冰源网吧签订的《经营性设备租赁合同》附件中约定的设备参数采购相应的租赁物,并出租给冰源网吧使用,符合融资租赁合同的特征,故一审法院确定双方之间系融资租赁法律关系并无不当,本院予以支持。租时光公司主张本案系普通租赁关系,方某主张本案系借贷关系,均不能全面反映双方之间兼具融资与融物双重属性的法律关系特征,故本院不予采信。方某虽主张租时光公司存在超越经营范围从事融资租赁业务的情形,但该事项尚不足以导致本案合同无效,故本院不予采信。

一、会计分类:注重经济实质

会计规则注重经济实质。无论相关合同如何约定、赋予何种名称,如果一项租赁实质上转移了与租赁资产所有权有关的全部风险和报酬,该项租赁就应分类为融资租赁。

（一）出租人的会计处理：融资租赁、经营租赁

融资租赁、经营租赁属于出租人的会计处理分类方式。

《企业会计准则第 21 号——租赁》（简称《21 号准则》2018 年修订）"第四章 出租人的会计处理"第 35 条规定：出租人应当在租赁开始日将租赁分为融资租赁和经营租赁。租赁开始日是指租赁合同签署日与租赁各方就主要租赁条款作出承诺日中的较早者。融资租赁是指实质上转移了与租赁资产所有权有关的几乎全部风险和报酬的租赁。其所有权最终可能转移，也可能不转移。经营租赁是指除融资租赁以外的其他租赁。《21 号准则》第 36 条规定：一项租赁属于融资租赁还是经营租赁取决于交易的实质，而不是合同的形式。如果一项租赁实质上转移了与租赁资产所有权有关的几乎全部风险和报酬，出租人应当将该项租赁分类为融资租赁。一项租赁存在下列一种或多种情形的，通常分类为融资租赁：① 在租赁期届满时，租赁资产的所有权转移给承租人。② 承租人有购买租赁资产的选择权，所订立的购买价款与预计行使选择权时租赁资产的公允价值相比足够低，因此在租赁开始日就可以合理确定承租人将行使该选择权。③ 虽然资产的所有权不转移，但租赁期占租赁资产使用寿命的大部分。④ 在租赁开始日，租赁收款额的现值几乎相当于租赁资产的公允价值。⑤ 租赁资产性质特殊，如果不进行较大改造，只有承租人才能使用。

一项租赁存在下列一项或多项情况的，也可能分类为融资租赁：① 若承租人撤销租赁，撤销租赁对出租人造成的损失由承租人承担。② 资产余值的公允价值波动所产生的利益或损失属于承租人。③ 承租人有能力以远低于市场水平的租金继续租赁至下一期间。

综上，融资租赁与经营租赁最核心的区别在于：与资产所有权有关的风险和报酬由谁承担？承租人承担即为前者，出租人承担即为后者。

（二）承租人会计处理：租赁、短期租赁和低价值资产

从承租人角度看，《21 号准则》"第三章 承租人的会计处理"第 14 条规定，在租赁期开始日，承租人应当对租赁确认使用权资产和租赁负债，应用本准则第三章第三节进行简化处理的短期租赁和低价值资产租赁除外。第 30 条规定："短期租赁，是指在租赁期开始日，租赁期不超过 12 个月的租

赁。包含购买选择权的租赁不属于短期租赁";第 31 条规定："低价值资产租赁,是指单项租赁资产为全新资产时价值较低的租赁。低价值资产租赁的判定仅与资产的绝对价值有关,不受承租人规模、性质或其他情况影响。低价值资产租赁还应当符合本准则第十条的规定。承租人转租或预期转租租赁资产的,原租赁不属于低价值资产租赁。"

区分短期租赁和低价值资产租赁的意义在于,这两类租赁方式可以不计入承租人的报表,相应资产和负债可以实现出表。《21 号准则》第 32 条规定："对于短期租赁和低价值资产租赁,承租人可以选择不确认使用权资产和租赁负债。"不计入承租人报表的优势在于：会计上无须在财务报表中反映,但资产的使用权确已转移到融资企业,可以满足企业扩大经营规模、缓解资金不足的需求,提高总资产收益率和净资产收益率,优化企业财务表,提高市场对公司的认同度。

二、法律分类：注重合同约定和形式

法律分类注重合同约定和交易结构的表现形式,最大限度地尊重意思自治。根据法律规定,从某种程度上看,融资租赁合同是租赁合同的特殊形态。同时值得注意的是,法律层面没有"经营租赁"的概念。

《民法典》第十四章规定了租赁合同,其中第 703 条规定："租赁合同是出租人将租赁物交付承租人使用、收益,承租人支付租金的合同";第十五章规定了融资租赁合同,其中第 735 条规定："融资租赁合同是出租人根据承租人对出卖人、租赁物的选择,向出卖人购买租赁物,提供给承租人使用,承租人支付租金的合同"。

简要比较二者,相同点在于：出租人均享有租赁物所有权,租赁物由承租人使用,承租人支付租金。不同点在于：融资租赁合同根据"承租人的选择"购买租赁物,租赁期末,租赁物可约定为出租人或承租人所有,实践中一般约定为承租人所有;而租赁合同一般租赁物期初由出租人所有,期末也由其收回。

三、会计概念和法律分类的关系

会计和法律概念上的分类相互交叉,并非一一对应。为了直观反映二者关系,详见图 4-1。

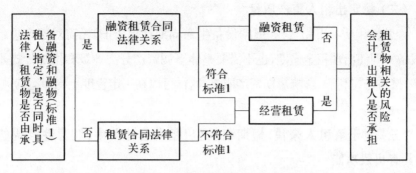

图4-1 会计和法律概念分类

第二节 经营性租赁的探讨和特殊类型

目前,关于经营性租赁交易模式的探讨研究较少。融资租赁行业在某种程度上流传着一种观点,即直接租赁、经营性租赁才是真租赁。较之融资性租赁,经营性租赁中三个要素更为重要,分别是租赁物、租期收益和残值,原因是经营性租赁主要以经营租赁物为收益来源,且出租人承担残值风险,因此,对于出租人资产运营处置和风险把控等能力有更高的要求。

一、经营性租赁:只是看起来很美?

《第21号准则》第35条规定:融资租赁是指实质上转移了与租赁资产所有权有关的几乎全部风险和报酬的租赁。其所有权最终可能转移,也可能不转移。经营租赁是指除融资租赁以外的其他租赁。经营租赁有哪些优势和劣势?

(一)更加突出"物"的运营和收益

从收益上看,经营性租赁是出租人将租赁物反复出租给不同或同一承租人使用,出租人承担残值、管理、运营等风险,赚取物的经营、运营收益。除去资金利息收益外,还可能赚取超额租金。收费形式更为灵活,可以计时,也可以计量,按照里程(车辆等)、使用频率(打印机等)计算,因此,更注重物的性能、质量、通用性、残值和可变现性。

(二) 稳定出租人资产质量

经营性租赁项下租赁物,根据设备生命周期计提折旧,无需对资产进行计提拨备。即使出现租金逾期,也不需要整体下调资产分类评级和增加计提不良拨备、挤占公司利润、影响短期资产质量,这样可以在一定程度上稀释运营风险。

(三) 对于承租人来说,短期租赁(出租人会计角度,经营性租赁的一种)具有出表功能

按照《第 21 号准则》,自 2019 年 1 月 1 日起,承租人不再区分经营性租赁和融资性租赁;出租人适用规则不变,仍然区分融资性租赁和经营性租赁。在该准则下,几乎所有形式的租赁都要体现在承租人的资产负债表上。《21 号准则》的例外在于,按照第 32 条规定:"对于短期租赁和低价值资产租赁,承租人可以选择不确认使用权资产和租赁负债;"第 30 条规定:"短期租赁,是指在租赁期开始日,租赁期不超过 12 个月的租赁。包含购买选择权的租赁不属于短期租赁";第 31 条规定:"低价值资产租赁,是指单项租赁资产为全新资产时价值较低的租赁。低价值资产租赁的判定仅与资产的绝对价值有关,不受承租人规模、性质或其他情况影响。低价值资产租赁还应当符合本准则第十条的规定。承租人转租或预期转租租赁资产的,原租赁不属于低价值资产租赁。"对于承租人来说,如果从事开展短期租赁,就资产开展短于 12 个月的经营性租赁(短期租赁不能包括购买选择权等,不属于融资性租赁范畴),对租入资产不需要作为本企业的资产计价入账,也不需要计提折旧,只需按期支付租金即可降低企业负债。总体来看,有助于改善偿债、运营等指标,[①]优化财

---

① 长期以来,经营租赁业务的一大优势为"表外融资、优化报表",新准则使经营租赁相对于银行信贷、融资租赁在会计上的优势荡然无存。承租人不得不面对由此带来的一系列问题。首先,承租人的偿债指标受到不利影响,资产、负债双升导致资产负债率提高,确认负债导致应付利息增加,进而导致利息保障倍数下降,即使由于折旧和利息增加,息税折旧摊销前利润指标提升;其次,运营指标受到不利影响,确认使用权资产使总资产变大,进而导致资产周转率下降;再次,在租赁初期,净资产及每股收益也受到不利影响,主要原因是使用权资产计提折旧一般使用直线法,但在常见的等额租金模式下,租赁初期负债本金偿还较少,而利息支出较多,资产的减少高于负债的减少,租赁初期将导致净资产下降,利息支出冲减利润,每股收益下降。胡永强:《读准则,租赁表外融资优势不再;观未来,功夫大可在诗外!》,https://www.sohu.com/a/286093194_618585,最后访问日期:2022 年 5 月 14 日。

务报表。

(四) 经营性租赁的限制

一是经营性租赁需要强大的资产管理能力。设备选择、经营、租赁、管理等均需要专业、庞大的团队,需要对细分行业及行业产业链各端有深刻理解和分析,对行业发展的周期性、成长性,以及对租赁物产生的现金流、租赁物选择、运营风险、成本控制有深刻认识。总体来看,需要出租人在服务能力、获客能力等方面长期耕耘,日复一日地积累。二是估值市场制约。飞机、船舶等特殊动产通常有专业的估值系统或估值服务市场,承租人也相对规范,但对于大部分设备等动产来说缺乏公允价值判断工具,价值波动、承租人经营数据等没有数据支撑,难以进行评估定价。三是租期内资产管理和维护。承租人在没有最终所有权的情况下,对于设备使用维护保养等很难受到内在激励,也很难建立健全约束机制,最终影响租赁物的保值增值,影响二租、三租等再次租赁;叠加租期衔接不畅问题,设备闲置和维护、设备操作人员管理运营等均影响成本控制。四是劳动密集型特点与融资租赁天性存在冲突。对于大部分金融属性更强的融资租赁公司来说,经营性租赁更贴近实体产业,与经营资金的传统势力范围相比,要求的专业技术、管理机能更高,无疑操作难度更大,未知风险更多。五是经营性租赁对出租人的利润侵蚀。虽然经营性租赁可以平滑出租人的财务报表,但由于经营性租赁需要计提折旧,如果长期无法创造现金流入,同样影响经营表现。

二、模式探索: 售后回租式短期租赁的法律基础

如果承租人意图改善财务报表情况,将持有的固定资产出售出租人,并开展 12 个月内短期租赁,从法律合规角度看,应如何认识和规范?

(一) 特定条件下符合融资租赁(回租)合同特征

法律上融资租赁合同和租赁合同的区别主要在于: 租赁物的来源不同、合同是否继续性不同(租赁合同具有继续性特征,融资租赁合同不具有继续性合同的特征)、租金的对价基础不同(租金是承租人占有使用租赁物的对价,而在融资租赁合同中,租金大多覆盖了租赁物的购买价格,相当于

租赁物所有权的对价)、解约限制不同、租赁物的瑕疵担保责任和维修义务承担主体不同。① 如果承租人将自己的固定资产出卖给出租人,租赁关系发生之初没有对租赁物等行使回购的意愿,同时签署 12 个月内租约,即以自有资产开展售后回租式经营性租赁的,租赁物来源由承租人决定,租期内物上维修、维持等义务均由承租人负担,租金构成也是按照购买价格与合理收益均摊到一年的价值,而非占有使用租赁物的对价,这一切都符合法律规定的融资租赁合同特征。

通常来说,经营性租赁租期届满后,租赁物属于出租人所有。《融资租赁司法解释》第 11 条针对租期届满租赁物归出租人的情形规定:出租人依照本解释第 5 条的规定请求解除融资租赁合同,同时请求收回租赁物并赔偿损失的,人民法院应予支持。前款规定的损失赔偿范围为承租人全部未付租金及其他费用与收回租赁物价值的差额。合同约定租赁期间届满后租赁物归出租人所有的,损失赔偿范围还应包括融资租赁合同到期后租赁物的残值。

有观点认为,回租赁业务同样分为融资性租赁(出租人的初始投资回报＝本金＋利息)和经营性租赁(出租人的初始投资＝部分本金＋利息＋资产余值或其他收益)。国外成熟市场的大概比例是融资性回租赁占 20％,经营性回租赁占 80％,承租人选择回租赁模式的首要原因是标的物的资产风险转移,通过只支付部分本金和利息的方式,同时给出租人从资产和其他方面获得收益,次要原因是融资。中国市场因为承租人采取融资租赁的目的主要是资金融通(因为信贷供给不足,期限不合理),加上规模性租赁公司为了保持盈利不得不靠不断扩大资产规模(倾向于做大单业务,而大单资产数量较少),从而通过回租赁可以快速扩大业务,导致出现 80％：20％的倒挂现象。随着中国用户越来越成熟以及二手市场的发展,这种趋势势必会改变。因此,我们需要抑制的是融资性回租赁,而不应排斥经营性回租赁,因为经营性回租赁不是抵押贷款。②

---

① 最高人民法院民事审判第二庭:《最高人民法院关于融资租赁合同司法解释理解与适用》,人民法院出版社 2016 年版,第 38 页。

② 最高人民法院民法典贯彻实施工作领导小组:《中华人民共和国民法典合同编理解与适用(三)》,人民法院出版社 2020 年版,第 1616 页。

（二）符合监管规定

根据《金融租赁公司项目公司管理办法》第 29 条规定：本办法所称融资租赁同《金融租赁公司管理办法》的定义，《企业会计准则第 21 号——租赁》在会计上可分为融资性租赁和经营性租赁。按照会计准则，承租人角度虽然有短期租赁、低价值租赁等类型，但从出租人角度均纳入融资性租赁或经营性租赁范畴。

关于售后回租的管理规定，售后回租并未限定在融资性租赁上。结合143 号文的规定，认为售后回租既可以是融资性租赁，也可以是经营性租赁，无疑更为周延。《金融租赁公司管理办法》第 5 条规定："本办法所称售后回租业务，是指承租人将自有物件出卖给出租人，同时与出租人签订融资租赁合同，再将该物件从出租人处租回的融资租赁形式。售后回租业务是承租人和供货人为同一人的融资租赁方式。"《融资租赁公司监督管理暂行办法》对售后回租业务的规定体现在第 17 条第 2 款："售后回租业务中，融资租赁公司对租赁物的买入价格应当有合理的、不违反会计准则的定价依据作为参考，不得低值高买。"

（三）处置资产需要履行相应程序

经营性租赁期末处置租赁物时，承租人和出租人都面临一些合规难题。一是承租人处置流程。从合规角度看，承租人出卖自己的资产用于短期租赁，不再对资产进行回购或期末购买。承租人企业处置自身用于生产经营的固定资产，通常属于重大事项，需要结合章程关于资产出让的相关规定，对资产处置事项进行内部决议。同时，如果涉及国有企业出让固定资产，《企业国有资产交易监督管理办法》第 48 条规定，企业一定金额以上的生产设备、房产、在建工程以及土地使用权、债权、知识产权等资产对外转让，应当按照企业内部管理制度履行相应决策程序后，在产权交易机构公开进行。二是出租人流程和面临的问题。租期结束后或出租人再次出卖该设备的，出租人还需要根据章程规定、经营范围和监管规定等履行相应程序。此外，如果承租人的固定资产较难取回，在短期租赁结束后，承租人未选择继续开展一个短期租赁的，出租人将面临取回和处置难题。

三、融资租赁合同项下经营性租赁法律适用疑问

对于融资租赁法律关系项下的经营性租赁,租赁期届满后,租赁物归出租人所有。在该类情况下,担保物权项下相关权利是否能适用? 破产时,是否只能行使取回权,不能申报全部债权?

(一) 能否适用非典型担保相关规定

首先,对抗善意第三人和顺位受偿方面。根据《民法典》第 745 条规定,出租人对租赁物享有的所有权,未经登记,不得对抗善意第三人。在经营性租赁项下,租赁物属于出租人,当然适用该条。而相对于租赁合同,这也是融资租赁合同的核心优势之一。值得注意的是,对抗善意第三人的最重要功能在于,如果标的物上设置了其他担保物权,出租人享有优先受偿的权利。出租人能否主张就拍卖、变卖租赁物所得价款优先受偿,取决于出租人对租赁物享有的所有权是否已经办理登记。[①] 一旦办理登记,经营性租赁项下标的物如果被设置担保物权的,所有权人自然享有优先受偿权利。

其次,担保物权实现程序。《担保制度司法解释》第 65 条规定,在融资租赁合同中,承租人未按照约定支付租金,经催告后在合理期限内仍不支付,出租人请求承租人支付全部剩余租金,并以拍卖、变卖租赁物所得的价款受偿的,人民法院应予支持;当事人请求参照《民事诉讼法》"实现担保物权案件"的有关规定,以拍卖、变卖租赁物所得价款支付租金的,人民法院应予准许。

(二) 破产债权申报存在差异,面临破产取回或变现问题

承租人占有其他人的财产,不属于破产财产。根据《企业破产法》第 38 条规定:人民法院受理破产申请后,债务人占有不属于债务人的财产,该财产的权利人可以通过管理人取回。但是,本法另有规定的除外。《企业破产法司法解释(二)》第 2 条规定:债务人基于仓储、保管、承揽、代销、借用、寄存、租赁等合同或者其他法律关系占有、使用的他人财产,不应认定为债务

---

① 最高人民法院民事审判第二庭:《最高人民法院民法典担保制度司法解释理解与适用》,人民法院出版社 2021 年版,第 546 页。

人财产。出租人享有租赁物所有权。《民法典》第752条规定：承租人应当按照约定支付租金。承租人经催告后在合理期限内仍不支付租金的，出租人可以请求支付全部租金，也可以解除合同，收回租赁物。

《企业破产法》第46条规定，未到期的债权，在破产申请受理时视为到期。经营性租赁合同租赁期限较短，与租赁物购买价款相比，租期内租金往往金额较少。如果租期内承租人破产的，出租人只能申报租赁合同项下债权，依靠取回租赁物或租赁物变现获得购买租赁物价款的补偿，如果还有剩余，归出租人所有，尚有不足的，因该部分不属于承租人应当向出租人负担之债务，即无法继续申报债权。而对于融资性租赁项下的债权，由于融资租赁合同项下租金能够覆盖全部购买租赁物对价并有合理收益，出租人可以就该全部债权申报受偿，并可在租赁物变现价值内优先受偿，超出部分归承租人所有；不足部分，承租人继续按照破产债权清偿。相对来说，从承租人处获得保障的可能性更大。

第三节　直租交易模式的功能和纠纷特点

直租交易模式，是出租人根据承租人对出卖人及租赁物的选择向出卖人购买租赁物，提供给承租人使用，承租人支付租金的模式。在直租交易模式中，存在两个合同（买卖、租赁）、三个主体（出租人、承租人、卖方），是较为标准的融资租赁模式。

一、直租模式：某种程度上降低了纠纷发生概率

2022年4月4日，笔者在中国裁判文书网中以"直租"作为关键词，对2021年案件名称中包含"融资租赁"的二审判决进行搜索，共发现案件45件；当年同搜索条件二审判决1 337件，直租占比3.37%。

与融资租赁中直租业务的占比相比，含"直租"关键词的判决案件占比较低，是否有数据样本较小的原因？通过放大样本，笔者于2022年4月4日搜索案件名称中包括"融资租赁"的判决书，共发现162 945件，进一步搜索"直租"后，发现案件983件，占比0.6%。

造成这一现象的原因：一是直租更体现承租人的真实生产需求，承租

人融得"物",但对应款项直接支付给卖方,资金使用和租赁物使用的需求真实,且直接用于生产。二是租赁物更有保障作用。客观上看,租赁物一般具有较强通用性或流通性,容易安装或拆卸,具有一定变现价值;主观上看,租赁物作为承租人主要生产资料,可使用年限一般长于租赁期,从理性人的角度,承租人更有履行租赁合同、留购租赁物的动机和可能。

二、直租类判决的统计分析

(一) 纠纷类型

在 45 件涉及直租判决中,按照涉诉主体和事由划分,融资租赁纠纷 32 件、回购方起诉承租人纠纷 7 件、保险人与被保险人(承租人纠纷)6 件。

1. 融资租赁类纠纷 32 件

32 件融资租赁纠纷主要为出租人要求支付租金。诉讼主体一般为出租人、承租人、担保人,个别也涉及其他情形:① 注销情形中的股东。(2021)湘 07 民终 1263 号案,湖南省常德市中级人民法院最终认定:公司未经清算即办理注销登记,导致公司无法进行清算,债权人主张有限责任公司的股东、股份有限公司的董事和控股股东,以及公司的实际控制人对公司债务承担清偿责任的,人民法院应依法予以支持。② 一人公司的股东。案涉协议主体为御葆堂公司,企业性质为一人有限责任公司,其股东蔡某未提供公司财产独立于股东自己财产的相应证据,对此应承担相应的民事责任。

2. 回购类纠纷 7 件

回购是直租,特别是工程机械等厂商系租赁物直租中常见的风险缓释措施。7 件涉及回购的纠纷中,1 件为回购方起诉承租人,出租人被列为第三人;6 件为回购方起诉但追加出租人。

3. 保险类纠纷 6 件

5 件为涉嫌刑事案件的类案,涉案出租人为同一主体,保险公司各不相同;1 件涉及保险公司能否拒赔的争议。

(1) 是否属于免赔情形。就融资租赁业务,有些保险公司可以提供信用保险服务。在信用保险中,保险人、被保险人等就是否符合理赔条件、是否属于免赔情形产生争议。(2021)沪 74 民终 665 号案,上海金融法院认为,案件争议焦点为易鑫公司是否存在改变车辆使用性质的情形,以及国任保险上海分公司能否以此为由拒绝赔付。法院认为，国任保险上海分公司针对该车出具的保险单中载明使用性质为"非营业企业"。二审中，国任保险上海分公司未对"非营业企业"作出合理说明和解释，保险单、保险条款中未对使用性质"非营业企业"的含义或所涉具体情形作出约定。同时，国任保险上海分公司与易鑫公司存在长期合作关系……国任保险上海分公司作为专业保险公司，在批量投保承保过程中，理应对涉案融资租赁合同及车辆使用性质进行审查，其对涉案车辆承租人为×××公司是知晓的，在承保时对含系争车辆在内16台车辆的使用性质未提出过异议，在易鑫公司两家分公司投保申请表中载明租赁属性为"正租""经营性租赁"的情况下仍对车辆予以承保，并在保险单中载明使用性质均为"非营业企业"，可知国任保险上海分公司对投保车辆最终用于汽车租赁业务是知情的；国任保险上海分公司在明知的情况下以使用性质为"非营业企业"予以承保，说明车辆以"非营业企业"予以承保并不代表车辆系双方合意用于非营运，涉案车辆使用性质并未发生过改变，国任保险上海分公司不能据此免除保险理赔义务。

（2）是否应先刑后民。由于租赁物通常通用性较好，承租人会将租赁物转租。如果转租产生纠纷或涉及刑事案件，保险人通常以存在刑事犯罪等事由，主张不再向出租人支付保险金。5件此类案件均涉及同一承租人，其中2021年3月判决的(2020)浙01民终9508号案，浙江省杭州市中级人民法院审查后认为，公安机关侦查发现众海公司（承租人）与下游网吧订立的《电脑设备租赁协议》部分内容系伪造，涉嫌犯罪，但该涉嫌犯罪事实与案涉《融资租赁合同》和《融资租赁合同租金履约保证保险单》虽有牵连但不属于"同一事实"，依据目前在案证据无法证明后两份合同本身涉嫌刑事犯罪，故后两份合同的效力应当按照《合同法》和《保险法》进行独立评价。《融资租赁合同》有效，杭钢融资公司对于众海公司涉嫌伪造转租协议、未向网吧真实交付电脑设备并无过错，其相对于众海公司作为出租人已经完成租赁物的交付义务，其相对于长安保险公司作为被保险人应依法享受相应的保险利益，保险单有效，不存在免赔情形。

（二）涉诉租赁物情况

在45件案件中，租赁物类型较为集中，占数量最多的为乘用车18件、工程设备 10 件(6 件涉及挖掘机),两类合计占比超过 62%。乘用车、商用车共计 22 件,占比近 50%,(具体为 48.9%)。这一比例与 983 件直租判决案件中涉车辆类纠纷(526 件)占比大致相当。在车辆类直租案件中,以下特点值得注意。

1. 挂靠关系对融资租赁法律关系的影响

由于租赁物流通性强,可能存在挂靠等法律关系,挂靠关系会对车辆所有权进行进一步约定,承租人以此提起抗辩。(2021)沪 74 民终 1141 号案,上海金融法院审查后认为,涉案《融资租赁合同》明确约定平安租赁系出租人,合力运输公司系承租人,至于车辆实际使用人是赵某还是合力运输公司,系两者之间的约定安排,与平安租赁无关,亦不影响本案中合力运输公司作为承租人与平安租赁间的融资租赁法律关系。

2. 发票和车管所登记于承租人不影响直租法律关系

同样是上述 1141 号案件,为了方便车辆的管理和使用,租赁物在车辆管理部门登记机动车所有人为承租人,车辆购置税的纳税人办理为承租人,购车发票亦开具给承租人。法院认为,"上述登记、开票等行为并不影响出租人对租赁物所有权的实际拥有"。《融资租赁合同》10.3 条载明:"如为提高业务开展效率,出卖人已在本合同签署前就本合同约定的租赁物提前开具机动车发票,办理车辆登记及购买保险等的,则出卖人和承租人在此确认:上述提前开票、办理车辆登记及购买保险等行为并非所有权转移行为,并不影响出卖人、承租人与出租人之间的融资租赁法律关系,租赁物上不存在除本合同约定的融资租赁法律关系以外的其他法律关系"。

(三) 交易结构:直租项下买卖和租赁的延伸

直租交易结构下的租赁物,往往具有专业性和流通性,所以在买卖环节,常见委托购买形式,由承租人或第三方作为受托人;在租赁环节,常见租赁物转租的情况。

1. 买卖合同关系:委托购买

在 45 件纠纷中,涉及委托购买案件 1 件。由于租赁物数量庞大、承租人对租赁物有定制化需要等原因,购买租赁物时,出租人有时会采取委托购买形式,与承租人或第三方签署委托购买合同,购买款项支付于受托人,用于购买租赁物,并向承租人交付使用。委托买卖合同建立时,租赁物尚未特定化,承租人可能因此提起抗辩。例如在(2021)新民终 274 号案中,承租人辩称:"长城国兴公司对蓝天飞行学院委托购买飞机事宜从未从所有权人的角度进行干预,甚至不知晓飞机购买情况。合同附件所提的飞机当时并没有特定化,并且长城国兴公司在蓝天飞行学院购买飞机过程中并没有对融物进行明确从而特定化,也没有办理交接手续和确认文件。"新疆维吾尔自治区高级人民法院审理后认为,基于飞机订购合同的特殊性,为减少付款环节、提高履行效率,采取委托购买方式,不影响融资租赁关系的认定。

而在统计时间段之外笔者发现,考虑退税等因素,在委托购买场景下,存在将租赁物买卖合同发票直接开具于承租人,而非买方即出租人的情况。对于该情形,结合(2021)辽民终 2456 号案件具体情况,辽宁省高级人民法院认为,富象油气作为承租人对出卖人、租赁物进行了选择,康富租赁按照约定向出卖人支付了 80% 的货款,虽然买卖合同由富象油气与三一石油签订,但康富租赁与富象油气签订的《委托代理协议》明确载明:康富租赁同意委托富象油气自行签订买卖合同购买租赁物,出卖人依据买卖合同所交付货物的所有权属于康富租赁,故富象油气与三一石油签订买卖合同的行为并不影响康富租赁按照富象油气对出卖人、租赁物选择后购买租赁物向富象油气出租的事实。所以,原审认定康富租赁与富象油气之间构成融资租赁合同关系符合其双方的意思表示和客观事实,并无不妥。至于富象油气上诉所提,案涉《融资租赁合同》及《保证合同》系补签的,日期也是倒签的,三一石油将案涉机器设备的所有权交由富象油气,并给富象油气开具相应金额发票,由富象油气办理出口退税,而后三一石油与富象油气进行分期对账,富象油气并没有与康富租赁按融资租赁合同的法律关系履行,而是在切实履行与三一石油之间的买卖合同。因富象油气并未提供任何证据证明案涉《融资租赁合同》及《保证合同》为补签,且三一石油在诉讼过程中明确表示其系根据《融资租赁合同》与富象油气签订的《买卖合同》、对账单系财务人员工作失误所致,而且备注富象油气融资手续费和保证金的《收款回单》、富象油气出具的《关于暂缓支付租金的函》《关于尽快调试设备合同的函》均记载富象油气与康富租赁之间为融资租赁关系,故富象油气的该节上诉主张缺乏证据证明,本院不予采信。

2. 租赁环节：转租

由于租赁物本身的高流通性，特别是当车辆作为租赁物时，承租人与实际使用人分离的情况可能较为普遍。在45件案件中，该类案件涉及4件。其中(2021)沪74民终707号案件，承租人师某主张本案不是融资租赁法律关系而是借贷法律关系，且其为实际购车人，焦某达公司为名义购车人。

上海金融法院后审理认为，本案融资租赁物虽未登记在平安租赁名下，但根据涉案《融资租赁合同》的约定，租赁物的所有权属于出租人，即平安租赁，仅系出于方便车辆管理使用的目的而将车辆登记在承租人焦某达公司名下，并将购车发票开具给承租人。上述安排不违反法律规定，且平安租赁已举证证明按合同约定支付了购车款，承租人接收了租赁车辆，平安租赁已履行了其主要合同义务，故对师某关于本案不构成融资租赁法律关系的上诉主张，本院不予支持。现合同明确约定平安租赁系出租人，焦某达公司系承租人，至于车辆实际使用人是师某还是焦某达公司，系该两者之间的约定安排，与平安租赁无关，亦不影响本案中焦某达公司作为承租人与平安租赁间的融资租赁法律关系。

（四）出租人瑕疵

1. 败诉事由

出租人作为专业的融资租赁公司，无论合同条款设计还是实际履约行为，一般具有法律或合同依据，败诉概率相对较低。在45件案件中，除了违约金或利息等未全部获得支持的情况，有2件案件出租人部分败诉。

（1）出租人履约存在瑕疵，被判决服务费"退一赔三"。(2021)冀08民终358号案，河北省承德市中级人民法院认定，一是某融资公司作为格式条款的制定一方，对合同约定的重要条款应该尽到审慎注意义务，本案中，"直租"与"售后回租"是融资租赁的不同类型，有着重要的区分，也关系承租人的相关利益。某融资公司对租赁方式约定不一致属于未尽到审慎注意义务，存在过失，应该承担相应的民事责任。二是在合同履行过程中，某融资公司在授权第三方支付平台扣款过程中，原告在某账户资金充足的情况下存在故意减少扣款金额的事实，且在诉讼过程中未提出合理事由，属于《中华人民共和国消费者权益保护法》规定的"服务内容和费用违反约定的"情形，原告不能及时行使合同约定的提前交足留购价并取得车辆实际所有权的合同权利，相应的损失应由某融资公司承担赔偿责任,即向原告返还因合同取得的融资租赁服务费用。原告作为消费者要求增加赔偿受理的损失,增加赔偿的金额应为某融资公司提供的融资服务费用的3倍。综合某融资公司对租赁方式约定不一致未尽到审慎注意义务,存在过失,亦应该承担相应的民事责任,故法院判决某融资公司返还于某融资租赁服务费用人民币38 278.56元,并同时支付于某赔偿款人民币114 835.68元有事实和法律依据,应予维持。

(2)担保责任未获得支持。(2021)沪74民终1073号案,上海金融法院认为,租赁公司未举证证明陈某代表万众公司签订《保证合同》取得了公司股东会、董事会等公司机关的授权,租赁公司应当承担举证不利后果,租赁公司诉请要求万众公司承担保证责任,不予支持。

2. 承租人抗辩事由

在45件案件中,出现了承租人抗辩租赁物价格过高、未交付等的情况,尤其是在涉医疗设备案件中。法院基于承租人作为商事主体,对租赁物的名称、规格型号、数量、对应的单价、制造商以及对租赁物的价款等租赁物情况、合同约定等,一般不会支持承租人的相应抗辩,但这些抗辩对于出租人规范操作直租业务有一定的提示作用。

(1)常见线下交易中的抗辩。一是抗辩擅自取走车辆。例如(2021)粤19民终2683号案件,承租人抗辩称:出租人通过其在车辆安装的GPS定位装置找到车辆,在未告知车辆及其下游客户的情况下,将案涉车辆盗走。二是抗辩称价格过高。例如(2021)京03民终1788号案件,承租人运城护理医院称,万佳租赁公司与案外人蓝海股份公司存在合谋欺诈行为,将实际价值为200万余元的设备以高于市场价格500万元租售给运城护理医院,并提交万佳租赁公司与运城护理医院签订的《差额付款协议》予以佐证。

(2)线上融资租赁中的抗辩。在45件案件中,18件涉车辆案件通过网络签约。承租人通过移动互联网或网络购买车辆,又针对网络购物的特点提起抗辩。常见抗辩事由包括:案涉合同并非其所签;存在故意隐瞒相关信息等无效或可撤销情形;存在误导消费者、虚假宣传及欺诈行为;等等。例如(2020)浙01民终5559号案件,承租人抗辩称:大搜车公司在官方宣传平台、广告语、支付界面等对外宣传中均采用虚假或引人误解的宣传,例如"购买""首付""月供"等表述,使尹某误认为涉案交易是车辆买卖,且大搜车公司特意避开"融资租赁"的描述,也未提供证据证明已尽到必要的告知义务,主观上具有欺瞒的故意。浙江省杭州市中级人民法院审理后认定,承租人在下单前阅读订单详情及点击查看《天猫开新车服务协议》内容,可清楚获悉案涉交易模式为"融资租赁",并无证据显示大搜车公司存在故意隐瞒"融资租赁"业务模式的行为。尹某作为一个完全民事行为能力人,在下单时不及时仔细查看商品详情,并点击阅读合同内容即勾选同意,系其对自身权利义务的处分,相应风险和后果应当由其自身承担。

三、直租项下特殊交易结构"委托购买"的操作建议

在直租交易中,对于租赁物较多、卖方分散、通过招投标方式购买等情况,出租人通常会委托承租人、第三方购买标的物,同时将购买价款直接支付于受托方的,由于该模式较为特殊,建议特别注意以下操作事项。

(一)防止操作不当被认定为借贷法律关系

明确委托权利义务,规范款项支付节奏;明确租赁物交付时点,防止相关操作构成借贷法律关系。在委托购买项下,委托方和受托方构成委托合同关系。《民法典》第 921 条规定:"委托人应当预付处理委托事务的费用。受托人为处理委托事务垫付的必要费用,委托人应当偿还该费用并支付利息。"有些融资租赁合同约定,出租人将租赁物价款支付承租人,委托承租人全权处理购买租赁物事宜,合同甚至没有约定具体的租赁物信息。全权购买模式往往意味着出租人根本不在意承租人是否购买租赁物,不在意租赁物的担保作用系借用融资租赁形式行借贷之实,实质为借款。当然,如果事后有证据证明承租人确实购买了相应的租赁物,出租人亦采取了相应保障租金债权的措施,也可能不否定合同的性质。在此种交易模式中,出租人将其期待利益完全置于承租人的诚信之下,风险极大。[1] 在委托购买模式下,首先,建议参照一般买卖合同付款节奏,按照签约、交付开票、验收等节点,明确付款节奏和比例,并预留部分质保金。其次,如果只能一次性付款,则建议有条件的,对购买款项进行监管;无条件的,合同中明确交付时点的,做

---

① 韩耀斌:《融资租赁司法实务与办案指引》,人民法院出版社 2020 年版,第 426 页。

好款项用途租后管理和标的物交付检查等。

（二）明确受托人责任

委托合同具有一些鲜明特点,包括合同责任、任意解除权等。对此,应当结合《民法典》规定,做好风险防范。一是明确受托人合同责任。《民法典》第929条规定,有偿的委托合同,因受托人的过错造成委托人损失的,委托人可以请求赔偿损失;无偿的委托合同,因受托人的故意或者重大过失造成委托人损失的,委托人可以请求赔偿损失;委托承租人或第三方购买的,一般为无偿委托。为防止出现损失时发生争议,建议将租赁物交付不符合约定、租赁物所载工程未如期推进建设或拖欠工程款、出现其他违约情形的,明确为违约条款,出租人可以采取合同约定的救济措施。二是限制解除权。鉴于受托事项具有长期性,且与融资租赁合同关系密切,故委托合同中应当明确限制受托人的解除权,且对赔偿范围应当予以明确。《民法典》第933条规定,委托人或者受托人可以随时解除委托合同;因解除合同造成对方损失的,除不可归责于该当事人的事由外,无偿委托合同的解除方应当赔偿因解除时间不当造成的直接损失,有偿委托合同的解除方应当赔偿对方的直接损失和合同履行后可以获得的利益。

第四节　转租赁的前世今生、司法态度与合规操作

转租赁是融资租赁中争议较大的交易模式,理论界研究较少,实务界操作各异,相关规定几经变化,司法机关和监管部门也存在不同认识。

一、监管部门对转租赁的态度和制度沿革

（一）监管认可的转租赁:"转承租人＋物"的流转

2020年5月26日,中国银保监会《融资租赁公司监督管理暂行办法》[①]第

---

① 2013年10月1日,商务部《融资租赁企业监督管理办法》第8条:"融资租赁企业可以在符合有关法律、法规及规章规定的条件下采取直接租赁、转租赁、售后回租、杠杆租赁、委托租赁、联合租赁等形式开展融资租赁业务;"第16条:"融资租赁企业对委托租赁、转租赁的资产应当分别管理,单独建账。"

21 条规定:"融资租赁公司对转租赁等形式的融资租赁资产应当分别管理,单独建账。转租赁应当经出租人同意。"

关于什么是转租赁,实践中认识较为混乱。早在 2000 年 6 月 30 日中国人民银行《金融租赁公司管理办法》第 48 条中对转租赁有过明确定义:"本办法中所称转租赁业务是指以同一物件为标的物的多次融资租赁业务。在转租赁业务中,上一租赁合同的承租人同时又是下一租赁合同的出租人,称为转租人。转租人从其他出租人处租入租赁物件再转租给第三人,转租人以收取租金差为目的的租赁形式。租赁物品的所有权归第一出租人。"

虽然 2014 年 3 月 13 日原中国银行业监督管理委员会《金融租赁公司管理办法(2014 年)》删除了前述条款,但在一些公开文件或讲座中,[1]可以看到银监部门仍然沿用了中国人民银行 2000 年《金融租赁公司管理办法》的定义(见图 4-2)。

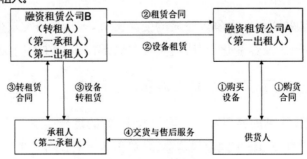

图 4-2　监管部门对转租赁的定义

---

[1] 杨楠:《"转租赁"的前世今生、法律合规争议及辨析、操作建议》,https://www.sohu.com/a/426603690_100086111,最后访问日期:2020 年 10 月 22 日、2021 年 7 月 17 日。

由图 4-2 可以看出,监管部门认可的"转租赁"有以下特点:一是转租赁中,"转"的是"承租人"。融资租赁公司 B 作为承租人先与融资租赁公司 A 建立融资租赁关系,然后将对物的占有、使用、收益和租金支付等基于租赁的权利义务,转让给了"第二承租人",也就是物的真正使用人。转租赁中,出租人始终未变,承租人由 B 公司变为"第二承租人"。二是核心是"物的流转"。本质上,转租赁体现的是"物的融通",B 公司"融入"租赁物后,再将物转租于"第二承租人",体现的是物的使用价值的流转。三是"融资租赁+租赁"的结构。A、B 公司融资租赁法律关系在先,由于 B 公司并未取得租赁物的所有权,其对租赁物的转租和处分只能基于 A 的同意,有点类似于"二房东"的角色。

(二) 监管不认可的转租赁:"转出租人+资金"的流转

与"转承租人"式的转租赁对应,实践中,还有一种普遍存在的"转出租人"式的转租赁,有人称为多重买卖型转租赁。[①] 该模式的主要特点是:融资租赁公司 B 先与承租人建立融资租赁关系,取得租赁物所有权后,再以承租人的角色将租赁物转让于融资租赁公司 A,建立新的融资租赁关系。该模式的交易结构见图 4-3 所示。

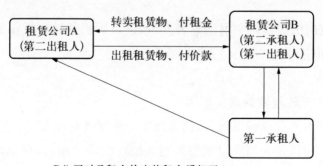

B公司对承租人的应收租金质押于A

图 4-3 监管部门不认可的转租赁模式

[①] 杨楠:《"转租赁"的前世今生、法律合规争议及辨析、操作建议》,https://www.sohu.com/a/426603690_100086111,最后访问日期:2020 年 10 月 22 日、2021 年 7 月 17 日;黄恩霖:《融资租赁公司还能不能做转租赁》,https://www.shangyexinzhi.com/article/2129923.html,最后访问日期:2020 年 7 月 14 日、2021 年 7 月 17 日。

与"转承租人"式的转租赁相比,该模式的主要特点:一是转的是"出租人",最底层的承租人始终处于被动地位,身份未发生变化,出租人由 A 公司转为了 B 公司;二是核心是"资金流转",租赁物的占有、使用等未发生变化,转租赁的最主要功能是 B 公司融得一笔资金;三是"融资租赁＋售后回租"的结构,在"转"的过程中,B 公司以租赁物所有权人的身份处置租赁物,与 A 公司建立了售后回租法律关系。

对于"转出租人"式转租赁的法律合规问题,实践中也多有争议。有人认为,可能构成与其他融资租赁公司拆借或变相拆借资金的行为,存在被法院认定为无效的法律风险;[1]还有人认为,法律上也是成立的,其不确定性仅在于其合规性问题,而合规问题的本质在于"融资租赁公司之间开展融资租赁交易是否融资租赁公司之间拆借或变相拆借资金"。[2]

实践中,较常见的转租赁模式为"转出租人"式。究其原因,无外乎"转出租人"式操作更为简便,且最终出租人 A 既有出租人 B 作为直接承租人和还款来源,也有 B 对底层承租人的应收账款作为增信措施,看起来保障更为充分。关于该交易模式的合规问题和法律问题,本节将结合法院对该模式的态度进行实证考察。

二、"转出租人"模式典型案例和常见司法态度

通过查询中国裁判文书网笔者发现,进入诉讼的转租赁模式虽然总体数量较少,但基本为"转出租人"式。

(一) 认可转租赁的典型案例

1. 当事人无异议的案例,法院未做进一步审查论述

关于 B 租赁公司与底层承租人建立融资租赁关系后,再以该基础合同项下标的物与 A 租赁公司签订售后回租合同的法律关系认定,(2017)新民初 68 号案件颇具代表性。新疆维吾尔自治区高级人民法院认为,长城国兴

---

[1] 黄恩霖:《融资租赁公司还能不能做转租赁》,https://www.shangyexinzhi.com/article/2129923.html,最后访问日期:2020 年 7 月 14 日、2021 年 7 月 17 日。

[2] 杨楠:《"转租赁"的前世今生、法律合规争议及辨析、操作建议》,https://www.sohu.com/a/426603690_100086111,最后访问日期:2020 年 10 月 22 日、2021 年 7 月 17 日。

公司与河北融投公司对双方签订的《回租租赁合同》《回租买卖合同》效力均无异议。依据《回租租赁合同》及《回租买卖合同》，长城国兴公司与河北融投公司之间进行的是金融租赁公司融资租赁业务中的售后回租业务，即出租人长城国兴公司根据承租人河北融投公司选择以自己为出卖人、以自有设备作为租赁物，向出卖人河北融投公司购买租赁物，并租赁给河北融投公司使用，由河北融投公司向其支付租金，该约定符合法律规定，故双方当事人之间存在融资租赁合同关系。

2. 法院对于承租人（出租人 B）的抗辩的认定

并非所有的出租人 B 都对融资租赁关系无异议。（2019）湘 01 民初 3654 号案件与上述案例交易结构相同。该案中，被告西藏金融租赁公司辩称：其与原告湖南中宏融资公司（签署的《融资租赁合同》的性质不是融资租赁合同，而是借贷合同）。《融资租赁合同》附件"租赁物清单"中所列并非法律上的物，而是合同。融资租赁合同如果没有明确特定的租赁物，则不符合融资租赁关于"融物"要素的基本要求。原告未取得车辆所有权。首先，车辆属于动产，且并未在被告的占有之下，标的车辆为被告与黄河公司等 27 家公司签署的《融资租赁合同》项下的租赁物，并由该 27 家公司实际占有使用。《物权法》第 23 条规定：动产物权的设立和转让，自交付时发生效力，但法律另有规定的除外；第 26 条规定：动产物权设立和转让前，第三人依法占有该动产的，负有交付义务的人可以通过转让请求第三人返还原物的权利代替交付。其次，标的车辆登记在黄河公司等 27 家公司名下，并未转移登记至原告名下。鉴于以上两点原因，原告未能取得租赁物所有权。

湖南省长沙市中级人民法院认为，原被告签订的《融资租赁合同（回租）》及附件系双方的真实意思表示，且约定的内容不违反法律、法规的禁止性规定，该合同合法、有效，双方应依合同约定全面履行各自的义务。原告（出租人）根据被告（承租人）自主选择的租赁物，以售后回租的方式向被告购置申龙牌新能源客车 751 台，并出租给被告使用，故本案系融资租赁合同纠纷。被告辩称涉案合同非融资租赁，实为民间借贷的理由与事实不符，于法无据，本院不予采信。

（二）不认可"转出租人"模式的典型案例

2021 年 8 月 30 日判决的（2020）沪 74 民初 1806 号案，上海金融法院认为,关于争议焦点一"《融资租赁合同》的性质及效力",工银租赁公司认为,《融资租赁合同》是当事人真实意思表示,转租赁业务模式已经被监管机构认可,《融资租赁合同》签订时,中民租赁公司对租赁物享有所有权,有权与工银租赁公司开展转租赁业务,且相关当事人对此亦明知,并未损害其利益。工银租赁公司按约支付了租赁物价款,取得了中民租赁公司出具的《所有权转移证书》,并在中国人民银行征信中心办理了融资租赁业务登记,符合售后回租业务模式,工银租赁公司与中民租赁公司间构成合法的融资租赁关系。中民租赁公司、中民投公司认为,案涉交易不属于转租赁业务。本案中,案涉租赁物,即码头的所有权并未从出卖人处实际转移,《所有权转移证书》、中国人民银行的备案登记等均不发生物权转移效力。根据《融资租赁合同》,出租人仅负责提供购买价款,而不对租赁物承担责任,工银租赁公司亦未将租赁物在其会计账簿中记载为"融资租赁资产",也未在现场对租赁物作出标识,可见本案交易只有融资属性,没有融物属性。工银租赁公司的借贷行为违反了中国银行保险监督管理委员会《融资租赁公司监督管理暂行办法》第 8 条的规定。由于上述规定涉及金融安全、市场秩序、国家宏观政策等公序良俗,应当认定《融资租赁合同》无效。和润公司认为,案涉《融资租赁合同》名为融资租赁,实为借贷,应属无效,若按工银租赁公司主张的转租赁关系,因其涉及底层租赁关系的认定,本案应以天津海事法院的认定为前提。

上海金融法院认为,首先,转租赁业务是指以同一物件为标的物的多次融资租赁业务。在转租赁业务中,上一租赁合同的承租人同时又是下一租赁合同的出租人,称为转租人。转租人从其他出租人处租入租赁物件再转租给第三人,转租人以收取租金差为目的的租赁形式,故《融资租赁合同》的交易模式并不属于转租赁业务。其次,1999 年《中华人民共和国合同法》第 237 条规定,融资租赁合同是出租人根据承租人对出卖人、租赁物的选择,向出卖人购买租赁物,提供给承租人使用,承租人支付租金的合同。融资租赁法律关系兼具融资与融物双重属性,案涉《融资租赁合同》虽约定,承租人以筹措资金、回租使用为目的,以售后回租方式向出租人出售基础合同项下租赁物,但案涉租赁物仍为最终承租人实际控制、使用,中民租赁公司对其并无实际使用需求。同时,工银租赁公司的举证亦不足以证明其已经根据

2007年《中华人民共和国物权法》等相关法律规定依法取得码头泊位等案涉租赁标的物的所有权。综上分析,在案涉交易缺乏"融物"法律特征的情况下,本案不构成融资租赁法律关系。《最高人民法院关于审理融资租赁合同纠纷案件适用法律问题的解释》第1条规定,对名为融资租赁合同,但实际不构成融资租赁法律关系的,人民法院应当按照其实际构成的法律关系处理。本案,工银租赁公司根据《融资租赁合同》约定向中民租赁公司发放融资款,并按期向其收取成本及利息,符合借款法律关系。关于借款法律关系的效力,本院认为,工银租赁公司虽未规范开展融资租赁业务,但尚无证据表明其存在以违规放贷为主要业务或利润来源等违法情形。其提供借款的行为未违反法律、法规的禁止性规定,亦符合中民租赁公司的融资本意,故本案应按照有效的借款法律关系来确定双方之间的权利义务。

三、"转出租人"模式的主要法律合规风险

从前述"转出租人"租赁交易模式操作和司法实践等来看,该模式可能面临以下法律合规问题。

(一)不具备"融物"的合同目的

从合同目的来看,出租人B并不具备占有、使用租赁物的目的,其也不像"转承租人"模式中的转租人,具备流转、运营物的动机和依靠租赁物营利的初衷。从合同目的和相关权利义务约定来看,出租人B的目的是利用售后回租交易结构向出租人A融得一笔资金,其本质只有"资金的流动",不具有融物属性。基于此,其与"非洁净转让或受让租赁资产,违规以带回购的租赁资产转让方式向同业融资"具有同质性或同一性。

(二)存在一定的合同无效风险

2019年《全国法院民商事审判工作会议纪要》第31条规定,违反规章一般情况下不影响合同效力,但如果该规章的内容涉及金融安全、市场秩序、国家宏观政策等公序良俗的,应当认定合同无效。如果"转出租人"式交易被认定为同业融资,即违反《融资租赁公司监督管理暂行办法》第8条规定:"融资租赁公司不得有下列业务或活动:……(三)与其他融资租赁公司

拆借或变相拆借资金。"实践中,保理公司中也已经出现"违反类似规章"被认定为合同无效的案例——(2019)粤 0391 民初 1417 号,保理公司经某所备案发行资产收益权产品,以较高的预期年化收益率吸引自然人认购,并将募集的资金用于受让应收账款。广东省深圳市前海合作区人民法院认为,违反银保监会《加强商业保理企业监督管理的通知》第 1 条第(四)项规定:通过……地方各类交易场所等机构融入资金。最终,被法院认定为合同无效。

(三)"转出租人"模式存在逻辑上不能自洽之处

"出租人 B"将租赁物转让于"出租人 A"后,双方建立新的售后回租关系后,B 不再享有租赁物所有权。而在售后回租法律关系中,出租人应当受让租赁物,享有租赁物所有权。推演到"转出租人"模式中,一旦 B 不再享有租赁物所有权,其与底层承租人之间的售后回租即失去了法律基础,实际上已经变更为一般的租赁关系,即"转出租人"模式发生的基石——"出租人 B"与底层承租人存在售后回租关系,在转租赁成立的一刹那已经不复存在,而整个"转出租人"模式仍按照两层"售后回租"法律关系运转,A 向 B 收取售后回租的租金,B 向底层承租人收取售后回租的租金,并将售后回租项下的应收账款质押于 A。

(2021)京民终 804 号案件中的观点与上述"逻辑不能自洽"观点如出一辙。北京市高级人民法院认为,案涉康富公司与融信公司、浩瀚公司之间的交易模式,系有些融资租赁公司"创新"的,即聚永公司所称"多重买卖型转租赁"或"双租赁"模式,其中一种交易形式为出租人(融信公司、浩瀚公司)以直租或售后回租的方式将租赁物租给底层实际承租人,之后出租人再用该租赁物以售后回租的方式出售给最终出租人(康富公司)并租回。在此种交易模式下,前一个交易在设立时,虽然交易双方(第一次出租人和底层实际承租人)之间成立融资租赁关系,但在后一个交易成立后,第一次出租人(转租人)将其自身对租赁物的所有权转移给了最终出租人,而非转让购买租赁物的买卖合同。最终出租人并不是按照承租人的要求向供货商购买租赁物而后出租,故第一次出租人与前一个交易中的底层实际承租人之间的融资租赁关系赖以存在的基础发生了变化,第一次出租人(转租人)已经不是租赁物的所有权人。虽然第一次出租人和底层实际承租人在前一个交易中成立融资租赁关系,而且双方实质上也确实进行了融资和融物,但在"多重买卖型转租赁"或"双租赁"发生后,第一次出租人(转租人)已经丧失或实际上未取得租赁物的所有权,原有的融资租赁合同要素已经发生变化,第一次出租人(转租人)已不能再继续以融资租赁合同成立时的出租人身份和条件来履行合同,而只能以后一个融资租赁合同中的承租人身份将其具有使用权的租赁物租赁给底层实际承租人使用,得以继续维持租赁状态。因此,最终出租人(康富公司)与第一次出租人(转租人融信公司、浩瀚公司)之间貌似是在继续履行前一个融资租赁合同,但前一个融资租赁关系从形式上看已与法律规定的融资租赁法律关系不完全相符;而后一个交易的模式与前述"转租赁"的概念及相关规定明显不符,其实质亦不属于上述法规中规定的业务模式,更不符合相关法律规定的融资租赁性质,故所谓"多重买卖型转租赁"或"双租赁"的实质是两层独立的售后回租业务的嵌套,特别是第二层售后回租交易(即后一个交易模式)与真实售后回租的制度基础根本不符,缺乏融物属性,最终出租人与第一次出租人(转租人)之间回租租赁物的目的已不在于继续使用租赁物,而只是借助租赁物这一在形式上真实存在的物,以售后回租为名行借款之实。因此,后一个交易模式的性质依法应认定为民间借贷关系。

(四) 真正的危害可能在于"无限空转"

如果认可出租人 B 可以向出租人 A 转让租赁物,成立新的售后回租法律关系,那么出租人 A 及其后手就可以基于同样逻辑,无限"转租赁"。如此往复,在只有一笔租赁物的情况下,融资规模无限放大、融资链条无限延长,租赁物变成了类票据。显然,从金融秩序和制度设计角度看,也存在不妥之处。

四、典型案例:"转承租人"模式的性质认定与特殊性

在"转承租人"转租赁中,第二层合同法律关系与租赁合同较为相似,如果不考虑第一层合同法律关系的话,很容易被认定为租赁合同法律性质;同时,在第二层合同中,由于租赁物等并非承租人直接选定,在融资租赁过程

中,各方权利义务具有一定特殊性。上述问题均在(2021)沪74民终1767号案中得到了很好的印证。

该案中,上海金融法院查明:2017年3月,理光公司与中粮公司签署《租赁合同》,约定由理光公司出租两台打印设备及相关配件给中粮公司使用。2017年3月,理光公司与案外人亿多世公司上海分公司签订《购销合同》及《租赁合同》各一份。《购销合同》约定理光公司为卖方,案外人亿多世公司上海分公司为买方,产品信息与理光公司、中粮公司订立的《租赁合同》一致,送达地址亦为理光公司、中粮公司在《租赁合同》中约定的租赁物安装地址。

一审上海市黄浦区人民法院认为,理光公司与案外人亿多世公司上海分公司签订的《购销合同》《租赁合同》均系双方当事人的真实意思表示,合法有效,对双方当事人均有法律约束力。依据《租赁合同》约定,案外人亿多世公司上海分公司依据理光公司的选择向理光公司购买案涉打印设备,再将案涉打印设备租给理光公司使用,并由理光公司支付租金。因此,以案涉打印设备为标的的融资租赁法律关系发生于理光公司与案外人亿多世公司上海分公司之间。虽然《购销合同》《租赁合同》中约定的租赁物设置场所均为理光公司、中粮公司在《租赁合同》中约定的租赁物安装地址,然而并不能使得中粮公司加入融资租赁法律关系中,仅能表明案外人亿多世公司上海分公司作为融资租赁合同的出租人对理光公司将租赁物转租给中粮公司事宜知情或默许。理光公司向中粮公司提供案涉打印设备的使用收益并收取租金的行为并不具有融资或融物的特性,而系以物的使用、收益交换租金,属于租赁法律关系。

二审上海金融法院认定如下。

第一,本案双方之间的合同权利义务更符合融资租赁合同关系的特征。一审法院认定本案双方之间属于租赁合同,故从租赁合同与融资租赁合同的四点主要区别进行阐述:一是从租赁物的来源看,在租赁合同中,租赁物一般由出租人自有,或根据出租人的自身意愿购买并拥有;而在融资租赁合同中,租赁物虽由出租人出资购买,但多由承租人选定,系根据承租人的意愿购买。本案中,理光公司与中粮公司《租赁合同》附件二《租赁申请书》列明了租赁物的名称、型号和数量,约定上述租赁物由承租人自行选定,若租赁物在实际使用中不能达到承租人所要求的效果,则不影响承租人按合同约定向出租人支付租金。由于该约定有别于普通的租赁合同,故更符合融资租赁的特点。二是从租金的对价基础看,在租赁合同中,租金是承租人占有使用租赁物的对价;而在融资租赁合同中,租金大多覆盖了租赁物的购买价格。通常情况下,承租人支付的租金不仅包括租赁物本身的购买价格,而且还包括出租人提供资金融通作用所支出的必要费用及其正常利润。本案中,中粮公司在租赁期内应支付的租金总额高于理光公司与亿多世公司上海分公司约定的租赁物销售价格,已涵盖租赁物的购买价格及出租人的利润。因此,双方对于租金构成的约定符合融资租赁合同的特征。三是从租期届满后的租赁物归属看,在租赁合同中,通常租赁期满后租赁物所有权不发生变化,仍属于出租人所有;而在融资租赁合同中,租赁物的归属因对承租人选择权的约定而有所不同,一般有直接归承租人、出租人收回租赁物或者承租人以象征性价款留购三种形式。本案中,理光公司与中粮公司《租赁合同》第一部分第 6 条约定:合同到期后租赁物的处理方式:购买,按届时的市场价确定期末购买价;第 7 条约定:租期届满中粮公司付清合同款项后,出租方在收取相应对价后将租赁物所有权转移给中粮公司,对价不高于租赁物的购买价减去中粮公司已支付的合同租金及其他款项后的余额。据此,双方在合同中就中粮公司付清合同款项后的租赁物归属已作出约定,该约定符合融资租赁届满后租赁物处理方式的特征。四是从是否对解约进行限制看,在租赁合同中,承租人可以随时解除合同,但在融资租赁合同中,因租赁物系由承租人选定,一旦承租人解约,租赁物的收回对出租人大多没有实质上的经济意义,故一般禁止承租人中途解约。本案中,理光公司与中粮公司在合同中明确约定"承租人不得提前终止租赁期,或解除本合同"。该约定符合融资租赁合同限制解约的特征。综上,本院认为,双方之间的法律关系应认定为融资租赁合同关系。

第二,本案属于"转租赁"这一特殊形式的融资租赁合同关系。理光公司主张,其与亿多世公司上海分公司签订了《购销合同》及《租赁合同》,将中粮公司所订租的租赁物出售给亿多世公司上海分公司,并回租租赁物,同时与中粮公司签订了《租赁合同》,将该租赁物出租给中粮公司。理光公司认为,上述业务模式为非典型的融资租赁模式,本质上理光公司应当为融资租赁中的供货方,亿多世公司上海分公司为出租人,理光公司为承租人,但由于理光公司与亿多世公司上海分公司长期固定合作以及理光公司巨大的客户业务量,亿多世公司上海分公司不愿与大量零散的承租人签订协议,因此,统一由理光公司代替客户签订融资租赁协议后,再与承租人以相同条件签订租赁协议,从而形成了上述非典型的融资租赁模式。

本院认为,融资租赁交易中的转租赁有两种方式:一是出租人将租赁物租给承租人,承租人经出租人同意,又以第二出租人的身份把租赁物转租给第二承租人。国际统一私法协会《国际融资租赁公约》第2条对该种交易作出了明确规定:"在一次或多次转租交易涉及同一设备的情况下,本公约适用每一项本应适用本公约的融资租赁交易。"二是出租人把购买租赁物的买卖合同转让给第三人,由第三人作为买受人及出租人履行买卖合同,出租人再从第三人手中租回租赁物,并转租给最终承租人。本案中,理光公司从事的业务模式属于上述第一种"转租赁"模式,即以同一物件为租赁物的多次融资租赁业务;上一租赁合同的承租人同时又是下一租赁合同的出租人,也就是"转租人"。

正是因为本案租赁物系由理光公司"转租"给中粮公司,使得理光公司与中粮公司之间的法律关系,也就是第二层的融资租赁关系表面上看存在不同于传统融资租赁的特殊之处,主要有以下三点:一是合同主体的法律地位特殊。传统的融资租赁涉及出租人、承租人和出卖人三方主体。在转租赁模式下,理光公司与亿多世公司上海分公司进行售后回租后,再将租赁物转租给中粮公司,理光公司相对于中粮公司虽为出租人,但其实质上系租赁物的供货商,真正承担融资功能的只有第一出租人亿多世公司上海分公司,而真正占有、使用租赁物的是第二承租人中粮公司。二是租赁物所有权的归属特殊。在传统融资租赁模式下,租赁期间出租人享有租赁物的所有权,但在本案转租赁模式下,因租赁物的所有权归属于第一出租人,转租人,即第二出租人对于租赁物并无所有权。三是租赁物的瑕疵担保责任和维修责任承担主体特殊。在传统融资租赁模式下,出租人承担的功能以融资为主,租赁物系由承租人选定,因此,出租人一般不承担租赁物的瑕疵担保责任及维修义务,但在本案转租赁模式下,因第二出租人实质上类似于出卖人的地位,理光公司与中粮公司合同约定租赁物由中粮公司自行选定,其质量保证由理光公司对中粮公司负责,即出租人承担了租赁物的瑕疵担保责任。

上海金融法院认为,上述特殊之处并不影响对理光公司与中粮公司之间法律关系的判断。一是中粮公司向理光公司支付的租金是租赁物购买价格分期负担的对价,从经济功能上看,亦体现了资金融通的关系。二是各方当事人的真实意思和目的,是中粮公司在租赁期间对租赁占有、使用,并在支付所有租金及其他款项后,取得租赁设备的所有权。对于第一出租人而言,其虽享有租赁物所有权,但已将其中的占有、使用、收益权让渡给第一承租人,该所有权实际上仅具有担保租金债权实现的功能,第一出租人不得任意收回或者转让租赁物。对于第二承租人而言,租赁期间第二出租人是否已实际取得所有权对其并不重要,只要第二出租人享有租赁物的占有、使用权,不影响第二承租人对租赁物的占有、使用即可。第一层合同租期届满后,通常第一承租人可获得租赁物的所有权,故在第二层合同期满后,不影响第二承租人最终取得租赁物所有权。可见,理光公司与中粮公司,也就是在第二层合同关系项下,仍兼具"融资"与"融物"的双重属性,对于出租人与承租人之间的权利义务关系,仍应认定为融资租赁关系。

本案中,理光公司与亿多世公司上海分公司订立的《租赁合同》与理光公司与中粮公司订立的《租赁合同》就租赁物设置场所、租赁期限和租金金额的约定均是相同的,理光公司将案涉租赁物"转租"给实际使用人,实际上经过了亿多世公司上海分公司的同意,第一层租期届满后,亿多世公司上海分公司亦将租赁物所有权转移给了理光公司。从中粮公司的角度来说,虽然其对本案实为"转租赁"以及租赁物所有权人并非理光公司可能并不知情,但并不影响中粮公司对租赁物进行占有、使用并在支付所有租金等款项后的获得租赁物所有权。诚然,对于转租赁模式下的实际承租人而言,该种模式相较于传统融资租赁模式,其风险在于若转租人未如约支付第一出租人租金,可能导致租赁物被第一出租人收回、租赁期满实际承租人无法取得所有权的情况,但实际承租人可要求转租人承担相应的违约责任。如果认定转租人与实际承租人之间系租赁关系而非融资租赁关系,则将导致实际承租人在支付了远高于租赁物使用对价、已完全覆盖租赁物购买价格租金的情况下,却始终无法取得租赁物所有权的后果,对实际承租人而言显然是不公平的。

五、余论：2023 年金融审判工作会议后的转租赁

如前所述,转出租人模式较转承租人模式有特殊优势。在转出租人模式下,出租人 B 已经与承租人建立了融资租赁法律关系,出租人 A 再与 B 建立售后回租关系时,A 主要以 B 的还款能力为考察对象,同时也可以借助 B 对租赁物等的审查结果,直接向 B 收取租金,同时也拓宽了 B 的融资渠道,方便快捷、安全高效。

但如前所述,转出租人模式面临着较多合规问题,同时,在司法实践中,尤其是融资租赁公司聚集地的新近判决中,不支持该模式构成融资租赁法律关系的案例不断出现。

最高人民法院审委会副部级专职委员、二级大法官刘贵祥指出,虽然金融监管规章不能作为认定合同效力的直接依据,但可以作为认定民事权利义务及相应民事责任的重要参考或依据。金融法律、行政法规无法完全适应金融行业日新月异的快速变化,金融监管规章可以及时补位,填补监管制度漏洞。尤为重要的是,向社会公开发布的金融监管规章是金融交易的行为规范,交易主体应当遵守,人民法院依此裁判符合社会特别是金融市场交易主体的预期。[①]

通过金融监管规章来认定民事权利义务关系的规则,在北京市高级人民法院(2021)京民终 804 号关于"转租赁"的判决中有所体现。

该案,聚永公司二审辩称案涉法律关系性质应为"多重买卖型转租赁",仍应被认定为融资租赁法律关系。对此,北京市高级人民法院认为,中国人民银行于 2000 年 6 月 30 日颁布的《金融租赁公司管理办法》(现已失效)第 18 条规定:"经中国人民银行批准,金融租赁公司可经营下列本外币业务:(一)直接租赁、回租、转租赁、委托租赁等融资性租赁业务";第 48 条规定:"本办法中所称转租赁业务是指同一物件为标的物的多次融资租赁业务。在转租赁业务中,上一租赁合同的承租人同时又是下一租赁合同的出租人,称为转租人。转租人从其他出租人处租入租赁物件再转租给第三人,转租

---

① 刘贵祥:《关于金融民商事审判工作中的理念、机制和法律适用问题》,《法律适用》2023 年第 1 期。

人以收取租金差为目的的租赁形式。租赁物品的所有权归第一出租人。"原中国银行业监督管理委员会于 2014 年 3 月 13 日颁布修改后的《金融租赁公司管理办法》，其中第 26 条规定："经银监会批准，金融租赁公司可以经营下列部分或全部本外币业务：（一）融资租赁业务；（二）转让和受让融资租赁资产"。中国银保监会于 2020 年 5 月 26 日颁布的《融资租赁公司监督管理暂行办法》第 5 条规定："融资租赁公司可以经营下列部分或全部业务：（一）融资租赁业务；（二）租赁业务；（三）与融资租赁和租赁业务相关的租赁物购买、残值处理与维修、租赁交易咨询、接受租赁保证金；（四）转让与受让融资租赁或租赁资产；（五）固定收益类证券投资业务。"第 16 条规定："融资租赁公司应当在签订融资租赁合同或明确融资租赁业务意向的前提下，按照承租人要求购置租赁物。特殊情况下需要提前购置租赁物的，应当与自身现有业务领域或业务规划保持一致，且与自身风险管理能力和专业化经营水平相符。"虽然后续相关规定中删除了"转租赁"概念，但是据此可知，所谓"转租赁"应是指承租人转租赁模式，即出租人将租赁物出租给承租人，承租人经出租人同意，又以第二出租人的身份把租赁物转租给第二承租人。实务中还存在"出租人转租赁"模式，即出租人（第一次出租人）把购买租赁物的买卖合同转让给第三人，由第三人作为买受人及最终出租人自身履行买卖合同，出租人再从第三人手中租回租赁物，并转租给最终承租人。此两种"转租赁"模式，均符合我国《民法典》及《合同法》中规定的"出租人根据承租人对出卖人、租赁物的选择，向出卖人购买租赁物，提供给承租人使用，承租人支付租金"的融资租赁交易模式。无论是第一次出租人（转租人）还是第三人（新出租人）均应自身履行买卖合同，按照实际承租人的要求向供货商购买租赁物，享有租赁物的所有权，而后出租（或回租）给最终承租人，具有"既融资又融物"的特性，故仍应被认定为融资租赁法律关系。

　　而案涉康富公司与融信公司、浩瀚公司之间的交易模式，系目前实务中有些融资租赁公司"创新"出来的，即聚永公司所称"多重买卖型转租赁"或"双租赁"模式，其中一种交易形式为出租人（融信公司、浩瀚公司）以直租或售后回租的方式将租赁物租给底层实际承租人，之后出租人再用该租赁物以售后回租的方式出售给最终出租人（康富公司），并租回。在此种交易模式下，前一个交易在设立时，交易双方（第一次出租人和底层实际承租人）之间虽然成立融资租赁关系，但在后一个交易成立后，第一次出租人（转租人）将其自身对租赁物的所有权转移给了最终出租人，而非转让购买租赁物的买卖合同。最终出租人并不是按照承租人的要求向供货商购买租赁物而后出租，故第一次出租人与前一个交易中的底层实际承租人之间的融资租赁关系赖以存在的基础发生了变化，第一次出租人（转租人）已经不是租赁物的所有权人。虽然第一次出租人和底层实际承租人在前一个交易中成立融资租赁关系，而且双方实质上也确实进行了融资和融物，但在"多重买卖型转租赁"或"双租赁"发生后，第一次出租人（转租人）已经丧失或实际上未取得租赁物的所有权，原有的融资租赁合同要素已经发生变化，第一次出租人（转租人）已不能再继续以融资租赁合同成立时的出租人身份和条件来履行合同，而只能以后一个融资租赁合同中的承租人身份将其具有使用权的租赁物租赁给底层实际承租人使用，得以继续维持租赁状态。因此，最终出租人（康富公司）与第一次出租人（转租人融信公司、浩瀚公司）之间貌似是在继续履行前一个融资租赁合同，但前一个融资租赁关系从形式上看已与法律规定的融资租赁法律关系不完全相符；而后一个交易的模式与前述"转租赁"的概念及相关规定明显不符，其实质亦不属于上述法规中规定的业务模式，更不符合相关法律规定的融资租赁性质，故所谓"多重买卖型转租赁"或"双租赁"的实质是两层独立的售后回租业务的嵌套，特别是第二层售后回租交易（后一个交易模式）与真实售后回租的制度基础根本不符，缺乏融物属性，最终出租人与第一次出租人（转租人）之间回租租赁物的目的已不在于继续使用租赁物，而只是在于借助租赁物这一在形式上真实存在的物，以售后回租为名行借款之实。因此，后一个交易模式的性质依法应认定为民间借贷关系。

综上，按照"通过监管规定来认定法律关系"的逻辑，实践中普遍存在的"转出租人"的模式，通常会被认定为不构成融资租赁关系。因此，建议在操作中：一是从合法合规角度，建议选择"转承租人"模式操作。在同业合作中，以物的流转、经营为初衷和目的，回归融资加融物的本源，实现合规经营，防范法律风险，并注意租赁物、转让价款、租期、租金支付日及其他权利义务的匹配，防止出现冲突情况。二是如果采取"转出租人"模式，除被认定为不构成融资租赁关系的风险外，在实务操作层面，还应注意以下事项和风险：① 第一承租人占有权可能受到影响；② 第二份融资租赁合同依附于第一份融资租赁合同，即使第二承租人在第二份融资租赁合同项下违约的，第二出租人一般无权取回租赁物；③ 第二份融资租赁合同的租赁期限不得长于第一份的剩余期限；④ 第二份融资租赁合同的本金不超过第一份的租赁物对应价值；⑤ 第一、二出租人需要考虑第一承租人违约时，由何方采取救济措施的问题；等等。[①]

第五节　资产转让三个阶段中的六个法律合规问题

与"转租赁"不同，融资租赁中的资产转让，是指 A 出租人与承租人建立融资租赁关系，支付租赁物购买价款，形成融资租赁资产后，再将资产转让至 B 出租人；转让后，B 出租人直接取代 A 出租人法律地位，与承租人构成融资租赁法律关系；A 出租人获得转让价款后，从交易中退出。资产转让是融资租赁资产在不同出租人之间流动和交易的主要形式。实践中，也存在一些容易被忽视的问题。

一、转让前：融资租赁资产的形成和交易限制

融资租赁资产转让前，转让方需支付租赁物购买价款，形成资产，并按照法律法规和监管规定合规转让。转让方未支付任何款项、直接将包括购买价款在内的合同义务一并转让的，会涉及合理性、合规性等方面的问题，也可能引发是否超出营业范围的质疑。这些不在本书讨论之列。

（一）基础合同以商业承兑汇票形式支付租赁物购买价款

《民法典》第 556 条规定：合同的权利和义务一并转让的，适用债权转让、债务转移的有关规定。在融资租赁资产转让中，受让方受让融资租赁资产的，相关权利义务一并接受。在转让前的底层基础资产已经形成，即转让

---

① 许建添、袁雯卿：《融资租赁法律实务 20 讲》，法律出版社 2023 年版，第 272—296 页。

方已经支付购买价款,取得租赁物所有权的前提下,受让资产后,受让方主要应履行权利瑕疵担保义务,确保承租人安全占有使用租赁物,即继续享有安享权。如果底层基础合同项下租赁物购买价款尚未支付,则即使受让方支付了转让合同项下转让价款,但按合同约定,仍旧负有租赁合同项下租赁物购买价款支付义务。虽然再次支付完毕租赁合同项下款项后,有权基于资产转让合同或不当得利要求转让方归还相应款项,但信用风险、操作风险无疑会明显增加。

实践中,如果转让方采用商业汇票形式支付基础合同项下款项,受让方支付转让合同对价后,是否当然获得融资租赁合同项下全部权利? 我国《票据法》第 61 条规定:"汇票到期被拒绝付款的,持票人可以对背书人、出票人以及汇票的其他债务人行使追索权。"从法律特征看,已使用票据支付的应收账款在法律上并未消灭,和票据权利同时存在。票据的原因关系和票据关系是相互独立的。债务人向债权人清偿应收账款,为票据的原因关系;债务人向债权人签发或转让票据,债权人持有票据,为票据法律关系。当债务人为支付而授受票据时,原因关系中的债务不因票据授受而消灭,而是与票据债务同时并存,票据权利实现,原因关系中的债务随之消灭,[1]即虽然应收账款继续存在,但债权人又不能直接行使,其效力处于暂时的休眠状态。当债权人持有的票据获得承兑付款后,已使用票据支付的应收账款消灭。只有当票据权利经行使仍未获得清偿或票据权利因某种原因不能行使,当事人才可以行使对应收账款的权利。此时,应收账款因未获清偿而复苏。[2]

《最高人民法院关于审理票据纠纷案件若干问题的规定》第 5 条规定:付款请求权是持票人享有的第一顺序权利,追索权是持票人享有的第二顺序权利,即汇票到期被拒绝付款或者具有《票据法》第 61 条第 2 款所列情形的,持票人请求背书人、出票人以及汇票的其他债务人支付《票据法》第 70 条第 1 款所列金额和费用的权利。具体到融资租赁资产转让业务中,如果融资租赁合同项下原出租人(转让方)签发商业承兑汇票,并不意味着其付款义务自签发时完成,如果票据权利无法实现,则原因关系债务,即租赁物

---

① 刘心稳:《票据法》,中国政法大学出版社 2006 年版,第 46 页。

② 傅鼎生:《票据行为无因性二题》,《法学》2005 年第 12 期,第 64 页。

购买价款支付义务未消灭。租赁物购买价款付款义务为出租人主要义务，该义务未消灭的，作为资产转让合同受让方的新出租人得履行该义务，即在转让方归还相应款项前，受让方可能再承担租赁物购买价款的付款义务。

承租人以票据形式支付租金的案例，也能在一定程度上说明问题。(2021)京民终743号案，北京市高级人民法院认为，《票据法》第27条规定："持票人可以将汇票权利转让给他人或者将一定的汇票权利授予他人行使"；第38条规定："承兑是指汇票付款人承诺在汇票到期日支付汇票金额的票据行为"；第39条规定："定日付款或者出票后定期付款的汇票，持票人应当在汇票到期日前向付款人提示承兑"；第41条规定："付款人对向其提示承兑的汇票，应当自收到提示承兑的汇票之日起三日内承兑或者拒绝承兑。"据此，汇票的背书转让仅是背书人将汇票权利转让给被背书人，或者将一定的汇票权利授予被背书人行使的行为。而承兑汇票权利的实现及债务人应支付款项义务的履行，由于存在承兑人(付款人)能否承兑的不确定性和拒绝承兑的风险；即使银行承兑汇票提前贴现，亦存在发生相应利息损失的风险，故应以承兑人(付款人)实际承兑，并于承兑汇票到期日实际付款为准。本案中，经华歌公司与建信金融租赁公司双方的业务负责人员协商一致，华歌公司以银行承兑汇票背书转让方式支付案涉100万元租金。虽然银行承兑汇票背书转让日期为2020年9月25日，但是银行承兑汇票票面上明确记载的汇票到期日为2021年3月16日，即银行承兑汇票权利的实现和华歌公司对上述100万元款项支付义务的履行，均应以承兑人(付款人)实际承兑，以及于银行承兑汇票到期日2021年3月16日实际付款的行为为准。对此，华歌公司与建信金融租赁公司均是明知的。因此，华歌公司实际履行上述100万元款项支付义务的时间应为2021年3月16日。一审判决关于租金及迟延违约金数额的认定正确，应予维持。华歌公司主张案涉100万元款项的支付时间应为票据背书转让时间，即2020年9月25日，而非银行承兑汇票到期日2021年3月16日，本案截至2020年9月30日的迟延支付违约金应降低3 000元的上诉理由不能成立，本院不予支持。

值得进一步探讨的问题在于：合同约定"签发票据视为完成租赁物价款支付"，效力如何认定？《最高人民法院公报》2017年第9期公报案例"(2016)最高法民终字第484号"案载明：当事人于债务清偿期届满后达成的以物抵债协议,可能构成债的更改,即成立新债务,同时消灭旧债务;亦可能属于新债清偿,即成立新债务,与旧债务并存。基于保护债权的理念,债的更改一般需有当事人明确消灭旧债的合意,否则,当事人于债务清偿期届满后达成的以物抵债协议,性质一般应为新债清偿。对于以物抵债协议的效力、履行等问题的认定,应以尊重当事人的意思自治为基本原则。只要双方当事人的意思表示真实,合同内容不违反法律、行政法规的强制性规定,合同即为有效。

由上可知,以物抵债协议属于诺成性合同,尊重当事人的意思自治。那么,约定签发票据即视为履行完毕租赁物购买价款支付义务的,是否属于以物抵债中"债的更改"?从(2020)沪74民终738号判决精神推定,法院持支持观点。上海金融法院认为,"际华公司对于《购销合同》的真实性不持异议,根据该合同约定,买方可开具商业汇票结算,但并未明确约定买方开具汇票系代物清偿,即原因债权随票据的交付而消灭,债权人只能行使票据债权,不能行使原因债权。因此,根据合同约定,买方开具汇票后,票据债权与原因债权并存,债权人应先行使票据债权,未果,可以再行使原因债权。"尽管如此,以物抵债在法律规定和实践层面尚未完全成熟,笔者建议慎重使用。

(二) 国有金融租赁公司转让租赁资产是否需要进场交易

金融租赁公司转让融资租赁资产,是否需要进场交易?2021年12月8日,财政部《关于规范国有金融机构资产转让有关事项的通知》(简称102号文),进一步规范和完善了国有金融机构资产转让制度,规定"国有金融机构资产转让原则上采取进场交易、公开拍卖、网络拍卖、竞争性谈判等公开交易方式进行"。该条文一度给金融租赁公司带来了困惑。

总体看102号文,对于属于法律法规规定营业范围内的"资产转让"业务和集团内实物资产转让,金融租赁公司得通过协议等方式直接开展。根据102号文,除国家另有规定外,未经公开竞价处置程序,国有金融机构不得采取直接协议转让方式向非国有受让人转让资产。属于集团内部资产转让、按照投资协议或合同约定条款履约退出、根据合同约定第三人行使优先购买权、将特定行业资产转让给国有及国有控股企业,以及经同级财政部门认可的其他情形,经国有金融机构按照授权机制审议决策后,可以采取直接协议转让方式进行交易;因开展正常经营业务涉及的抵(质)押资产、抵债资产、诉讼资产、信贷资产、租赁资产、不良资产、债权等资产转让及报废资产处置,以及司法拍卖资产、政府征收资产等,国家另有规定的从其规定。而根据 2014 年《金融租赁公司管理办法》第 26 条规定:"经银监会批准,金融租赁公司可以经营下列部分或全部本外币业务:(一)融资租赁业务;(二)转让和受让融资租赁资产;(三)固定收益类证券投资业务;(四)接受承租人的租赁保证金;(五)吸收非银行股东三个月(含)以上定期存款;(六)同业拆借;(七)向金融机构借款;(八)境外借款;(九)租赁物变卖及处理业务;(十)经济咨询。"转让和受让融资租赁资产属于正常经营事项,无需进场交易。

二、转让中:合同条款的检视和修正

转让方支付租赁物购买价款,形成资产之日(即基准日,通常称为"T"日)后,即可转让融资租赁资产。实践中,既有"T+0"日,也有"T+N"日转让的情况。前者由于转让方持有时间较短,往往会受到质疑,不同出租人也可能通过制度方式予以限制。但总体来说,两种转让方式主要是"量"上的区别,并无"质"上的差异。在资产转让,特别是转让合同谈判过程中,须注意以下事项。

(一)转让方回购条款的法律合规认定

《金融租赁公司管理办法》第 41 条、《融资租赁公司监督管理暂行办法》第 22 条均规定,出租人应当严格按照会计准则等相关规定,真实反映融资租赁资产转让和受让业务的实质和风险状况。《企业会计准则第 23 号——金融资产转移》(2017 年修订)第 7 条规定:企业在发生金融资产(会计上金融资产包括"从其他方收取现金或其他金融资产的合同权利"等)转移时,应当评估其保留金融资产所有权上的风险和报酬的程度,并分别下列情形处理:① 企业转移了金融资产所有权上几乎所有风险和报酬的,应当终止确认该金融资产,并将转移中产生或保留的权利和义务单独确认为资产或负债。② 企业保留了金融资产所有权上几乎所有风险和报酬的,应当继续确认该金融资产。按照上述规定,对于金融租赁公司和融资租赁公司,都要按照会计准则计量资产,对于不带回购的洁净转让,计入自身报表,不能虚假出表。

对于金融租赁公司来说,《中国银行业监督管理委员会关于进一步规范银行业金融机构信贷资产转让业务的通知》(简称银监发102号通知)提出了更多要求,明确规定"金融租赁公司"在内的金融机构资产转让原则包括:① 真实性,不得带回购。其中第4条规定:"银行业金融机构转让信贷资产应当遵守真实性原则,禁止资产的非真实转移。转出方不得安排任何显性或隐性的回购条款;转让双方不得采取签订回购协议、即期买断加远期回购等方式规避监管。"对于转让之后,受让方持有一段时间的情况下,能否转回原持有人的,未有明确限制。② 整体性。其中第5条规定:"银行业金融机构转让信贷资产应当遵守整体性原则,即转让的信贷资产应当包括全部未偿还本金及应收利息,不得有下列情形:一是将未偿还本金与应收利息分开;二是按一定比例分割未偿还本金或应收利息;三是将未偿还本金及应收利息整体按比例进行分割;四是将未偿还本金或应收利息进行期限分割。"从文义上看,在租赁物本身可分的情形下,将原置于同一租赁合同项下的租赁物拆分形成多个资产,再就多个资产中的某一个整体转让的,应不属于禁止之列。③ 洁净转让。其中第6条规定:"银行业金融机构转让信贷资产应当遵守洁净转让原则,即实现资产的真实、完全转让,风险的真实、完全转移。"

银监发102号通知不属于可以直接影响合同效力的法律法规范畴。在(2020)津03民初38号案件中也可见金融租赁公司对转让资产进行回购的合同条款。而(2021)湘0105民初2388号案,湖南省长沙市开福区人民法院更是认为,根据《租赁资产转让合同》的约定,如果承租人逾期支付租金60天或以上,被告弘高公司(转让方)需对承租人到期未付及未到期租金向原告(受让方)履行回购责任,故原告诉请被告弘高公司对被告彭某不能清偿的租金承担回购义务,符合前述约定,本院予以支持。被告津湘公司经股东会决议,自愿为《租赁资产转让合同》项下被告弘高公司的回购款债务向原告提供连带责任保证,该保证担保合法有效,故本院对原告要求被告津湘公司对被告弘高公司的回购款债务承担连带清偿责任,本院予以支持。

（二）基础合同应当注意修正的事项

《民法典》第 548 条规定，债务人接到债权转让通知后，债务人对让与人的抗辩，可以向受让人主张。债权转让后，债务人基于原来的债权债务关系所享有的抗辩权仍然存在，并得以继续对抗新的债权人，即债权受让人。该债权受让人取代原债权人的地位成为新的债权人，债务人不应因债权的转让而受到损失，例如负担加重、履行成本提高等，所以，债务人对原债权人的一切抗辩权继续对抗新债权人。[①] 债务人的抗辩权既可能依据法定产生，例如不可抗力抗辩、抵消权等，也可能依据合同约定产生。

实践中，比较容易被忽视的"债务人抗辩权"包括：一是管辖权约定。《最高人民法院关于适用〈中华人民共和国民事诉讼法〉的解释》第 33 条规定：合同转让的，合同的管辖协议对合同受让人有效，但转让时受让人不知道有管辖协议，或者转让协议另有约定且原合同相对人同意的除外。受让方要摆脱基础合同管辖条款的限制，(2021)沪 74 民辖终 124 号案件值得借鉴。该案中，上海金融法院认为，"案涉《融资回租合同》约定若承租人违约，出租人将本合同项下的物权及债权一并转移给担保人或第三人受让人的，担保人或第三方受让人与承租人产生的纠纷，由担保人或第三方受让人住所地有管辖权的法院管辖。该约定表述明确，不违反级别管辖和专属管辖规定，且并未免除条款提供方责任、加重对方责任或排除其主要权利，当属有效。"如果融资租赁基础合同中无该等相关约定的，可通过转让方向承租人的通知和承租人的回执中予以明确。二是抵消权行使。《民法典》第 549 条规定："有下列情形之一的，债务人可以向受让人主张抵销：（一）债务人接到债权转让通知时，债务人对让与人享有债权，且债务人的债权先于转让的债权到期或者同时到期；（二）债务人的债权与转让的债权是基于同一合同产生。"受让人为了避免此类风险，需要采取一定的预防措施，例如请求让与人提供担保、请求让与人承担瑕疵担保责任、设法使债务人书面放弃这种抵销权等。[②] 三是服务合同等项下抗辩。按照交易习惯，融资租赁合同签

[①] 最高人民法院民法典贯彻实施工作领导小组：《中华人民共和国民法典合同编理解与适用(一)》，人民法院出版社 2020 年版，第 570—571 页。

[②] 最高人民法院民法典贯彻实施工作领导小组：《中华人民共和国民法典合同编理解与适用(一)》，人民法院出版社 2020 年版，第 573 页。

署后,较多出租人(转让方)会与承租人签署咨询服务合同,收取一定数量的服务费。关于服务费,如前文所述,很多地方法院会作为出租人整体收益的一部分,如果未提供服务,可能涉及抵扣利息或退还等。由于服务费多数由转让方收取,通常存在未转让或披露于受让方,为防范相应风险,可以借鉴抵消权之预防措施。

三、转让后:从权利的附随转移和合同义务

(一) 从权利的附随转移

资产转让后,依据"从权利随主权利"的规则,从权利随之转让。《民法典》第 547 条规定:"债权人转让债权的,受让人取得与债权有关的从权利,但是该从权利专属于债权人自身的除外。受让人取得从权利不因该从权利未办理转移登记手续或者未转移占有而受到影响。"在债权转让中,主债权转让后,相应的从权利一并转让,即使该从权利未办理转移登记或者转移占有,受让人仍然取得该从权利。需要注意的是,这时仍然存在与第三人善意保护规则的衔接问题,即如果第三人处于善意(不知情)的情况下,应当依法适用善意取得的规定。[①] 以抵押为例,如果经过转让方(登记的抵押权人)同意,抵押物被转让或者二次抵押于第三方,第三方又不知情的,则受让方权利将受到一定影响。

(二) 转让合同项下的权利瑕疵担保和义务

转让方回购,即对承租人逾期和违约风险承担实质担保责任,可能存在合规问题,但并不妨碍转让方就标的资产权利清洁无瑕疵等合同义务承担违约责任。实践中,转让方两个方面的义务较为重要:一是权利瑕疵担保。在融资租赁法律关系中,在租赁物确权、确值材料较多的情况下,转让方对标的资产的尽职调查、权利瑕疵做出相应陈述承诺,对平衡和保障各方权利义务影响较大。一旦受让方因为租赁物权属问题遭受损失的,可以向转让方主张权利。二是中登网登记的注销。转让方支付转让价款后,即取得标

---

① 最高人民法院民法典贯彻实施工作领导小组:《中华人民共和国民法典合同编理解与适用(一)》,人民法院出版社 2020 年版,第 561 页。

的资产的权利义务,但如果由于操作时间紧张等因素,未能及时注销在先登记并登记为受让方的,鉴于中登网登记的公示公信效力,则类似于前述抵押示例的风险同样存在。

第六节　共同承租的法律基础、 司法态度和合规痛点

在售后回租合同中,为匹配放款条件、保障债权实现或达到监管要求,通常会在租赁物所有人(真正承租人)外,另行设置一名承租人(名义承租人),即出现共同承租人的情况。该名义承租人(或表述为共同承租人、联合承租人)并非租赁物的所有人,往往也不实际占有、使用租赁物,其与真正承租人或为母子公司、关联公司,或者根本没有控制关系(见图4-4)。实践中,关于该名义承租人的法律地位和性质为何、约定是否合法有效、法律风险情况及如何防范,素有较大争议,监管部门态度也不尽一致,从而给融资租赁行业开展该类业务带来较大困扰。

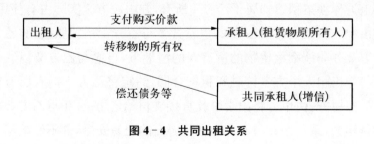

图4-4　共同出租关系

一、《民法典》时代共同承租典型案例

截至2021年6月,笔者以"共同承租""联合承租"搜索涉融资租赁纠纷,共发现判决5件,其中4件涉及车辆和个人纠纷,共同承租没有成为争议焦点;1件就共同承租展开充分辩论和说理,该案判决以"合同约定"为立足点,以"关联关系"为辅助论据。现以(2020)浙民终1286号案件为例。

主要案情:盛景公司作为出租人(甲方),必康控股公司(乙方1)、新沂

控股公司(乙方2)作为联合承租人(乙方),双方签订《融资租赁合同》。约定:出租人向乙方2购入融资租赁合同项下所述租赁物并出租给联合承租人。合同附件《租赁物购买价款确认书》中各方确认:出租人应向乙方2支付租赁物购买价款为人民币1亿元。出租人将租赁物购买价款支付至指定的乙方1收款账户即视为完成租赁物购买价款支付义务。一审浙江省杭州市中级人民法院判决认定构成融资租赁法律关系后,乙方提起上诉。

乙方上诉称,甲乙双方之间实为民间借贷法律关系,而非融资租赁合同关系。本案租赁物明显不具备租赁的特性,仅有甲方与乙方1之间的资金流转;甲方与乙方2并无建立买卖关系的合意;本案租赁物的所有权人为乙方2,而融资款项由盛景公司直接支付给不可能使用租赁物的乙方1,而非出卖人乙方2,不符合融资租赁的法律逻辑。

二审浙江省高级人民法院未支持上述上诉理由。主要原因在于,案涉《融资租赁合同》第1、2条均约定,各方依据合同进行融资租赁交易,根据乙方2和乙方1的要求,甲方向乙方1购买其拥有所有权的物品后,再由甲方出租给乙方2和乙方1使用。因此,本案符合售后回租的交易模式。经审查,各方权利义务、租赁物价值、租金构成等均符合融资租赁法律特征。虽然乙方上诉称涉案租赁物属于乙方1所有,并由乙方1实际占有使用,融资款项亦由甲方直接支付给乙方2,但乙方2与乙方1系关联公司,乙方1在明知乙方2并非涉案租赁物的所有人的情形下,自愿与乙方2以联合承租人的身份与出租人甲方签订融资租赁合同,约定将乙方1拥有所有权的租赁物转让给甲方,由甲方将出卖价款直接支付给乙方2,并与乙方2共同向甲方支付租金,系乙方2与乙方1自行协商的交易安排,并不影响甲方与乙方2、乙方1之间的法律关系。此外,案涉《融资租赁合同》第25.9条明确约定,在本合同履行过程中,就有关租赁物的实际使用安排等由乙方2、乙方1协商确定,乙方2、乙方1任何一方不得因内部对租赁物占用、使用、收益、义务承担等约定而主张与甲方之间不存在融资租赁关系,因此,乙方提出的该上诉理由不能成立。

二、在更宽时间维度认识共同承租

2019年7月,笔者曾就裁判文书网出现的47件融资租赁纠纷做过统计分析。[①] 联合承租作为一种风险缓释模式，实践中表现出一些特点(见图 4-5)。目前来看,这些特点在《民法典》实施前后并无太大区别。

图 4-5 联合承租主体性质
(单位: 件)

(一) 主要特点: **47 件案例统计分析**

联合出租模式具有以下四个显著特点。

(1) 最关注。实践中,出租人最关注的莫过于共同承租的法律效力。通常认为,在共同承租中,一方承租人提供租赁物、接收租赁价款、归还租金,其他承租人虽然加入合同,但主要承担还款义务,而且通常是更为重要的还款来源和风险缓释方,出租人难免心有不安。在 47 件案件中,只有 2 件涉及该争议;其余案件中,共同承租人均未提及抗辩,法院通常认定"融资租赁合同系双方真实意思表示,于法不悖,所有承租人应履行合同义务"。

(2) 最创意。47 件案件中,有 2 件案件,某公司以单独签署确认书或承诺书的形式成为承租人,在融资租赁关系建立后,又以出具单方文件的形式加入。

(3) 最众多。某案出现 8 个承租人,其中 3 家公司出现在买卖合同中,另外 5 家公司在融资租赁合同中一并成为共同承租人。

(4) 最特别。虽然共同承租主要出现在售后回租中,但统计发现,1 件发生于直租模式项下。

(二) 典型抗辩: 共同承租人未融资也未融物

之所以对共同承租交易模式存在一定疑问,很大程度上是因为名义承租人方"未融资也未融物"。针对该抗辩和质疑,(2017)最高法民终 155 号案有所回应。针对共同承租人某金属公司认为其"既未融资也未融物,不应

---

① 《共同承租人: 我们是怎样的我们? ——从司法数据、法律规定和实践需求的三重视角》, https://mp.weixin.qq.com/s/BBoMYj_pSsgqDPCjWNljrg,最后访问日期: 2019 年 7 月 10 日。

承担责任"的观点,一审山东省高级人民法院认为,该案《融资租赁售后回租合同(共同承租)》之外的部分协议,某金属公司虽然没有参与签署,但其作为共同承租人签订的《融资租赁售后回租合同(共同承租)》约定:"(1)承租人和共同承租人对本合同项下所有租赁义务承担连带责任;(2)承租人和共同承租人任何一方已经或即将签署的文件或作出的其他行为,均视为由双方共同作出"等,故该案《融资租赁售后回租合同(共同承租)》之外的部分协议对其均具有拘束力。同时,承租人公司与某金属公司存在关联关系,所以出租人要求某金属公司与承租人共同承担本案责任,符合合同约定,予以支持。二审中,该问题未再出现。

三、共同承租的法律基础与现实选择

(一)交易模式的法律基础

出卖或使用租赁物的承租人与出租人建立融资租赁关系后,名义承租人作为合同主体参与到合同中,承担合同中的还款义务,从法律性质上看,通常属于债务加入。根据《民法典》第552条规定,第三人与债务人约定加入债务并通知债权人,或者第三人向债权人表示愿意加入债务,债权人未在合理期限内明确拒绝的,债权人可以请求第三人在其愿意承担的债务范围内和债务人承担连带债务。共同承租符合第552条"债务加入"的特点:原债权债务关系有效存在、第三人与债务人约定作为新债务人加入、原债务人债务不减免、与原债务人共同承担责任。[①]

(二)为什么选择联合承租而不选择连带责任保证

如前所述,联合承租属于债务加入的一种。债务加入与连带责任保证具有相似性,义务人都发挥担保功能、承担相关债务,享有债务人的抗辩权。但较之连带责任保证,债务加入有自己的优势,表现在:一是保证债务具有从属性,受原合同无效的影响,原合同无效的,保证人按照过错承担债务;债务加入不受原合同效力影响,其本身不存在无效情形的,即使原合同或法律

---

① 最高人民法院民法典贯彻实施工作领导小组:《中华人民共和国民法典合同编理解与适用(一)》,人民法院出版社2020年版,第582—583页。

关系无效,债务加入方依然按约承担全部债务。二是债务加入不受保证期间保护和限制。[①] 由此看来,债务加入方承担的法律责任要重于连带保证人。对于债权人,即出租人来说,选择债务加入更有利于保护权利。

此外,债务加入还有其特殊优势:一是触发条件。连带责任保证触发条件为"债务人不履行债务",而债务加入方本身属于债务主体,无论原债务人是否违约,其均有履行义务,即具有保持合同正常履行,不出现逾期,甚至进一步维持资产五级分类的潜在价值。二是债务加入方作为主债务人,具有增强评级等功能,可以提升承租方的整体信用,提高授信额度或延长租赁期限,对于促成交易具有重要作用。

四、共同承租模式的法律合规痛点及操作要点

(一) 决议问题

名义承租人作为债务加入方,承担了比连带保证更重的法律责任,按照"举轻以明重"的原则,应当经过内部有效决议程序。根据《公司法》第16条规定,公司向其他企业投资或者为他人提供担保,依照《公司章程》的规定,由董事会或者股东会、股东大会决议。按照《担保制度司法解释》第12条规定,法定代表人依照《民法典》第552条的规定,以公司名义加入债务的,人民法院在认定该行为的效力时,可以参照本解释关于公司为他人提供担保的有关规则处理。实践中,联合承租人作为债务加入方加入交易的,出具决议时通常需要注意两点:一是决议内容表明联合承租或债务加入即可,无须言明对债务人责任承担保证责任。在决议内容中,如果能进一步申明其相关权利义务以合同约定为准则更佳。二是决议机关应与法律规定或章程明确的"担保决议机关"一致。

(二) "三流合一"的合规问题

联合承租最大的合规痛点是物流、现金流、发票流的"三流合一"问题。从法律角度看,付款义务的履行具有多种形式,可以通过指示付款、向第三

---

① 最高人民法院民事审判第二庭:《最高人民法院民法典担保制度司法解释理解与适用》,人民法院出版社2021年版,第177—178页。

人履行等方式消灭债务。前述(2020)浙民终 1286 号案,融资租赁交易也采取了承租人、联合承租人共同申请向必康控股公司(非租赁物卖方)付款的形式,最终法院也予以了认可。但从合规角度看,众所周知,融资租赁是租赁、买卖双重法律关系结合的产物,基本前提是买卖合同。买卖合同项下,出租人向承租人支付的款项为租赁物购买价款,款项收取方应与租赁物卖方保持一致;同时,以融物的方式融资,也体现在"所有权转移方向"与"购买价款支付方向",即物流与现金流并发票流的一致上。从融资的一般规则"谁借谁用、谁用谁还"角度看,租赁物融出方、资金融入方和使用方应为同一人。综上,在建立融资租赁关系时,从合规角度看,租赁物卖方应与收款方保持一致,无论该关系为一般售后回租还是联合承租。

如何解决上述合规痛点? 从理论上看,按照"三流一致"原则,承租人、联合承租人为租赁物共同共有人的,出租人可将租赁物购买价款支付至任何一方。而《民法典》第 297 条"不动产或者动产可以由两个以上组织、个人共有。共有包括按份共有和共同共有"的规定,为上述理论提供了落地可能。实践中,如果承租人、联合承租人为租赁物共有人的,可以解决上述合规痛点。只不过,如果承租人、联合承租人均为公司,租赁物共有会伴随财务、税务上一系列的调整和问题,同时也涉及公司资产的重大处置,往往根据章程需要股东会决议等,操作上具有一定的现实障碍。

(三) 合同条款

无论联合承租人为关联方或非关联方,在其以单独出函或签署融资租赁合同的方式加入债务时,相关文件均应明确其加入债务或共同承担债务的意思表示,例如合同中明确列明"其为债务加入方"。根据《担保制度司法解释》第 36 条第 3 款规定,第三人向债权人提供差额补足、流动性支持等类似承诺文件作为增信措施,具有提供担保的意思表示,债权人请求第三人承担保证责任的,人民法院应当依照保证的有关规定处理。第三人向债权人提供的承诺文件,具有加入债务或者与债务人共同承担债务等意思表示的,人民法院应当认定为《民法典》第 552 条规定的债务加入。前两款中第三人提供的承诺文件难以确定是保证还是债务加入的,人民法院应当将其认定为保证。

五、余论：司法实践中关于共同承租性质的不同认识

对于共同承租的性质，有法院也基于各方合同约定，认为不构成债务加入。例如安徽省高级人民法院（2020）皖民终 1157 号案认为，关于安通物流公司在本案中是否构成债务加入。一审中，安通物流公司主张其签订三方《融资租赁合同》的真实意思是为泉州一洋公司在融资租赁法律关系项下的租金债务提供保证担保。二审中，该公司当庭变更主张其在上述融资租赁法律关系中实为债务加入，并认为安徽合泰公司与泉州一洋公司签订的两方《融资租赁合同》及租赁物转让款先行支付事实，足以证明其并非共同承租人。所谓债务加入，又称并存式债务承担，是指债务人并不脱离原合同关系，第三人因加入其中而成为主债务人之一，与原债务人共同向债权人承担债务。可见，第三人虽因债务加入而与原债务人共同承担连带清偿责任，但其并非原合同关系的当事人，其对债权人承担的责任虽与原债务人无主次之分，但在发生时具有从属性。本案中，安通物流公司不仅作为承租人签署了三方《融资租赁合同》及相关《租赁物明细表》《转让交接单》《租金偿还计划表》，而且该《融资租赁合同》首部"特别说明"：泉州一洋公司和安通物流公司为本项目的共同承租人；除非有特别注明，该合同所称的乙方均系指承租人泉州一洋公司和安通物流公司，对两名承租人均具有约束力。由此可见，安通物流公司系三方《融资租赁合同》的当事人，其作为承租人的身份和责任自合同成立时，即与泉州一洋公司具有同一性，故其主张上述行为构成债务加入与事实不符，不予采纳。

关于安徽合泰公司与泉州一洋公司签订的两方《融资租赁合同》。该份合同与三方《融资租赁合同》均签订于 2017 年 6 月 16 日。当日，泉州一洋公司、安通物流公司共同向安徽合泰公司出具了一份《澄清说明书》。根据该《澄清说明书》，两方《融资租赁合同》是泉州一洋公司、安通物流公司为明确共同承租人之间的内部关系，由泉州一洋公司请求安徽合泰公司与之签订，其中并未表明安通物流公司在三方《融资租赁合同》中是作为第三方加入承担泉州一洋公司的债务。至于案涉租赁物转让款的支付时间，经查，三方《融资租赁合同》3.3.1 条明确约定，对于安徽合泰公司收到的书面付款申请"乙方一洋集装箱公司和安通物流公司不可撤销的确认，该申请由一洋集

装箱公司作出,对乙方—洋集装箱公司和安通物流公司均具法律约束力"。由于安徽合泰公司与泉州一洋公司签订《转让协议书》、泉州一洋公司出具《付款指令》和《委托扣款函》,以及三方共同签署《融资租赁合同》《租金概算表》《租金偿还计划表》的时间均为 2017 年 6 月 16 日,而案涉交易标的额达 8 000 万元,故安徽合泰公司在庭审中有关各方就此磋商始于 2017 年年初,其在依约扣除 400 万元保证金后,于 2017 年 6 月 15 日向泉州一洋公司支付 7 600 万元是基于各方已然达成之合意的辩解理由,具有充分合理性和可信度,本院予以采信。鉴于该收款账户系《转让协议书》及泉州一洋公司《付款指令》确认的收款账户,故安通物流公司仅以租赁物转让款先行支付为由主张其为债务加入的依据不足,亦与其在三方《融资租赁合同》中一再确认其共同承租人身份的意思表示相悖,不足采信。

承前所述,一审根据三方《融资租赁合同》及《转让协议书》《概算表》《租金偿还计划表》等合同附件,结合安通物流公司在 2017 年 6 月 9 日董事会决议中有关"同意本公司与泉州一洋集装箱服务有限公司作为共同承租人与安徽合泰融资租赁有限公司开展融资租赁业务"的内容,认定安通物流公司为案涉融资租赁合同的共同承租人,有事实依据。安通物流公司以其系在后加入案涉债务为由,主张参照适用相关公司为他人提供担保的裁判规则,缺乏事实依据,本院不予采纳。

笔者认为,鉴于各地司法实践情况和案件证据情况、租赁物使用情况、合同约定情况等方面均可能存在不一致,关于共同承租的性质,法院也可能认定不一。但总体来说,如前所述,从这一交易模式的目的、各方真实意思、租赁物权属来源和权利义务约定等方面看,共同承租以债务加入性质为多,也存在共同使用、收益的真正共同承租类型。

第一节 上市公司担保额度公告审查的
痛点问题、实践争议与规范

关于上市公司对外担保，根据《担保制度司法解释》第 9 条规定，上市公司及其公开披露的控股子公司应当对担保事项已经内部决议通过事项予以公告，未进行公告而签署担保合同的，上市公司不承担担保责任和赔偿责任，即无任何责任。实践中，上市公司担保需要公告已经成为"规范动作"。上市公司担保的痛点问题在于：已经发布额度公告（也称作预计担保公告、集中担保公告等）的，是否还需要对每笔担保发布进展公告？未发布进展公告的效力如何？

一、关于上市公司额度公告审查的争议

境内上市公司对外担保公告有两种常见形式：一是单项担保公告，即针对每笔担保事项进行公告，可能在一个公告中披露一起或几起担保事项。通常会披露担保的简要情况（例如交易情况、债权人）、担保事项履行的内部决策程序、被担保人（主债务人）、担保的主要内容（例如担保方式、担保期限、担保额度）等。二是集中担保公告。经常以年度担保额度公告及股东大会决议（决议通过担保额度议案）的形式出现，主要是境内上市公司对子公司的担保集中授权，通常会披露被担保人、拟提供担保的额度，部分公告还会披露债权人名称。① 对

---

① 最高人民法院民事审判第二庭：《最高人民法院民法典担保制度司法解释理解与适用》，人民法院出版社 2021 年版，第 157 页。

于集中担保公告公布后发生的每一笔担保事项,是否需要逐一开展公告?

最高人民法院认为,关于债权人对境内上市公司担保公告审查的具体标准,无论是单项担保公告,还是集中担保公告,债权人要审查的重要内容有:① 该担保事项是否已经董事会或者股东大会决议通过的信息。② 被担保人,也就是主债务人是谁? ③ 为主债务人担保的金额是多少?[①] 据此可以看出,最高人民法院注重实质审查,审查的关键在于符合《担保制度司法解释》第 9 条的要求,至于是否必须审查进展公告在所不问。

实践中,也有代表性观点认为,在《担保制度司法解释》第 9 条之下,相对人在接受担保额度预计内的担保时应进行如下审查:一是相对人应根据担保额度预计的持续信息披露公告,判断单笔担保是否属于担保额度预计的范围。如果上市公司不持续披露实际发生的担保数额,债权人将无从审查其所接受的担保是否仍在所披露的担保额度内,可能发生上市公司超出限额为被担保人违规提供担保的情况。二是相对人应进一步审查法定代表人是否有签订案涉担保合同的授权。上市公司的担保额度,其预计的作用是避免公司在每次提供担保时均须提交董事会或者股东大会决议,但这并不意味着法定代表人对于担保额度预计范围内的担保事项都享有当然的代表权。此外,若上市公司为两家以上的公司提供了担保额度,还可能发生担保额度调剂的情形。[②]

也有观点表达得更为直接,认为"金融机构仅审查担保额度预计公告可能不足以达到善意相对人标准"。根据对证券监管机构担保额度预计公告的披露要求的梳理可知,监管层面虽认可担保额度预计公告的形式,但同时明确要求上市公司在担保额度预计公告披露后负有担保实际发生时的持续披露义务。同时也特别指出,由于担保额度预计公告属于披露的特殊形态,且在监管实践中也普遍存在,司法实践中若将仅根据担保额度预计公告而

---

① 最高人民法院民事审判第二庭:《最高人民法院民法典担保制度司法解释理解与适用》,人民法院出版社 2021 年版,第 158 页。

② 高圣平:《上市公司对外担保特殊规则释论——以法释〔2020〕28 号第 9 条为中心》,《法学》2022 年第 5 期,第 116—131 页。

接受的担保一概认定为无效,可能也有失偏颇。①

从上述观点不难看出,通常来说,关于额度公告之后是否需要进展公告,要解决的核心问题是"确定实际发生的担保属于额度公告范围"内。如果属于该范围,则审查公告内容后,可以进一步确定担保已经经过有效表决,并是上市公司的真实意思表示。

二、实证分析：未审查额度担保进展公告案件判决情况

实践中,不少上市公司在担保额度预计公告后,并不逐笔披露后续的相关担保。有裁判观点认为,如果相对人审查了担保额度预计公告,即可认定相对人已尽到审查义务,相关判决参见江苏省南京市中级人民法院(2018)苏 01 民初 1228 号民事判决书、浙江省杭州市中级人民法院(2019)浙 01 民初 2130 号民事判决书、陕西省宝鸡市中级人民法院(2020)陕 03 民终 1444 号民事判决书、安徽省合肥市中级人民法院(2020)皖 01 民初 1271 号民事判决书、福建省高级人民法院(2020)闽民终 1516 号民事判决书。也有裁判观点认为,相对人仅审查担保额度预计公告并不足以认定其已尽到审查义务,尚须进一步审查上市公司的持续信息披露公告才能认定其善意,相关判决参见浙江省杭州市中级人民法院(2019)浙 01 民初 2130 号民事判决书、湖北省高级人民法院(2020)鄂民终 524 号民事判决书、安徽省高级人民法院(2020)皖民终 1157 号民事判决书。②

（一）支持派的代表观点

只需要案涉担保在担保额度内即可。在(2019)浙 07 民初 390 号案中,关于被告新光圆成公司为新光集团就本案 19 亿元借款提供担保的问题,浙江省金华市中级人民法院认为,根据公告,新光圆成公司股东大会已经表决通过关于一年内为控股股东新光集团提供累计总额不超过 30 亿元融资总额的连带责任保证担保的议案,而本案所涉被告新光圆成公司为新光集团

① 闫飞翔、黄吉日、彭喜文:《上市公司违规信披,对外担保效力如何认定?》,https://mp.weixin.qq.com/s/UYd4OWwoWCgK14YoTJ61uw,最后访问日期：2022 年 6 月 4 日。
② 高圣平:《上市公司对外担保特殊规则释论——以法释〔2020〕28 号第 9 条为中心》,《法学》2022 年第 5 期,第 116—131 页。

19 亿元借款提供的担保显然在该股东会决议提供担保的范围和额度内,故应认定该担保已经履行了法律规定的股东会决议程序。现被告新光圆成公司以浙商银行未能提供新光圆成公司单独就本案担保事项的股东会决议以及公司总裁办公会对签订本案担保合同履行相应审批程序的材料为由,主张新光圆成公司就本案借款签订的担保合同无效,依据不足,本院不予采信。

(2020)皖 01 民初 1271 号案系徽银金融租赁公司与北讯电信公司等发生的纠纷,安徽省合肥市中级人民法院查明"北讯集团关于 2018 年度对外担保额度的公告载明,2018 年度公司(含全资下属公司)拟对全资下属公司申请银行授信及向其他融资机构对外融资事项等提供担保及反担保,合计担保金额不超过 160 亿元,本次对外担保额度授权期限为公司股东大会审议通过之日起至 2018 年年度股东大会召开之日止。董事会提请股东大会授权公司总经理陈岩先生负责具体组织实施并签署相关合同文件,并授权陈岩先生根据实际经营需要在对外担保额度范围内适度调整各全资下属公司之间的担保额度",并认定担保合同有效。

(二) 否定派的判决逻辑

从实证角度分析,无疑不支持额度担保效力的案例逻辑具有参考意义。较多案件否定的逻辑基础并非"未进行进展公告",而是因为应公告事项未公告或未能证明属于额度范围。

1. 虽然进行了额度担保,但未涉及出租人

2021 年 3 月 11 日判决的(2020)皖民终 1157 号案,安徽省高级人民法院查明,《保证合同》签订时,安通控股公司最近一期的 2016 年财务审计报告中《合并资产负债表》反映该公司 2016 年度期末总资产为 6 640 965 598.37 元,所有者权益合计为 2 446 504 734.55 元。2017 年 4 月 6 日,《关于增加对全资子公司提供担保额度的公告》载明,本次增加提供的担保总额度拟定为293 708 万元;截至 2017 年 4 月 6 日,安通控股公司及子公司无对外担保,公司对子公司担保余额为 23 800 万元;为子公司提供担保的议案尚须提请公司 2016 年度股东大会审议,通过后授权董事长在额度范围内签订担保协议。其中,"公司为子公司安通物流新增提供的担保额度"为"银行授信

108 000"万元、"融资租赁 45 000"万元,同时列明了相关的授信银行和融资租赁公司,其中并无安徽合泰公司。

法院认为:《中华人民共和国证券法》第 80 条第 1 款及第 2 款第 3 项的规定,"公司订立重要合同、提供重大担保或者从事关联交易,可能对公司的资产、负债、权益和经营成果产生重要影响"的,上市公司"应当立即将有关该重大事件的情况向国务院证券监督管理机构和证券交易场所报送临时报告,并予公告,说明事件的起因、目前的状态和可能产生的法律后果"。《上市公司信息披露管理办法》第 30 条第 1 款亦规定:"发生可能对上市公司证券及其衍生品种交易价格产生较大影响的重大事件,投资者尚未得知时,上市公司应当立即披露,说明事件的起因、目前的状态和可能产生的影响。"其第 2 款第 17 项列明了"对外提供重大担保"属于"前款所称重大事件"。《上海证券交易所股票上市规则》第 9.11 条则进一步排除对担保是否重大的考量,明确规定上市公司发生"提供担保"交易事项,应当提交董事会或者股东大会进行审议,并及时披露。因此上市公司只要进行合规担保,依法均应发布公告。安通控股公司虽未能举证否定其 2017 年 6 月 9 日召开董事会并形成决议的事实,但根据前述法律规定及该《公司章程》第 43 条第 15 项、第 80 条第 1 款的规定,安通控股公司作为在上海证券交易所上市的股份有限公司,其经由董事会表决、股东大会审议通过的对外担保事项,必须公开予以披露。然而,在本案一、二审中,安徽合泰公司均未举证证明其在签订第 7 - 3 号《保证合同》前,已经通过公开市场信息核实相关担保事项,并经安通控股公司董事会或者股东大会决议通过。安通控股公司由此主张郭某签署案涉保证合同系越权代表的上诉理由成立。我国《合同法》第 50 条规定:法人或者其他组织的法定代表人、负责人超越权限订立的合同,除相对人知道或者应当知道其超越权限的以外,该代表行为有效。鉴于安徽合泰公司系长期从事融资租赁经营的专业机构,在郭某以安通控股公司名义与之签订案涉保证合同时,其应当根据法律就上市公司对外担保所作的特别规定合理履行审查义务。在未尽到该义务的情况下,安通控股公司主张郭某签署第 7 - 3 号《保证合同》系越权代表,该合同对其不发生法律效力,于法有据,本院予以支持。

2. 未能证明案涉担保属于额度公告范围或决议范围

(2019)浙 01 民初 2130 号案,浙江省杭州市中级人民法院认为,万向信托并未能提供证据证明案涉华仪电气的担保事宜经过华仪电气股东会或股东大会决议。虽然华仪电气的公告载明在案涉借款和担保事宜发生的时间段，华仪电气股东大会审议通过了华仪电气为华仪集团担保累计不超过4亿元的议案，但2017年7月13日的公告所涉议案载明，截至当时，不含本次担保计划，华仪电气及公司控股子公司对外担保（不包括对控股和全资子公司）累计为人民币39 182.50万元，2017年12月25日的公告所涉议案和2018年1月13日的公告载明的截至2017年12月25日不含本次担保计划，华仪电气及公司控股子公司对外担保（不包括对控股和全资子公司担保）累计金额亦为39 182.50万元，即从2017年7月13日—2017年12月25日，华仪电气公告的对外担保累计金额并未发生变化，而万向信托庭审中确认案涉借款、保证等合同签订日期为2017年11月或12月。本院认为，万向信托并未能提供充分证据证明华仪电气就案涉借款的保证事宜经过股东会或者股东大会决议。

三、上市公司担保进度公告的相关规定

上市公司担保公告的监管规定较为具体。对于额度公告后是否还需要对额度期间每笔担保进行进展公告，有以下相关规定。

（一）《上市公司监管指引第8号——上市公司资金往来、对外担保的监管要求》

作为部门规章，中国证监会、公安部、国资委、中国银保监会联合发布的《上市公司监管指引第8号——上市公司资金往来、对外担保的监管要求》第12条规定，上市公司董事会或者股东大会审议批准的对外担保，必须在证券交易所的网站和符合中国证监会规定条件的媒体及时披露，披露的内容包括董事会或者股东大会决议、截至信息披露日上市公司及其控股子公司对外担保总额、上市公司对控股子公司提供担保的总额。该指引明确要求披露担保总额，对于担保进展公告是否需要披露，并未明确要求。

（二）行业规范要求持续开展进展公告

1. 明确要求须进行进展公告，持续披露担保实际发生情况

上海证券交易所《上市公司日常信息披露工作备忘录第一号临时公告

格式指引》（2015 年修订）"第六号上市公司为他人提供担保公告"明确"上市公司担保预计公告披露后，在担保额度内发生具体担保事项时，须持续披露实际发生的担保数额等"；《深圳证券交易所中小板公司管理部中小企业板信息披露业务备忘录第 32 号——上市公司信息披露公告格式》"第 7 号上市公司担保公告格式"明确"担保公告首次披露后，上市公司应及时披露担保的审议、协议签署和其他进展或变化情况"；《深圳证券交易所上市公司自律监管指引第 1 号——主板上市公司规范运作》（深证上〔2022〕13 号"附件 1"）6.2.6 规定：上市公司向其控股子公司提供担保，如果每年发生数量众多、需要经常订立担保协议而难以就每份协议提交董事会或者股东大会审议的，上市公司可以对最近一期财务报表资产负债率为 70％以上和 70％以下的两类子公司分别预计未来 12 个月的新增担保总额度，并提交股东大会审议。前述担保事项实际发生时，上市公司应当及时披露。任一时点的担保余额不得超过股东大会审议通过的担保额度。

2. 进展无需公告，但需年度披露情况

《全国中小企业股份转让系统挂牌公司持续监管指引第 2 号——提供担保》（股转系统公告〔2022〕40 号"附件"）第 10 条规定：挂牌公司可以预计未来 12 个月对控股子公司的担保额度，提交股东大会审议并披露。预计担保期间内，任一时点累计发生的担保金额不得超过股东大会审议通过的担保额度。对于超出预计担保额度的担保事项，挂牌公司应当按照本指引和公司章程的规定履行相应的审议程序。挂牌公司应当在年度报告中披露预计担保的审议及执行情况。

四、操作建议：额度公告后未开展进度公告的审查路径

实践中，上市公司能够提供进展公告固然可喜，但现实是上市公司进行额度公告后，很多不再提供进展公告。面对这种情况，如何进行相关审查和认定？

（一）债权人审查应当尽到谨慎注意义务

债权人审查义务的法律基础是"善意"，即谨慎注意义务。《民法典》第504 条规定，法人的法定代表人或者非法人组织的负责人超越权限订立的

合同,除相对人知道或者应当知道其超越权限外,该代表行为有效,订立的合同对法人或者非法人组织发生效力。对于担保合同来说,缔约时相对人是善意的,构成表见代表,由担保公司承担担保责任;反之,缔约时相对人恶意的,则担保公司不承担担保责任。①

是否善意、是否尽到谨慎注意义务关键要看是否履行了法定义务、合同义务或一般谨慎注意义务。上市公司开展额度公告后,无论是否进行进展公告,对于债权人来说,都应结合额度公告内容、法律法规规定、上市公司操作惯例、在先进展公告情况、实际发生担保金额等尽到相应审查,最大限度地确保己方担保属于额度公告范围内。从这一角度来看,存在符合要求的进展公告,担保责任无虞。在无进展公告的情况下,上交所、深交所的行业自律要求能否成为债权人注意义务来源有争议。从一般意义上来说,部门规章属于法律规范层面,具有广泛约束力,而自律要求主要系行业内部行为规范,不对行业外部产生效力。尽管如此,鉴于上市公司公告影响重大,建议还是要根据不同公告内容进行具体分析。

而对于包括金融租赁公司在内的银行业机构来说,谨慎注意义务的内容则相对更为具体。《上市公司监管指引第 8 号——上市公司资金往来、对外担保的监管要求》第 17 条规定:"各银行业金融机构必须依据本指引、上市公司《公司章程》及其他有关规定,认真审核以下事项:(一)由上市公司提供担保的贷款申请的材料齐备性及合法合规性;(二)上市公司对外担保履行董事会或者股东大会审批程序的情况;(三)上市公司对外担保履行信息披露义务的情况;(四)上市公司的担保能力;(五)贷款人的资信、偿还能力等其他事项。"

(二) 无进度公告场景下的谨慎注意义务

与上市公司订立担保合同相对,承担的注意义务和应达到的"善意"标准要求应当更高。这个标准是,以上市公司公开披露的担保信息为准。相

---

① 最高人民法院民事审判第二庭:《〈全国法院民商事审判工作会议纪要〉理解与适用》,人民法院出版社 2019 年版,第 182 页。

对人根据公开披露的担保信息订立的担保合同,对公司发生效力。① 因此,在未进行进度公告的情况下,认可担保效力的唯一路径在于:审查本次担保是否属于已披露额度公告范围、已披露公告是否授权办理路径、是否存在相反情况等。

1. 额度公告是否已包含具体担保办理方式的授权

上交所、深交所等自律规范都规定了担保公告的内容,一般来说,包括"担保情况概述、被担保人基本情况、担保协议的主要内容、董事会意见、累计对外担保数量及逾期担保的数量"。值得注意的是,通常来说,额度担保公告属于授权公告,除上述内容外,在担保公告或议案中,通常包括授权董事长或法定代表人办理的机制。如果授权人签署了相关合同,并对本次担保属于额度担保范围内做了书面确认,虽然无进展公告,但作为相对方,按照"公告已明确授权—授权人已确认"的逻辑,债权人可以推定本次担保已经属于公告范围。例如前述(2020)皖 01 民初 1271 号案,即存在该逻辑,"董事会提请股东大会授权公司总经理陈岩先生负责具体组织实施并签署相关合同文件",并获得了法院支持。

2. 是否存在其他担保进度公告

上市公司进行额度公告后,对出租人债权外的其他债权进行了进展公告的,原则上应对本次担保也进行进展公告。如果未对本次担保进行进展公告存在差别待遇的,出现争议时,从公开市场情况、公告惯例等角度看,债权人都很难证明己方为善意,权利也很难获得保障。从该逻辑出发,即使担保发生时无其他进展公告,债权人在接受无进展公告担保时,也建议与担保人明确约定:本次担保属于某担保额度内,上述担保额度和期间内发生的担保不再进行公告;如果担保人对其他债权担保进行公告,对本次债权也应一并公告。违反本约定的,债权人有权主张合同约定的救济措施。

3. 核实是否属于担保额度内

担保额度使用情况可以通过以下方式核实:一是查询征信系统登记情况,统计期间内发生的担保规模,是否存在超出额度情况。二是企业报

---

① 最高人民法院民事审判第二庭:《最高人民法院民法典担保制度司法解释理解与适用》,人民法院出版社 2021 年版,第 152 页。

表中被担保贷款规模,对企业审计报告等体现的报表内担保债务规模进行统计。三是公告情况,对上市公司期间内开展的公告予以核查,尤其应当注意是否存在债务加入(共同承租)等参照担保管理的事项,统一计算额度使用情况。四是担保人,即授权人出具说明,担保人及授权人出具说明:已使用的担保、债务加入(含共同承租)等形式的担保额度金额等,并与征信等情况核对;未进行进度公告的原因;同时,可参照上一条款做出承诺。

4. 进展公告的时间

《担保制度司法解释》第 9 条规定:"相对人根据上市公司公开披露的关于担保事项已经董事会或者股东大会决议通过的信息,与上市公司订立担保合同,相对人主张担保合同对上市公司发生效力,并由上市公司承担担保责任的,人民法院应予支持。相对人未根据上市公司公开披露的关于担保事项已经董事会或者股东大会决议通过的信息,与上市公司订立担保合同,上市公司主张担保合同对其不发生效力,且不承担担保责任或者赔偿责任的,人民法院应予支持。"上述"先公告后订立合同"是指在法律逻辑层面,而非等同于实践操作要求。实践中,可以先行签订合同,同时将担保公告作为合同生效条件;即使未作为生效条件的,在"先签约后公告"的场景下,也应认定为公告对在先合同做了追认。

5. 是否还需要审查章程

相对人对上市公司对外担保公告的决议结果具有合理信赖,再要求相对人审查公司担保决议是否符合公司章程的规定,已超出合理审查的范畴。[①] 最高人民法院也认为"如果担保事项实际未经决议通过,但是上市公司在公告信息中虚假陈述其已经董事会或股东大会决议通过,该担保对上市公司发生效力",[②]即承认担保公告本身具有推定效力。在推定决议真实的情况下,担保权人并无义务去审查决议是否真实,即无须再审查上市公司的决议、章程。

---

① 高圣平:《上市公司对外担保特殊规则释论——以法释〔2020〕28 号第 9 条为中心》,《法学》2022 年第 5 期,第 116—131 页。

② 最高人民法院民事审判第二庭:《最高人民法院民法典担保制度司法解释理解与适用》,人民法院出版社 2021 年版,第 154 页。

第二节　流动性支持函等中道德义务与
法律义务的分界线与实践认定

担保人不签署保证合同,而以差额补足函、流动性支持函、承诺函等形式表明对债务承担一定保障义务的,在哪些情况下构成法律意义上的保证?哪些情况下仅是道德层面的安慰函?《担保制度司法解释》第 36 条前两款规定:第三人向债权人提供差额补足、流动性支持等类似承诺文件作为增信措施,具有提供担保的意思表示,债权人请求第三人承担保证责任的,人民法院应当依照保证的有关规定处理;第三人向债权人提供的承诺文件,具有加入债务或者与债务人共同承担债务等意思表示的,人民法院应当认定为《民法典》第 552 条规定的债务加入。

一、道德义务和法律义务的分界线

实践中,表明对债务承担一定法律或道德义务的函大致有五种类型:一是确认型,确认债权人经营现状良好、知晓债权人该笔债权。二是支持型,表明给予债务人资金支持、纳入年度预算。三是自律性,确保债务人不破产、不干预还款、期限内不抽资、不转移股权,密切关注债务人财务状况。四是补充型,债务人不归还贷款或满足其他条件的,出函人补充还款,类似于一般保证。五是连带型,承诺承担连带清偿责任或回购等,相当于担保函。

认定上述函件的效力应当首先从文义出发。"意思表示必借助语言表述,文义往往成为进入意思表示意义世界的第一道关口。"[1]《民商审判会议纪要》第 91 条规定了增信文件的性质:"信托合同之外的当事人提供第三方差额补足、代为履行到期回购义务、流动性支持等类似承诺文件作为增信措施,其内容符合法律关于保证的规定的,人民法院应当认定当事人之间成立保证合同关系。其内容不符合法律关于保证的规定的,依据承诺文件的具

---

[1]　朱庆育:《民法总论》,北京大学出版社 2016 年版,第 227 页。

体内容确定相应的权利义务关系,并根据案件事实情况确定相应的民事责任。"第三人在供应链金融中承诺承担差额补足责任、承诺给予到期回购以及流动性支持等增信措施、第三人向债权人出具安慰函等,这些书面文件是否构成保证合同订立中的要约,应当取决于要约的内容。如果仅表明第三人是对债务人履行债务的督促或道义支持,并未明确表示在债务人不履行债务时的责任承担,那么此类文件不具有保证合同的效力;反之,如果承诺明确表示第三人在债务人不履行债务时承担保证责任,则具有保证合同的效力。① 因此,在债务人不履行债务时,第三人"督促债务人履行"不构成保证,"直接履行债务"则构成保证。

实践中,很多金融机构往往要求产品发行人或者实际用资人在出现约定的条件时,能够提供资信等级较高的第三方承诺补足差额或流动性支持,以减轻金融机构作为投资人的交易风险,这些商业安排在本质上属于一种增信措施。所谓流动性支持,常常表现为由第三方例如融资人的大股东或实际控制人为其出具"愿意为融资人履行合同提供流动性支持"等义务内容不甚明确的增信文件的做法。对于此类承诺文件的性质认定实践中存在分歧,归纳起来,大致可以分为保证、债务加入和独立合同关系三种观点。其中,以保证与债务加入两种不同认识的对立最为常见。② 由此来看,第三人"为融资人履行合同"(存在特定主债务)提供"流动性支持",也被广泛认定为具有担保效力,构成保证或债务加入。

司法实践中对于新型的担保形式采取较为宽松的认定标准,对于明显属于提供担保的增信承诺文件,多数法院认可其保证合同性质,具体包括:① 借贷关系中的代偿承诺、金融投资关系中保障兑付的承诺、为债务人提供流动性资金支持的承诺等同类承诺,此类承诺的共同点在于其旨在保障债务人履行付款义务或保障债务人具有付款能力。从实质上来看,其虽未使用"保证"术语,但明显起到担保债权实现的功能。② 差额补足承诺,主要是指第三人承诺在付款义务人未能足额给付的情形下补足差额,保证债

---

① 江必新、夏道虎:《中华人民共和国民法典重点条文实务详解(中)》,人民法院出版社 2020 年版,第 505 页。

② 最高人民法院民事审判第二庭:《最高人民法院民法典担保制度司法解释理解与适用》,人民法院出版社 2021 年版,第 338—343 页。

权的实现或保证投资者取得约定的投资收益。司法实践中多数法院认可其保证合同效力，同时有法院进一步认为差额补足承诺中的"差额"包含第三人仅在债务人不能履行之范围内承担责任，故其应属于一般保证。[①]

二、实践中的认定规则

(一) 构成保证的典型：为某某提供流动性支持的语言范式

实践中，可以通过判断文义、判断第三人愿意承担的债务内容与原债务是否具有同一性、判断当事人关于义务履行顺位的真实意思来区分构成保证还是债务加入。[②] 关于保证和债务加入的法律效果，本书在共同承租章节有所论述，此处主要围绕如何识别保证和债务加入。

为"债务人或某产品"（某债务）提供流动性支持，主要体现了为债务人担保、为产品增信的意思，通常被认定为保证。（2021）浙 0291 民初 2995 号案，宁波高新技术产业开发区人民法院认为，被告余姚蓝骏公司向原告出具《流动性支持函》，承诺当被告宁波蓝光公司未偿还借款本息时，其愿意为被告宁波蓝光公司提供相应的资金作为必要的流动性支持，以确保被告宁波蓝光公司有足够的资金支付涉案借款合同项下的借款本息及违约金。本院认定被告余姚蓝骏公司应当对被告宁波蓝光公司、四川蓝光公司的上述债务承担保证责任。

（2021）粤 0391 民初 2999 号案，广东省深圳前海合作区人民法院认定构成担保的表述为：《中国能源投资有限公司流动性支持函》载明：被告中国能源公司为被告嘉茂通公司于 2019 年 1 月 1 日—12 月 31 日期间发行的惠盈恒成系列资产收益权作无条件、不可撤销的承诺，为该产品的到期本息兑付提供连带的流动性支持保证。若被告中国能源公司未能在本函约定的期限内履行流动性支持义务，则应按应付未付的支持款项总额的每日 5‰ 支付违约金。

向"投资人"（债权人）提供流动性支持，履约的对象直接为债务人，更多

[①] 高圣平：《担保法前沿问题与判解研究（第五卷）——最高人民法院新担保制度司法解释条文释评》，人民法院出版社 2021 年版，第 253—258 页。

[②] 最高人民法院民事审判第二庭：《最高人民法院民法典担保制度司法解释理解与适用》，人民法院出版社 2021 年版，第 478—481 页。

体现了与债务人共同承担责任、与债务人一并保障债权人权利的意思,更符合债务加入的特征。(2021)京0101民初15772号案,北京市海淀区人民法院认为,本案中,戴某要求泛海控股公司承担责任的直接证据为泛海控股公司曾出具过流动性支持函。泛海控股公司对戴某提交的流动性支持函的真实性予以否认。对此,北京市海淀区人民法院认为,虽然戴某不能提供流动性支持函的原件,但从流动性支持函的内容来看,其主要面向民生信托公司发行相关产品的所有投资人,故戴某作为自然人个体无法独立获取流动性支持函的原件。结合民生信托公司在本院审理的另案中认可"泛海控股及泛海集团同时针对汇丰1-5号提供了增信承诺",以及本院核查的当事人提交的中国银行保险监督管理委员会北京监管局出具的《银行保险违法行为举报调查意见书》,泛海控股公司确于2021年3月31日出具了流动性支持函,"向投资者承诺公司已启动相关资产处置工作,预计资产变现的关键时间点分别为2021年7月、10月、12月,公司资产变现回款将无条件、无期限向汇鑫5号等信托产品提供流动性支持。"北京市海淀区人民法院确认戴某提交的流动性支持函的真实性,泛海控股公司既已向投资人出具增信文件,其应当按照增信文件的承诺履行己方义务。从该流动性支持函的内容来看,泛海控股公司承诺无条件、无期限向特定产品投资人提供流动性支持,该承诺更符合债务加入的意思表示。北京市海淀区人民法院确认民生信托公司应当赔偿戴某的损失,泛海控股公司亦应承担赔偿责任。

(二) 不构成担保的情形:文义清晰明确是关键

按照文义优先的规则,一旦出现"担保、代为偿还、代为清偿、结算、回购、提供流动性支持"等词语,一般会被认定构成担保或债务加入法律关系,实践中还要结合文件名称、文字内容、担保构成要件、交易背景等进行综合认定。

1. 例外1:写明担保仍需对具体内容进行认定

(2017)最高法民终182号案,最高人民法院认为,本案双方当事人争议的焦点即案涉《担保函》是否属于上述司法解释规定的"担保书"?经国金公司接受且无异议,能否成立保证合同关系?判断案涉《担保函》是否具备担保法意义上的担保书的法律效力,需审查该《担保函》是否明确作出为债务人高峰糖业公司的案涉债务向债权人国金公司承担保证责任或承诺代为还款的意思表示。案涉《担保函》名称虽为《关于同意为天津北大荒玉米加工产业有限公司下属子公司银行借款提供担保的函》，但主文中着重对收购子公司的背景情况进行了介绍。根据该《担保函》中关于"我公司愿意为下属各家子公司在与贵行的业务中提供无条件担保，并愿意积极配合贵行完成各项业务"的文义表述，北大荒商贸公司虽然表达了愿意为其下属各家子公司在银行的业务提供担保的真实意思，也明确愿意积极配合银行完成各项业务，但对上述"业务"的具体内容、"业务"范围是否指向高峰糖业公司的案涉融资租赁债务，"并配合银行完成各项业务"是否表明双方需要另行签订担保合同等并非特别明确。而且，在该《担保函》出具的 8 个月前的 2014 年 3 月 20 日，国金公司与高峰糖业公司已经签订果糖生产线《转让合同》《融资租赁合同》，但是，《担保函》并未载明所担保的主债权为该《融资租赁合同》项下高峰糖业公司应承担的债务，且直至提起本案诉讼的 2016 年 8 月 8 日，没有证据证明国金公司向北大荒商贸公司主张过保证债权。在北大荒商贸公司否认该《担保函》系向国金公司出具的为高峰糖业公司案涉债务提供担保的保证书的情形下，国金公司依据该《担保函》主张双方之间保证合同关系成立，缺乏认定保证合同关系成立的基本要件。签订《框架协议》的主体为北大荒集团与高峰糖业公司等，北大荒商贸公司并非该框架协议的签约主体，该协议出具的对象也并非国金公司。而且，北大荒商贸公司虽然与高峰糖业公司等目标公司的股东签订《股权转让与合作协议》，但该协议并未全部履行，本案中没有证据证明高峰糖业公司成为天津北大荒公司的子公司。综上，依据现有证据不能确定北大荒商贸公司就高峰糖业公司的融资租赁行为与国金公司之间形成担保法意义上的保证合同关系，国金公司的上诉理由不能成立。

2. 例外 2：承诺函能否设置物的担保

（2020）苏 05 民终 10532 号案，针对第二个争议焦点，江苏省苏州市中级人民法院认定：黄某依据静思园公司出具的《差额补足承诺函》，要求静思园公司承担动产抵押的担保责任。法院认为，《物权法》第 185 条第 1 款规定"设立抵押权，当事人应当采取书面形式订立抵押合同"，法律之所以对抵押合同规定特殊的形式要求系出于交易理性和交易安全的考虑。《差额补足承诺函》系静思园公司单方出具，并非静思园公司与各债权人之间签订的书面抵押合同,不符合《物权法》关于抵押合同的特殊形式要求。虽然《最高人民法院关于适用〈中华人民共和国担保法〉若干问题的解释》第 22 条第 1 款对保证合同作出"第三人单方以书面形式向债权人出具担保书,债权人接受且未提出异议的,保证合同成立"的特殊规定,但该规定仅涉及保证合同,并未涉及抵押合同。并且静思园公司出具《差额补足承诺函》时,静思园公司并未与投资人就案涉抵押物的状态、权属、场所进行审查,故现有证据不足以证明案涉抵押物已经特定化。据此,一审法院未予认定动产抵押权成立且生效并无不当,黄某要求静思园公司承担动产抵押担保责任,缺乏法律依据,本院不予支持。

三、函件型保证中容易忽视的规则

结合案例来看,出具流动性支持函、承诺函,函件内容一般较为简单,主要表明具有代替或与债务人一并承担债务的意思表示,对于保证中一些常见规则和限制通常没有明确约定。例如对于债务人提供物的担保的,《民法典》第 392 条规定:"被担保的债权既有物的担保又有人的担保的,债务人不履行到期债务或者发生当事人约定的实现担保物权的情形,债权人应当按照约定实现债权;没有约定或者约定不明确,债务人自己提供物的担保的,债权人应当先就该物的担保实现债权;第三人提供物的担保的,债权人可以就物的担保实现债权,也可以请求保证人承担保证责任。提供担保的第三人承担担保责任后,有权向债务人追偿。"如果没有协议排除,需要先就债务人物的担保主张赔偿。还有保证的类型,按照《民法典》第 686 条第 2 款规定:"当事人在保证合同中对保证方式没有约定或者约定不明确的,按照一般保证承担保证责任。"如果函件中未对相关内容明确规定的话,在实际追究义务人责任的过程中,会增加较多成本。此外,还有以下一些典型情况。

(一) 保证期间

《民法典》实施后,没有约定或者约定不明确的,保证期间为主债务履行期限届满之日起 6 个月。关于 6 个月的法律规定,主要是考虑保证合同具有单务性、无偿性,为倾斜保护保证人的权利,法律规定了较短的保证期间,这样可以避免保证人承担过重的责任。①《民法典》第 692 条第 2 款规定,债权人与保证人对保证期间没有约定或者约定不明确的,保证期间为主债务履行期限届满之日起 6 个月。《担保制度司法解释》第 32 条规定:"保证合同约定保证人承担保证责任直至主债务本息还清时为止等类似内容的,视为约定不明,保证期间为主债务履行期限届满之日起六个月。"而在此之前的规定相对比较复杂。

《担保法》第 26 条规定:"连带责任保证的保证人与债权人未约定保证期间的,债权人有权自主债务履行期届满之日起六个月内要求保证人承担保证责任"。《最高人民法院关于适用〈中华人民共和国担保法〉若干问题的解释》第 32 条第 1 款规定:"保证合同约定的保证期间早于或者等于主债务履行期限的,视为没有约定,保证期间为主债务履行期届满之日起六个月";第 2 款规定:"保证合同约定保证人承担保证责任直至主债务本息还清时为止等类似内容的,视为约定不明,保证期间为主债务履行期届满之日起二年。"

(2021)最高法民再 89 号案,最高人民法院认为,案涉《履约担保协议书》约定:"本担保书的条件是:如果太昌公司(太昌昆明分公司)迅速地忠实地履行了上述合同(《融资租赁合同》),本担保书的责任失效,否则将保持有效"。泰康公司主张,该约定表明保证期间是保证人承担保证责任直至主债务本息还清时止的意思表示,故应认定颜某承担保证责任的期间为主债务履行期届满之日起两年,太昌昆明分公司主债务履行期限于 2017 年 1 月 8 日届满,而泰康公司曾于 2017 年 12 月 22 日以民间借贷纠纷为由向颜某主张过权利,向颜某主张权利并未超过保证期间,之后按照诉讼时效计算,本次向颜某主张权利并未超过诉讼时效,颜某应当承担保证责任。对此,最高人民法院认为,当事人对合同条款的理解有争议的,应当按照合同所使用的词句、合同的有关条款、合同的目的、交易习惯以及诚实信用原则,确定该条款的真实意思,该约定本身使用的词语是"条件",而不是"期间",内容是颜某承担责任的条件,并非对保证期间的约定。《履约担保协议书》还约定

---

① 最高人民法院民法典贯彻实施工作领导小组:《中华人民共和国民法典合同编理解与适用(二)》,人民法院出版社 2020 年版,第 1343 页。

"任何有关本担保的诉讼,必须是在缺陷责任证书发出后一年内提出的为有效","缺陷责任证书"在此处含义不明,"一年内"也并非对保证期间的约定。根据《担保法》第26条的规定,本案保证期间应当认定为6个月。

(二)《民法典》和《九民会议纪要》前后的决议事项处理

如果第三人出具承诺函、流动性支持函等,具有担保意思表示,但未按照担保出具决议的事项发生在《民法典》或《九民会议纪要》实施之后,根据《担保制度司法解释》第7条规定:"公司的法定代表人违反公司法关于公司对外担保决议程序的规定,超越权限代表公司与相对人订立担保合同,人民法院应当依照民法典第六十一条和第五百零四条等规定处理:(一)相对人善意的,担保合同对公司发生效力;相对人请求公司承担担保责任的,人民法院应予支持。(二)相对人非善意的,担保合同对公司不发生效力;相对人请求公司承担赔偿责任的,参照适用本解释第十七条的有关规定。法定代表人超越权限提供担保造成公司损失,公司请求法定代表人承担赔偿责任的,人民法院应予支持。第一款所称善意,是指相对人在订立担保合同时不知道且不应当知道法定代表人超越权限。相对人有证据证明已对公司决议进行了合理审查,人民法院应当认定其构成善意,但是公司有证据证明相对人知道或者应当知道决议系伪造、变造的除外。"按照第17条规定,主合同有效而第三人提供的担保合同无效的,人民法院应当区分不同情形确定担保人的赔偿责任:① 债权人与担保人均有过错的,担保人承担的赔偿责任不应超过债务人不能清偿部分的1/2。② 担保人有过错而债权人无过错的,担保人对债务人不能清偿的部分承担赔偿责任。③ 债权人有过错而担保人无过错的,担保人不承担赔偿责任。主合同无效导致第三人提供的担保合同无效,担保人无过错的,不承担赔偿责任;担保人有过错的,其承担的赔偿责任不应超过债务人不能清偿部分的1/3。

而对于跨越《民法典》和《九民会议纪要》前后的担保事项,未取得决议的,是否支持担保函或合同的效力,素有争议。目前来看,各类判决均有体现。

1. 支持派:并未明确法律后果

如果担保事项发生在《九民会议纪要》和《民法典》实施之前,争议发生在实施之后,实践中应如何处理?(2021)最高法民申 7866 号案件中明确:臻汇园公司主张该《保证函》未经公司股东会同意、担保无效的问题,因臻汇园公司于 2018 年 4 月 16 日出具《保证函》时,《九民会议纪要》尚未公布施行(2019 年 11 月 8 日公布),而《公司法》第 16 条第 1 款关于"公司向其他企业投资或者为他人提供担保,依照公司章程的规定,由董事会或者股东会、股东大会决议"的规定并未明确法律后果,违反该规定是否必然导致担保无效,在《九民会议纪要》公布前,司法实践中的认识并不一致,且臻汇园公司在一审判决作出后并未提起上诉,亦表明其对一审判决关于《保证函》效力认定的认可。臻汇园公司在二审判决后又申请再审,主张《保证函》因未履行公司内部决策程序而无效,其不应承担保证责任,有违诚信,理由不能成立。

2. 否定派:适用无权代理规定

在(2021)最高法民申 7440 号案件中,正奇公司申诉称:"一、二审法律适用错误。1. 本案中正奇公司与中兴公司签订保证合同的时间分别为 2017 年 11 月和 2018 年 3 月,在《中华人民共和国民法典》实施之前,应适用当时的法律和司法解释,不应适用《最高人民法院关于适用〈中华人民共和国民法典〉有关担保制度的解释》。2. 二审认为正奇公司关于合能公司系中兴公司全资孙公司因而担保有效的主张不能成立,中国证券监督管理委员会、中国银行业监督管理委员会《关于规范上市公司对外担保行为的通知》(简称《通知》)实施时间为 2006 年 1 月 1 日,而《九民会议纪要》实施时间为 2019 年 11 月 8 日,作为统一裁判思路、规范法官自由裁量权的重要文件,应被优先适用。3.《九民会议纪要》第 19 和 22 条的规定并不冲突,第 19 条系第 22 条的特殊规定。第 22 条规定的是上市公司有股东会决议的对外担保行为有效,但该条并未表明没有股东会决议的对外担保行为必然无效,该条仅为一般性条款。本案中应优先适用第 19 条规定。综上,一、二审存在《民事诉讼法》第 200 条第二、六项规定的情形,申请再审。"

最高人民法院认为,《公司法》第 16 条第 1 款规定:"公司向其他企业投资或者为他人提供担保,依照公司章程的规定,由董事会或者股东会、股东大会决议;公司章程对投资或者担保的总额及单项投资或者担保的数额有限额规定的,不得超过规定的限额。"据此可知,公司对外提供担保应当依照公司章程的规定,由董事会或者股东会、股东大会作出决议,即对外担保不是法定代表人所能单独决定的事项。因此,对于违反《公司法》第16条的公司对外担保的效力问题,应当引入《合同法》第50条关于表见代表的规定,并类推适用《合同法》第48条有关无权代理的规定加以判断。具体而言,公司担保相对人在接受担保时,对有关公司决议负有必要的形式审查义务,否则不构成表见代表中的善意相对人,该担保行为对公司不发生效力。具体到本案,中兴公司系上市公司,《通知》对对外担保审批流程有专门规定,其对外公示的公司章程也约定了决议程序,但正奇公司作为商事主体,在与中兴公司签订案涉担保合同时,却未按照公司章程以及《通知》要求进行审查,一、二审据此认定中兴公司不承担担保责任并不缺乏依据。正奇公司仅依据其提交的案涉章程说明、董事会决议等证据,主张其已尽到一般注意义务理据不足,对其该部分再审申请理由,本院不予采信。此外,从文件载明内容看,《九民会议纪要》第22条系就上市公司为他人提供担保事项所作规定,第19条系就无须机关决议的例外情况所作规定,上述两条所规范的对象并不相同,正奇公司称《九民会议纪要》第19条系第22条的特殊规定,并据此主张二审适用法律错误,理由不足。

第三节　应收账款质押实践中的关键问题和操作建议

经济活动中,应收账款质押是经常出现的一种担保措施。应收账款质押资金盘活快、操作简便、接受程度高,但同时,法律关系复杂、涉及主体众多。作为非典型担保的一种,应收账款质押这种权利质押方式,既寄托了很多期望,又有很多须讨论的问题。

一、《民法典》时代关于应收账款质押的规定

《民法典》第440条规定:"债务人或者第三人有权处分的下列权利可以出质:(一)汇票、本票、支票;(二)债券、存款单;(三)仓单、提单;(四)可以转让的基金份额、股权;(五)可以转让的注册商标专用权、专利权、著作权等知识产权中的财产权;(六)现有的以及将有的应收账款;(七)法律、行政法规规定可以出质的其他财产权利。"

2021 年 12 月 28 日,《动产和权利担保统一登记办法》公布实施,其中第 3 条对"应收账款"做了具体规定:"本办法所称应收账款是指应收账款债权人因提供一定的货物、服务或设施而获得的要求应收账款债务人付款的权利以及依法享有的其他付款请求权,包括现有的以及将有的金钱债权,但不包括因票据或其他有价证券而产生的付款请求权,以及法律、行政法规禁止转让的付款请求权。本办法所称的应收账款包括下列权利:(一)销售、出租产生的债权,包括销售货物,供应水、电、气、暖,知识产权的许可使用,出租动产或不动产等;(二)提供医疗、教育、旅游等服务或劳务产生的债权;(三)能源、交通运输、水利、环境保护、市政工程等基础设施和公用事业项目收益权;(四)提供贷款或其他信用活动产生的债权;(五)其他以合同为基础的具有金钱给付内容的债权。"

关于应收账款质押权利的行使,《担保制度司法解释》第 61 条有四款规定。

一是以现有的应收账款出质,应收账款债务人向质权人确认应收账款的真实性后,又以应收账款不存在或者已经消灭为由主张不承担责任的,人民法院不予支持。

二是以现有的应收账款出质,应收账款债务人未确认应收账款的真实性,质权人以应收账款债务人为被告,请求就应收账款优先受偿,能够举证证明办理出质登记时应收账款真实存在的,人民法院应予支持;质权人不能举证证明办理出质登记时应收账款真实存在,仅以已经办理出质登记为由,请求就应收账款优先受偿的,人民法院不予支持。

三是以现有的应收账款出质,应收账款债务人已经向应收账款债权人履行了债务,质权人请求应收账款债务人履行债务的,人民法院不予支持,但是应收账款债务人接到质权人要求向其履行的通知后,仍然向应收账款债权人履行的除外。

四是以基础设施和公用事业项目收益权、提供服务或者劳务产生的债权以及其他将有的应收账款出质,当事人为应收账款设立特定账户,发生法定或者约定的质权实现事由时,质权人请求就该特定账户内的款项优先受偿的,人民法院应予支持;特定账户内的款项不足以清偿债务或者未设立特定账户,质权人请求折价或者拍卖、变卖项目收益权等将有的应收账款,并以所得的价款优先受偿的,人民法院依法予以支持。

前三款是对现有的应收账款质押作出的规定,包括三方面内容:一是应收账款债务人向质权人确认应收账款的真实性后,即使应收账款不存在或者已经消灭,其仍应承担责任。二是鉴于权利质押中的登记簿不具有公信力,因此应收账款质权人仍应对应收账款是否真实存在承担举证责任,不能仅以已经办理应收账款质押登记为由就主张对应收账款优先受偿。三是准用债权转让的通知对抗主义,规定在应收账款债务人接到通知前,其可以向应收账款债权人履行债务,但在接到通知后,则只能向应收账款质权人履行债务。第四款是对将有应收账款质押的规定,包括以下四点:一是明确将有应收账款主要包括以基础设施和公用事业项目收益权、提供服务或者劳务产生的债权以及其他将有的应收账款出质。二是规定以将有的应收账款质押,原则上应当设立特定账户。三是在实现应收账款质押时,原则上应先就特定账户内的款项优先受偿。四是特定账户内的款项不足以清偿债务或者未设立特定账户的,再对应收账款进行折价或者拍卖、变卖。①

一般来讲,权利质押的标的须符合以下要件:一是财产权,基于人身关系的抚养费、赡养费、继承费,以及基于人格权、生命权、名誉权被侵害所应获得的赔偿均应排除在外。二是适于设质的权利,按照物权法定的基本法则,设质的权利应当符合《民法典》和《动产和权利担保统一登记办法》规定的范围,适于出质且不违反法律规定。不动产的用益物权,例如建设用地使用权、土地承包经营权、地役权;准物权,包括采矿权、捕捞权等不能成为质权客体。三是须有可转让性,主要包括:可转让,例如专利权;可兑现,例如票据、仓单等;可使用,例如知识产权;可转变,例如提单等。养老金、抚恤金、退休金请求权等基于自身性质不能转让的权利或者依法、依约不能转让的权利均应排除在外。

二、将有和现有应收账款审查的核心问题:收益基础和真实性

(一)适格"将有应收账款"之范围和认定

对于"将有应收账款",实践中较多争议的是:对于不以特许经营为基

---

① 最高人民法院民事审判第二庭:《最高人民法院民法典担保制度司法解释理解与适用》,人民法院出版社 2021 年版,第 517 页。

础的标的,例如企业、商场、个体工商户等未来的营业收入,能否作为适格质押物?

将有的应收账款主要包括以下三种情形:一是能源、交通运输、水利、环境保护、市政工程等基础设施和公用事业项目收益权。二是因提供医疗、教育、旅游等服务或劳务产生的债权。与基础设施和公用事业项目收益权一样,此种债权也表现为各种收费权,例如医院学校的收费权,公园景点、风景区收费权。此处所谓的提供服务或者劳务,是未来针对不特定主体提供的服务或者劳务,针对特定主体提供的服务或者劳务仍属于现有的应收账款。应当注意的是,此种收费权本质上属于经营性收费权,而不包括行政事业性收费权。学校、医院收取的学费、医疗费,如果收取的费用要上缴中央或者地方国库,实行"收支两条线"管理并且纳入预算的,则此种收费属于行政事业性收费,此种收费权因其具有公益性,不能成为将有应收账款的客体。三是其他将有的应收账款。前两种将有应收账款本质上都属于收费权,其债务人是不特定的。而此处所谓的其他将有的应收账款,是指签订应收账款质押合同时,尚不具备合同基础但未来确定能够通过签订合同而成立的应收账款,例如出租人将其租金债权设定应收账款质押,但在签订质押合同时尚未与他人签订租赁合同;抵押人以原材料、成品、半成品等存货设定浮动抵押,同时又以该存货出让时所得的价款设定应收账款质押,此种应收账款就是将有应收账款。[①]

参照该标准,对于前述经营收入,可能产生以下截然不同的两个方面理解:一方面,出质人在出质时,拥有产生收益的场所或载体的使用权利,例如电影院之经营人、经营场所之承租人等,在经营期限内,高度盖然性可以产生收益,属于上述第三类"其他将有的应收账款"。至于产生多少收益,则属于信用风险和担保能力的问题,不属于应收账款的适格性问题。另一方面,这些标的虽然可能产生预期收益,但在签订或履行相应合同前,由于尚不具备类似收益权的稳定、可预期的特点,即使努力经营也未必能转化成现金流,不具备确定性特征,所以不能成为应收账款质押的标的。对此,笔者

[①] 最高人民法院民事审判第二庭:《最高人民法院民法典担保制度司法解释理解与适用》,人民法院出版社 2021 年版,第 521—523 页。

认为,只要这些应收账款的基础存在,即经营场所的租赁物合同尚在有效期、用于出租的房屋或收益归出质人所有,在未来一段时间内,其产生现金流具有高度盖然性,可以通过时间或空间等要素予以特定化。同时,从保护和促进交易、提升财产利用效能的价值取向看,其也宜作为应收账款质押标的。这一点,在部分法院的判决案例中也得到了支持。

(2022)粤 0310 民初 2341 号案,广东省深圳市坪山区人民法院认为,《民法典》第 445 条规定,以应收账款出质的,质权自办理出质登记时设立。本案中,核新力公司以截至 2021 年 1 月 27 日因对外销售货物及提供服务已经产生的所有应收账款和自 2021 年 1 月 27 日起 5 年内核新力公司因对外销售货物及提供服务而产生的所有应收账款进行出质,签订了合同,并于 2021 年 1 月 28 日进行了出质登记,虽然合同中对质押标的物进行概括描述,"截至 2021 年 1 月 27 日因对外销售货物及提供服务已经产生的所有应收账款和自 2021 年 1 月 27 日起 5 年内核新力公司因对外销售货物及提供服务而产生的所有应收账款",但该出质标的具有具体指向,质权已设立,中国银行坪山支行有权就前述应收账款质权享有优先受偿权。

(二) 现有应收账款质押审查核心: 真实性

1. 法律审查的要点

设立质押担保前,除对出质人(债务人)、应收账款债务人(次债务人)的资信及其负债等信用情况进行必要调查评估外,还需做哪些法律审查? 综合来看,主要有以下四个方面:一是合法性。审查应收账款是否违反法律的禁止性规定,或存在明显的可撤销、可变更,被认定为无效或解除的情形。二是特定性。能够确定应收账款债务人、履行期限、履行情况、合同编号等基础信息,指向特定应收账款。三是有效性。调查、评估基础合同条款中是否存在限制转让、影响质权实现、债权追索的条款或风险;是否存在超过诉讼时效的情形或风险;是否存在在先质押。四是真实性。审查应收账款的基础合同的真实性;核实应收账款是否存在、剩余应收账款金额有多少。

2. 真实性审查的操作和法律后果

对于真实性的审查最关键,也容易成为争议焦点。仅向次债务人寄送通知往往不能被认定为尽到了核实义务。例如(2021)京 0102 民初 23070

号案,北京市西城区人民法院认为,本案争议焦点是应收账款质权是否真实、有效。应收账款质押是一种常见的融资担保方式,案涉应收账款虽然在设立时办理了质押登记,但仅符合应收账款质押的形式要件,并不意味着质权人当然享有该应收账款的优先受偿权。人民法院认定质权人是否享有优先权,应当审查应收账款是否真实、合法、完整。

首先,南京银行北京分行提交的两份基础合同与联通北京分公司提交的同时期与汉铭公司签订的业务合同有显著不同,两份基础合同中联通北京分公司联系人、联系地址、电话均为空白,缺乏合同编号、骑缝章,尾部合同双方盖章位置存在明显瑕疵,南京银行北京分行对汉铭公司提供的两份基础合同未尽到基本的形式审查义务。其次,南京银行北京分行提交的《最高额应收账款质押通知书》仅有该分行和汉铭公司盖章,未经联通北京分公司盖章确认,且在本案中未提交其他证据证明联通北京分公司曾向其确认过应收账款真实存在。再次,南京银行北京分行虽向方某邮寄了《最高额应收账款质押通知书》并对邮寄过程进行公证,但未向本院举证证明方某具有相关代理权限或工作职责,有权代为接收该质押通知,其向方某的邮寄行为不能视为向联通北京分公司履行了通知义务,更不能等同于就应收账款真实性与联通北京分公司进行了核实确认。南京银行北京分行作为专业金融机构,未对应收账款真实性尽到基本的审查义务,不构成"善意无过失",联通北京分公司抗辩该应收账款并不客观真实存在的风险,应由南京银行北京分行自行承担。《最高人民法院关于适用〈中华人民共和国民法典〉有关担保制度的解释》第 61 条第 2 款规定,应收账款债务人未确认应收账款的真实性,质权人以应收账款债务人为被告,请求就应收账款优先受偿,能够举证证明办理出质登记时应收账款真实存在的,人民法院应予支持。质权人不能举证证明办理出质登记时应收账款真实存在,仅以已经办理出质登记为由,请求就应收账款优先受偿的,人民法院不予支持。该司法解释规定无明显减损当事人合法权益、增加当事人法定义务或背离当事人合理预期的情形,按照《最高人民法院关于适用〈中华人民共和国民法典〉时间效力的若干规定》第 3 条规定可以适用。现南京银行北京分行不能证明办理出质登记时应收账款真实存在,联通北京分公司亦对两份基础合同真实性不予确认,对作为质物的应收账款真实性提出抗辩,南京银行北京分行应承担举证不能的法律后果,其诉请确认享有应收账款质权并要求联通北京分公司直接给付相关款项的诉求,本院不予支持。

真实性核查过程中,通知次债务人并由其出具确认书是否属于法律审查的必要程序?从《担保制度司法解释》第 61 条前两款的规定和质权生效的要件角度来看,我国应收账款质押采取"无需通知次债务人"的出质模式,质权的设立、生效,不以通知次债务人为要件。但是,从质权行使和保全的层面来看,不通知次债务人,不由其进行确认,很容易导致以下情形:一是"谨慎注意"风险。虽然应收账款基础合同存在,但在签订质押合同时,其具体履行情况如何,是否存在提前清偿、中止、解除等情况,剩余债权的具体金额只有通过次债务人的确认才能充分了解。也只有由其进行确认,质权人才尽到了谨慎审查的义务。二是"善意清偿"风险,即次债务人不知道出质情况,直接向出质人清偿的,清偿部分的债权,应收账款随之消灭。次债务人若擅自转移,不用于清偿债务的,质权人行使质权时,该部分权益无从保护。

由上,在具体操作中,建议通知次债务人,并取得其对应收账款即时履行情况的确认;同时,在可能的情况下,设置监管账户,通知其将应收账款支付至该账户。如果仅通知次债务人,未取得其确认,只能通过旁证尽量核实真实性,同时还要承担效力风险。以(2021)最高法民申 4822 号案为例,长城国兴公司认可其并未直接向国电通公司核实应收账款,仅向国电通公司邮寄《转租赁通知书》。对于国电通公司是否收到该通知书,双方存在争议,即使认定国电通公司收到该通知书,由于国电通公司并未向长城国兴公司确认应收账款存在,并不能据此认为长城国兴公司取得了国电通公司的确认。长城国兴公司于 2016 年 6 月 29 日办理应收账款质押登记,而国电通公司在此前的 2016 年 4 月 27 日已清偿完毕案涉应收账款。因此,长城国兴公司在办理质押登记时,国电通公司已支付完毕应收账款,长城国兴公司对案涉应收账款不享有质权。

进一步看,即使做了上述通知和确认,也不意味着债权人可以高枕无忧。如果债权人明知存在真实性瑕疵,仍然需要就相关过错承担责任。该规则在(2021)最高法民申 3779 号案件中可见一斑。最高人民法院认为,本案中,中信银行东莞分行与佳彩公司签订《最高额应收账款质押合同》,并在信贷征信机构(中国人民银行征信中心)办理了应收账款质押登记,一、二审判决据此认定案涉应收账款质权依法设立,有相应的事实和法律依据,并无不当。东莞广电公司主张案涉《应收账款余额表》与本案无关,与前述已查明事实不符。东莞广电公司在《应收账款余额表》加盖公章、相关负责人签名,应视为对应收账款真实性的确认,对其具有法律约束力,依法应承担相应的法律责任。应收账款作为债权具有相对性,中信银行东莞分行作为第三人难以完全知悉基础交易合同当事人之间债权债务的真实情况,在出质人佳彩公司和应收账款债务人东莞广电公司共同出具《应收账款余额表》、对应收账款余额予以确认的情况下,应当认为中信银行东莞分行对案涉应收账款质押尽到了基本的审查注意义务,除非有证据证明中信银行东莞分行明知或者应当知道拟出质的应收账款虚假或者不存在依然接受质押,但东莞广电公司并没有提交相关证据予以证明。

三、应收账款质押中的实务问题和操作建议

(一)应收账款质押后能否转让及效力

应收账款质押后,出质人能否转让该质押标的。关于应收账款质押后基础债权转让的效力,在(2020)京 0102 民初 27959 号案中,北京市西城区人民法院认为,《物权法》第 228 条第 2 款规定,应收账款出质后不得转让,但经出质人与质权人协商同意的除外。出质人转让应收账款所得的价款,应当向质权人提前清偿债务或者提存。本院认为,现行民法规范中的"不得"两字不是识别效力性强制性规定的标准,将该条款解释为转让设立质押的应收账款债权无效,在强调债权的流通性价值的背景下,不利于应收账款债权效益最大化的发挥,故该条是管理性强制规定而非效力性强制规定。且根据《最高人民法院关于适用〈中华人民共和国民法典〉有关担保制度的解释》第 61 条的规定,在出质人及质权人均未通知应收账款债务人的情况下,应收账款债务人与应收账款债权受让人之间达成的调解书合法有效。应收账款债务人不再负担向出质人付款的义务。冠基公司基于调解书取得相应权利,案涉质权对冠基公司不发生追及的法律效果,西藏金租公司要求冠基公司履行给付义务缺乏依据,本院不予支持。

被质押的权利转让后,是否影响质权人继续行使质押权利?(2021)最高法民终 861 号案,最高人民法院认为,根据《物权法》第 228 条第 1 款规

定,设立应收账款质押权,需依法进行登记,且该登记具有物权公示效力,故民生银行杭州分行的质权经登记设立后,属于在社会上公开可以查询的信息,农行宜兴支行在解除案涉《债权转让合同》接受债权回转时应当知晓该事实,故其就重新取得的5 200万元债权及相应抵押权行使权利时,不得对抗民生银行杭州分行在该笔债权上已经设立的质权。华融公司作为后续从农行宜兴支行受让该笔债权的债权人,亦不能对抗民生银行杭州分行质权的行使,故一审判决认定,该院(2017)浙民初13号民事判决第五项关于确认民生银行杭州分行对案涉应收账款债权享有优先受偿权的判决内容,并未损害农行宜兴支行及其后手华融公司的民事权益,具有事实和法律依据,本院予以维持。

综上可知,应收账款质押后,可以进行转让。转让后,质权人可以要求次债务人(应收账款债务人)直接向其给付,不得要求受让方承担出质人的责任;应收账款受让人非善意的,不得对抗质权人权利。

(二) 应收账款能否分割或按比例质押

这是一个非常具有迷惑性的问题,乍一看,似乎有道理,尤其是从出质人的角度来看,若其应收账款远高于对质权人的债权,全部质押难免心有不甘。那么,从法律角度来看,究竟该如何认识这一问题。

首先,应收账款能否拆分质押,关键在于其是否可分? 分割后能否成为单独、可识别的权利? 是否具有唯一性和特定性? 基于同一合同或收费权等产生的债权,若不可分,则只能全部质押给同一质权人,即使按约定比例做了登记,按照物权登记的公示效力,在后登记的质权人,也只能按照登记的时间顺序,顺位获得清偿,例如对于价值50亿元的应收账款,欲拆分为30亿元、20亿元分别质押的,如果50亿元系基于同一法律关系、法律基础、合同或事实产生,在法律关系、时间和空间上都无法做出准确和清晰的分割,则其属于基于同一合同、收益权、特许经营权产生,无法拆分质押。应收账款是指权利人因提供一定的货物、服务或设施而获得的要求义务人付款的权利,包括现有的和未来的金钱债权及其产生的收益。基于提供同一货物、服务或设施而取得的权利,只能产生同一付款请求权,即使其可能价值50亿元,从权利来源等方面看也属于同一标的物。就同一"权利"项下标的物,由于权利质权具有担保物权的不可分性,因此再权利质权的标的因为分割、毁损而部分灭失,以及其担保的主债权分割、让与或者部分清偿都对权利质权的实现不发生任何影响。只要其担保的主债权(无论全部还是一部)未获得清偿,质权人可以就质押标的的全部行使权利。①

其次,如果应收账款作为一个整体无法区分,则即使人为地将其划分为不同比例,也无法实现对相应比例权利的特定化。《担保制度司法解释》第 53 条规定:"当事人在动产和权利担保合同中对担保财产进行概括描述,该描述能够合理识别担保财产的,人民法院应当认定担保成立。"同时,如果将 50 亿元按照 20 亿元和 30 亿元的比例分别设置质权,即同一权利基础的应收账款上存在两个可以同时获得清偿的质权的,则必将导致清偿的混乱和物权优先性的架空。此外,应收账款作为一个整体的质押,可以类比其他担保物权的质抵押登记操作。例如房地产抵押借款中的抵押登记,价值 500 万元的房地产,可能抵押担保 100 万元、200 万元、50 万元等价值不同的债权。显然,该类债权在清偿时,只能按照登记的先后顺序,而非金额比例。

值得注意的是,应收账款质押对债权的担保依赖于应收账款的实现。应收账款的实现意味着其对应的合同项下付款义务履行或收益权得到实现。如果合同和收益权无法分割,其对应收取的金钱又属于种类物,更无法区分。在(2017)京 02 执异 330 号执行异议案中,北京市第二中级人民法院查明,出质人金安桥公司以云南省金沙江金安桥水电站应收账款向国开行出质,并在中国人民银行征信中心系统上就该应收账款质押进行了登记。登记载明,按质权人贷款额在项目融资额中所占的比例计,例如按合同金额计,该比例为 18.39%。法院认为,应收账款质权作为担保物权,在债务人不履行到期债务或者发生当事人约定的实现质权的情形时,质权人可以对应收账款主张优先受偿权。本案争议焦点是国开行主张的其对金安桥公司享有的应收账款质权能否阻却本院给云南电网有限责任公司发送的协助执行通知在 388 962 408.84 元范围内要求协助每月扣划 2 000 万元给付北银公司的执行。国开行与金安桥公司签订书面权利质押合同,约定金安桥公司

---

① 最高人民法院民法典贯彻实施工作领导小组:《中华人民共和国民法典物权编理解与适用(上)》,人民法院出版社 2020 年版,第 1241—1242 页。

以享有的应收账款向国开行出质,并在中国人民银行征信中心办理了应收账款质押登记,本院对此不持异议,但国开行主张享有的应收账款质押权仅占全部应收账款金额的部分,并未覆盖全部应收账款,且未经生效法律文书确定最终实现质权的范围。北银公司作为申请执行人,在执行中与金安桥公司、汉能公司、清能公司、李某达成执行和解协议,本院向云南电网有限责任公司发出协助执行通知书要求其从每月应支付给金安桥公司的电费中扣划 2 000 万元给付北银公司,程序合法无不妥之处。综上,因国开行未提交证据证明本院要求协助执行的电费包含在其享有优先受偿权的应收账款内,其所提异议请求,本院无法予以支持。

(三) 主债权晚于应收账款到期时的处理

对于主债权与应收账款同时到期的,自不必多论;对于主债权先于应收账款到期的,待应收账款到期后,质权人可以就应收账款行使质权,主张优先受偿;对于主债权晚于应收账款到期的,质权人能否直接对次债务人归还的应收账款行使优先权? 法律并无具体规定,实践中也素有争议。

根据《民法典》第 390 条"担保物权物上代位性"的规定:"担保期间,担保财产毁损、灭失或者被征收等,担保物权人可以就获得的保险金、赔偿金或者补偿金等优先受偿。被担保债权的履行期限未届满的,也可以提存该保险金、赔偿金或者补偿金等",质权人可以要求提前受偿或提存担保物权的代位物。由此,亟待明确的问题就变成了次债务人的归还的款项是否属于应收账款的代位物? 对于该问题,从含义上看,物上代位性是指担保物权的效力及于担保财产因毁损、灭失所得的赔偿金等代位物上。由于担保物权人设立担保物权并不以占有和利用担保财产为目的,而是以支配担保财产的交换价值为目的。所以,即使担保财产本身已经毁损、灭失,只要该担保财产交换价值的替代物还存在,该担保物权的效力就转移到了该替代物上;从性质上看,次债务人归还的款项无疑是质押标的应收账款的替代物。"代位物不限于金钱,也可以是其他物,只要是担保财产价值的直接承继者,都可以为代位物。"[1]

---

[1] 最高人民法院民法典贯彻实施工作领导小组:《中华人民共和国民法典物权编理解与适用(上)》,人民法院出版社 2020 年版,第 1009 页。

综上,由于主债权清偿期未届满,为保障权益,可以采取以下方式:一是提存。如果质权人希望保留自己的期限利益,可以不立即在代位物上实现担保物权,而等到债权履行期届满,出质人不履行债务时再在代位物上优先受偿。二是设置监管账户。将次债务人提前归还的款项予以监管。三是依法提前受偿。代位物虽说是特定的,但毕竟已经货币化,质权人对其进行控制的可能性降低,其到期实现债权的可能性也会降低,为保障债权得以实现,质权人可以提前在代位物上实现自己的债权。四是约定提前到期。通过合同约定的方式,明确应收账款归还或提前归还的,主合同提前到期。

(四) 出质后,次债务人和出质人的债务能否抵销

按照《民法典》第557条的规定,抵销是债的消灭原因之一。抵销有两种:法定抵销和约定抵销。法定抵销是指当事人互负到期债务,债务种类、品质相同的,任何一方可以将自己的债务与对方的债务抵销,依照法律规定或合同性质不得抵销的除外,当事人主张抵销的,应当通知对方,通知到达对方时生效。约定抵销是指双方互负债务,标的物种类、品质不相同的,双方协商一致抵销的情况。

出质后,次债务人和出质人的债务能否抵销?从前述规定不难看出,抵销属于当事人的权利。而根据债的相对性原则,出质人和次债务人之间的互负债务是一种直接的债权债务关系,抵销产生于双方之间,应收账款质押并不当然对该行为产生约束。同时,与应收账款质押相关的法律规定也未限制抵销,根据物权法定的原则,行使抵销权没有任何法律障碍。对于质权人来说,应当注意的是,抵销权的行使非常便捷,法定抵销权只需通知到达对方即生效,约定抵销只需要双方合意即可实现。一旦抵销,应收账款也随之消失。

但是,可以抵销并不意味着可以任意抵销。抵销权的行使是否合法,应当以质押通知次债务人时抵销权是否成立为判断标准。理由在于:通知到达前,次债务人并不知晓质押的存在,质押对应收账款的限制并未及于次债务人。此时,次债务人对应收账款的清偿和抵销都属于善意履行合同义务或行使权利的表现,符合诚实信用的一般要求,有助于交易稳定,应属有效,即如果成立在出质人和质权人通知之前,应当允许次债务人行使法定抵销

权,或与出质人约定抵销。质权人仅可就余额部分行使质权。

进一步讨论,对于次债务人或出质人行使抵销权的,质权人的权利如何救济? 这可以遵循以下思路:如果发生在通知到达后,质权人可以诉请法院确认该抵销行为无效;发生在通知到达前,则从合同性角度来看,只能要求质押人增加相应的担保。不难看出,通知次债务人对于质权人权利保护的重要性。笔者建议:一是严格审查是否存在抵销权的情况。通过出质人、次债务人书面确认"双方相互之间无抵销权"或"无其他债权债务";在质押合同中订立条款,要求质押人协助、促成或负责取得次债务人对质押人无任何债权,排除抵销权行使。二是对于已存在抵销权的情况。由于抵销权系法定权利,即使次债务人承诺放弃,其后又违背承诺擅自行使的,抵销权仍属有效,质押权人仅可追究其违约责任或损害赔偿的侵权责任。在此种情况下,可设置必要的违约金。

(五) 作为担保方式,应收账款质押有哪些先天缺陷

在应收账款适格、质押合法有效、出质人的抗辩均不成立的前提下,应收账款优先权的行使还会受到哪些先天限制? 解决这一问题,有助于更好地管理和应用应收账款质押。应收账款质押的先天限制如下。

1. 基础合同效力瑕疵

应收账款出质后,当事人能否解除合同?《民法典》和担保制度司法解释并未做限定。实际上,根据合同意思自治的原则和法律对合同效力的评价等,合同签署生效后发现效力瑕疵,并被否定性评价的情况并不鲜见。如果基础合同履行过程中出现民事法律行为无效的情形,不可抗力、重大情势变更被认定为重大误解、欺诈,或合同解除权被激活等,导致基础合同被变更、撤销、认定为无效或解除的,应收账款也无所依托,应收账款质押失去效力。基础合同出现上述效力瑕疵的,通常导致质押合同因无法履行而解除,对应的质押登记失去合同基础。此时,对于质押合同解除后质权人的损失,只能按照过错程度由各方承担。质押权人认为次债务人有过错的,应承担举证责任。

2. 次债务人破产的

出质人破产的,质权人有权对应收账款行使别除权,要求优先受偿。但是,质权人的优先权仅针对出质人的其他债权人。对于次债务人破产的,由

于其并非质押合同的当事人,故质权人不能向其主张优先受偿,即其不能优先于次债务人的其他债权人优先受偿。次债务人破产的,出质人可以普通债权人的身份参与破产程序,质权人对出质人由此获得清偿的款项享有优先受偿权。对于次债务人的破产财产,质权人并无优先权。对于破产清算后未获得清偿的应收账款,质权人对出质人(债务人)仅享有一般债权,而无优先权。(2020)皖民终876号案关于"普通破产债权确认纠纷",安徽省高级人民法院认为,徽商银行蚌埠分行、安徽中恒公司分别系案涉应收账款的质权人和债务人,双方之间基于质押合同和相关债权合同的关联,形成了一种特殊的法律关系,即在质权存续期间,质权人是应收账款债务人的可能清偿对象;质权人届期未受清偿行使质权的,质权人转换为应收账款债务人的实际清偿对象;出质人自行清偿债务的,随着质权的消灭,出质人恢复成为应收账款债务人的清偿对象,而质权人与应收账款债务人脱离关联。可见,清偿对象的变动并不影响安徽中恒公司与中城投六局本身的债权债务关系,应收账款债务人安徽中恒公司仅是可能成为质权人徽商银行蚌埠分行的次债务人,双方之间并无直接的债权债务关系。由于债权没有追及效力,债的不履行无论为何人所致,只要其与债权人无直接债权债务关系,在法律没有特别规定的情况下,债权人均不得突破合同相对性原则,要求其承担债之不履行的法律责任。

3. 次债务人自行清偿的

按照我国应收账款质权设立"无需通知次债务人"的模式,出质人将应收账款出质时无需向次债务人做出任何意思表示。在这种情况下,次债务人清偿应付账款时不知道该质行为的,清偿行为为善意,应收账款质押标的随清偿消灭,质权人对应收账款的质权及优先权消失;即使次债务人知晓质押事实,如果次债务人仍强行向次债务人还款,最理想的情况是质权人可以向次债务人主张财产损害侵权责任,最终形成的都是质权人对次债务人的债权,不具有排他性和优先性。而从出质人的角度来看,因为次债务人的清偿,其获得了应收账款的代位资金。虽然对该标的质权人有优先权,但是由于货币的高度流通性、混同性,实际上,该资金很难被控制。

4. 应收账款的实现风险

应收账款的担保能力取决于次债务人的还款能力和信誉程度,如果其还款能力较弱、信誉较差,甚至出现经营不善等情况,担保作用势必大幅下降。同时,如果出质人抛弃、转让且被善意取得、擅自受领清偿、怠于行使不安抗辩权或代位权、撤销权等,导致应收账款无法实现的,应收账款质押的担保作用也将无所凭借。

综上,关注和审查出质人、次债务人的信用状况,通过中登网、裁判文书网、征信、执行等信息和网络,综合判断其履约能力、诚信情况等;同时,在对次债务人的通知上明确未按通知履行的责任,并取得其回执确认,形成闭环管理尤为重要。

第四节　自物抵押的生存空间、争议与发展

融资租赁被纳入非典型担保后,中登网融资租赁登记具有公示对抗效力。在这一背景下,出租人以其拥有所有权的租赁物办理的"自物抵押"是否还有存在之基础和必要,实践中颇有争议。

一、《民法典》时代自物抵押的生存空间

"自物抵押",即出租人授权承租人将租赁物抵押给出租人并在登记机关依法办理抵押权登记。该方式的主要目的是促进融资租赁业务的交易安全,增强融资租赁交易的公示效力。在融资租赁中登网登记没有上升为全国性规定前,该方式是出租人保障其对租赁物所有权的一种有效方式。

(一) 自物抵押是否还具备法理基础

随着《民法典》及《担保制度司法解释》的实施,以及《国务院关于实施动产和权利担保统一登记的决定》等配套制度的跟进,融资租赁被纳入非典型担保,中登网登记的物权效力得到了明确。《国务院关于实施动产和权利担保统一登记的决定》规定:自2021年1月1日起,在全国范围内实施动产和权利担保统一登记。纳入动产和权利担保统一登记范围的担保类型包括"(一) 生产设备、原材料、半成品、产品抵押;(二) 应收账款质押;(三) 存款单、仓单、提单质押;(四) 融资租赁……"。登记在中国人民银行征信中心

动产融资统一登记公示系统(简称中登网)办理。《民法典》第745条规定也明确,出租人对租赁物享有的所有权,未经登记,不得对抗善意第三人。

与此同时,《最高人民法院关于审理融资租赁合同纠纷案件适用法律问题的解释》第9条规定:"承租人或者租赁物的实际使用人,未经出租人同意转让租赁物或者在租赁物上设立其他物权,第三人依据物权法第一百零六条的规定取得租赁物的所有权或者其他物权,出租人主张第三人物权不成立的,人民法院不予支持,但有下列情形之一的除外:……(二)出租人授权承租人将租赁物抵押给出租人并在登记机关依法办理抵押权登记的……"。随着该司法解释的废止,2020年修正的新司法解释也删除了该条款,租赁物自物抵押的主要法律依据退出历史舞台。在此情况下,自物抵押是否还有存在的法律基础和必要?

以抵押物的所有人为权利人的抵押权是一种特殊的抵押权。所有人抵押分为原始的所有人抵押和法定的所有人抵押。原始的所有人抵押是指所有人在自己的财产上为自己设定的抵押权,或者为未成立的债权设定抵押权,其抵押权自始属于所有人。德国《民法》规定,土地所有人通过发行自己的土地抵押证券或者将自己登记为抵押权人,从而以抵押权作为投资进入流通过程。这种抵押不是保全型的抵押,而是一种投资抵押。法定的所有人抵押是指在抵押权成立后,因混同或者其他原因而发生的所有人抵押。抵押物因法定原因而归属于抵押权人,抵押物所有人在该抵押物上继续保留抵押权。一般原则是,主债权因混同而消灭时,抵押权也随之消灭。但是,如果抵押物上存在数个抵押权,前手的抵押权与主债权混同消灭时,后手的抵押权,即升进顺序将会损害因混同而成为抵押物所有人的抵押权人利益。[①] 从这个角度和场景看,自抵押制度具有其存在的特殊价值。

(二) 适用场景

除上述法律场景外,《民法典》时代,自物抵押仍有其存在的现实需要,例如车辆自抵押登记。考虑到车辆(船舶和飞机也存在此种情况的法律可

---

① 李国光等:《最高人民法院关于适用〈中华人民共和国担保法若干问题的解释〉理解与适用》,吉林人民出版社2000年版,第280—281页。

能)交易程序、车辆交易上牌指标、时间和人力成本、税收或优惠政策、违章处理等现实因素,用于融资租赁的车辆在公安部门车辆管理登记系统中一般仍登记在承租人名下,发票开具的买受人也为承租人。存在挂靠关系的,车辆登记在被挂靠人名下,情况较为复杂。为明确权利,在融资租赁合同或买卖合同、挂靠协议中,约定车辆所有权归出租人。

虽然上述合同中明确了出租人权利,但由于车辆管理部门既从事管理登记,也从事抵押登记等,且发票等所载买方也显示为承租人,车辆管理登记就具有一定的公示意义。同时,要求普通二手车交易或车辆交易,尤其是一般自然人之间的交易去查询中登网等,也不具有现实可操作性。在这种情况下,融资租赁公司通常在车辆管理部门办理抵押登记,以对抗第三人。车辆办理抵押登记从形式上使得出租人既是车辆的抵押权人,又是车辆的实际所有权人。

二、车管所登记、自抵押和中登网登记的效力与顺位

车管所机动车登记并非所有权登记。《公安部关于确定机动车所有权人问题的复函》明确,根据现行机动车登记法规和有关规定,公安机关办理的机动车登记,是准予或者不准予上道路行驶的登记,不是机动车所有权登记。为了交通管理工作的需要,公安机关车辆管理所在办理车辆牌证时,凭购车发票或者人民法院判决、裁定、调解的法律文书等机动车来历凭证确认机动车的车主。因此,公安机关登记的车主不宜作为判别机动车所有权的依据。

尽管机动车登记并非所有权登记,但根据《机动车登记规定》(2021 年修订)第 12 条规定,车管所登记需要提交购车发票等机动车来历证明、完税证明等,即该登记与发票等载明的权利人具有一致性。在承租人或者被挂靠方持有车辆登记证、发票或合同等的情况下,一般交易主体很容易将其认定为所有权人。

车管所的抵押登记具有物权效力。《机动车登记规定》(2021 年修订)第 31 条规定,机动车作为抵押物抵押的,机动车所有人和抵押权人应当向登记地车辆管理所申请抵押登记;抵押权消灭的,应当向登记地车辆管理所申请解除抵押登记。第 33 条规定,申请解除抵押登记的,由机动车所有人

和抵押权人共同申请。《民法典》第403条规定，以动产抵押的，抵押权自抵押合同生效时设立；未经登记，不得对抗善意第三人。

车辆作为租赁物时，中登网登记同样具有物权效力。《民法典》第745条规定，出租人对租赁物享有的所有权，未经登记，不得对抗善意第三人。

按照物权优先效力，车辆抵押登记和中登网登记同时存在的，应按照登记顺序确定受偿顺序。而车辆作为租赁物的，可能存在三种登记：车管所管理登记、车管所抵押登记、车辆中登网登记。出租人作为专业的融资租赁经营机构，对于车辆登记情况、管理情况具有丰富经验，在从事车辆业务时，对于其他两种登记类型，有能力也应当尽到必要的注意义务，未进行必要查询的，不能认定其尽到了注意义务。对于普通民众来说，其作为车辆购买人时，由于生活经验、交易成本等方面的限制，要求对中登网进行查询，显然超出一般注意义务，也不具有可操作性，而且中登网登记本身存在随意性、不规范性、识别特征不明显等问题。

2022年1月27日，最高人民法院在《对十三届全国人大四次会议第9022号建议的答复》中明确：关于实践中的机动车租赁市场中出现的机动车所有权属于出租人但租赁物登记在承租人名下的问题。《民法典》第745条所指"未经登记，不得对抗善意第三人"，是指出租人对租赁物享有的所有权必须登记才能取得对抗善意第三人的效力。第三人在交易时，负有审查出卖人是否享有处分租赁物权利的义务，租赁物已在法定的登记平台进行登记的前提下，第三人未对租赁物的权属状况进行查询，不应认定为善意。但是在机动车融资租赁业务中，出租人对租赁物的权利主张可能发生在两种情形下：一是承租人与第三人发生机动车买卖的真实交易，由于机动车登记在承租人名下，第三人的权益应当予以保护。融资租赁公司明知机动车的登记管理制度与出租人所有权冲突可能产生风险，仍然开展相关的租赁业务，对此，法律并不能例外做出保护。二是承租人的债权人对承租人名下的租赁物申请强制执行，出租人以其系真实所有权人或者抵押权人为由向人民法院提出执行异议。

实践中，出租人通常会通过办理抵押登记方式对租赁物设定抵押权。如果对租赁物办理了融资租赁（抵押）登记的，是能够对抗保全、执行措施的；如果对租赁物未办理融资租赁（抵押）登记，人民法院基于承租人的债权人的申请对租赁物采取保全或者执行措施的,出租人主张对抵押财产优先受偿的,根据《担保制度司法解释》第 54 条第 3 项规定:"动产抵押合同订立后未办理抵押登记,动产抵押权的效力按照下列情形分别处理:……(三)抵押人的其他债权人向人民法院申请保全或者执行抵押财产,人民法院已经作出财产保全裁定或者采取执行措施,抵押权人主张对抵押财产优先受偿的,人民法院不予支持"。

作为专业机构,出租人应对车管所管理登记、车管所抵押登记、中登网登记承担注意义务;作为普通人,一般来说,对车管所管理登记、车管所抵押登记注意即可。

三、司法实践中的混乱

笔者以"租赁物抵押"为关键词,在中国裁判文书网中搜索 2021 年立案的二审融资租赁案件,共发现 38 件,其中涉及"优先权"事项的 13 件。在 13 件诉讼中,10 件支持租赁物自抵押的优先受偿权,3 件未支持。

在支持的案件中,(2021)湘 01 民终 22 号案例比较有代表性。湖南省长沙市中级人民法院认为,结合《最高人民法院关于审理融资租赁合同纠纷案件适用法律问题的解释》第 9 条第(二)项"出租人授权承租人将租赁物抵押给出租人并在登记机关依法办理抵押登记"的规定,该条旨在通过"抵押登记"对外公示阻却"善意"第三人,避免出现"善意取得"的权利困境,为出租人设立抵押权提供了形式要件的依据。恒通融资公司、刘某签订了抵押条款,并办理了抵押登记,恒通融资公司以登记在刘某名下、实质为自有的案涉车辆为自己设立抵押权,不违反法律规定,符合抵押权设立的法律实质要件,并履行了形式要件,抵押权有效设立,恒通融资公司有权以案涉折价或拍卖、变卖所得价款在本案债权范围内享有优先受偿权,据此,中犇融资公司有权基于恒通融资公司的债权转让,获得对刘某名下涉案车辆行使优先受偿的从权利。

否定的案件则从双方真实目的角度,认定不享有优先受偿权。(2021)豫 01 民初 69 号案,河南省郑州市中级人民法院认为,关于中信富通深圳分公司主张对抵押物享有优先受偿权。本案中信富通公司作为出租人,主张对租赁物享有抵押权,与物权法关于所有权、抵押权的基本原理相冲突。虽然最高人民法院《关于审理融资租赁合同纠纷案件适用法律若干问题的解释》(简称《解释》)第9条包含有"出租人授权承租人将租赁物抵押给出租人并在登记机关依法办理抵押权登记"内容,但该条只是赋予了出租人在该情形下,具有对抗第三人取得租赁物所有权或其他物权的效力。换言之,该条只有将该情形作为认定为第三人在与承租人交易时,主观上非善意的事实依据,并未赋予出租人对租赁物的抵押权,故中信富通深圳分公司主张对租赁物享有优先受偿权,其主张不成立,本院不予支持。

否定自抵押优先权的理由各不相同。笔者搜索2021年之前的案件发现,主要事由包括:一是真实目的说。(2018)京民申3243号案,北京市高级人民法院认为,"抵押真实目的是保护出租人的权利、防范风险,防止其他人依据善意取得制度对租赁物主张权利",而非基于抵押权优先受偿。二是抵押权本质说。(2016)吉0192民初1438号案,长春汽车经济技术开发区人民法院认为,"抵押权为他物权,抵押物需为债务人或者第三人所有的财产。而本案中原告为车辆所有权人,不因其授权被告将租赁物抵押给原告自己而享有优先受偿权"。三是权利吸收说。(2014)建南商初字第141号案,南京市建邺区人民法院则认为,"所有权具有绝对性、排他性和永续性的特征,在原告取得抵押物即租赁物的所有权后,其对租赁物享有完整的处分权,之前设立的抵押权被所有权吸收"。

而部分法院基于租赁物自抵押,否定融资租赁关系。2022年3月作出的(2021)豫民申9617号判决,河南省高级人民法院认为,仲利公司与张某签订的《车辆融资租赁合同》系将张某自己名下的涉案车辆抵押给仲利公司,由仲利公司向其发放融资车款,再由张某向仲利公司分期支付租金以偿还融资车辆本息,不符合融资租赁的法律特征。本案仲利公司与张某之间构成名为融资租赁实为借贷的法律关系,融资租赁法律关系并不真实存在。鉴于仲利公司并非有权从事经营性贷款业务的金融机构,故其与张某以签订融资租赁合同的合法形式掩盖从事民间借贷业务这一非法目的,二审法院对本案仲利公司与张某之间法律关系的定性及效力认定缺乏事实和法律依据,理由不当。综上,张某、刘某的再审申请符合《中华人民共和国民事诉讼法》第207条第二、六项规定的情形。

而从2023年全国法院金融审判工作会议的精神来看,以船舶、航空器和机动车等特殊动产进行"售后回租"的案件中,当事人在办理了融资租赁登记后,为防止承租人将租赁物转让给他人,又在有关行政管理部门办理了"自物抵押",以租赁物为出租人设定抵押权。实践中最典型的是车辆,当事人出于车辆年检、营运手续等行政管理的考量,在车管所把汽车登记在实际使用车辆的承租人名下,由于查阅车辆权属习惯上还是要到车管部门,为防止承租人擅自转让或为他人设定抵押,出租人在办理融资租赁登记后,往往要求承租人到车管部门办理抵押手续,将车辆抵押给出租人。此时就不能仅以所有权和抵押权为同一人为由认定抵押无效,当事人可以选择行使抵押权或保留所有权,以实现其担保权利。[①]

四、自抵押效力的再认识

通常情况下,抵押权设置后,产生公示和优先权两大法律后果。而在租赁物抵押于出租人的情况下,登记的主要后果应当为公示,只有在特定情况下,才强调优先权。

(一) 核心在于公示效力

首先,是立法目的和当事人意思。租赁物抵押登记于出租人,是保护其动产所有权与缺乏有效产权公示手段碰撞的产物,根本目的是对抗善意第三人,防止出现善意抵押权人或受让人对租赁物主张权利而架空出租人的情况。通常来讲,这一制度设计的价值和当事人签署合同的实际目的在于其公示性,而非抵押权的优先受偿性。

其次,是权利性质。抵押权的设置是对所有权的限制。在抵押权与所有权混同的情况下,权利主体归于一人。基于限制产生的优先权,其标的物与所有权也随之归一,再无行使之必要。同时,诚如前述法院之观点,基于所有权的绝对性、永续性和完整性,通常情况下也导致对抵押权的吸收。

再次,不得引申作为混合担保。如前所述,自物抵押实质目的并非担保租金债权,而是为公示权利,防止租赁物被善意取得,其并非物权意义上的

---

① 刘贵祥:《关于金融民商事审判工作中的理念、机制和法律适用问题》,《法律适用》2023年第1期。

抵押权,并非债务人提供的物保。在此情形下,保证人不得援引该条要求债权人必须首先实现该抵押权。①

(二) 特定条件下应强调优先权

如前文所述,以"通常情况"为视角,不能一概否认出租人租赁物上抵押的优先权。理由在于:一是从现实层面看,如果租赁物上同时出现第三人抵押权的,否认承租人抵押权的优先性,则其权利保护无从谈起,抵押权登记也无意义。二是出租人抵押权作为一种担保物权,不论其取得形式有何特殊,目前并无明确的法律规定对其抵押权权能作出限缩。

《日本民法典》第 179 条规定:"(一) 同一物的所有权及其他物权归属于同一人时,其他物权消灭。但是,该物或该物权为第三人权利标的时,不在此限。(二) 所有权以外的物权及以之为标的的其他权利归属于同一人时,其他权利消灭。于此情形,准用前款但书的规定。(三) 前二款规定,不适用于占有权。"

综上所述,在出现所有权与他物权主体重合的情况下,原则上其他权利消灭,但"于所有人或第三人有法律上之利益者"除外。

从法理上看,对于未办理中登网登记的,所有权人可以以其抵押权对抗顺序在后的抵押权,从而保护了所有权人"法律上之利益"。

(三) 不构成融资租赁关系情况下自抵押的功能

如果租赁物系需要所有权登记的不动产,在融资租赁关系建立时,需要将所有权转移登记至出租人名下,终止时,又需要转移登记回承租人名下,两次所有权转移会产生大量税费。实务中,由于税费等原因,不动产租赁物未办理所有权转移登记,或者由于其他原因,被法院认定为不构成融资租赁关系的,由于法律关系性质的变化并不影响合同效力,即此时融资租赁合同仍然有效,主从合同法律效力也均未受影响。在此情况下,此时如果办理了租赁物自抵押登记,依法应当继续有效,特别是合同中对"不构成融资租赁关系"

---

① 常洁、曹明哲:《融资租赁中的自物抵押权不适用混合共同担保规则》,《人民司法·案例》,2018 年第 14 期。

情形下自抵押继续适用或担保范围等做了约定的，可以依此继续主张权利。

第五节　保证金担保的构成要件与
　其他金钱"担保"

《担保制度司法解释》实施后，保证金担保的认定规则变得更加明确、具体、可操作。而实践中普遍存在的情况是，考虑到资金使用效率等，融资租赁公司往往不会把资金沉淀在特定账户不使用。对于该情况，应该如何认定和把握？

一、保证金担保的核心构成要件和根本：特定化

《担保制度司法解释》第 70 条规定："债务人或者第三人为担保债务的履行，设立专门的保证金账户并由债权人实际控制，或者将其资金存入债权人设立的保证金账户，债权人主张就账户内的款项优先受偿的，人民法院应予支持。当事人以保证金账户内的款项浮动为由，主张实际控制该账户的债权人对账户内的款项不享有优先受偿权的，人民法院不予支持。在银行账户下设立的保证金分户，参照前款规定处理。当事人约定的保证金并非为担保债务的履行设立，或者不符合前两款规定的情形，债权人主张就保证金优先受偿的，人民法院不予支持，但是不影响当事人依照法律的规定或者按照当事人的约定主张权利。"按照该条规定，保证金担保主要包括以下构成要件。

（一）关键要素：特定"保证金账户"

《担保制度司法解释》明确了保证金担保应当具有可识别的"账户形式"。设立保证金账户既可以是设立专门的保证金账户，也可以是在银行账户下设立的保证金分户，无论何种形式，均需要采取保证金账户这一专用账户形式，使得其具有外部上的识别性，能够与一般结算账户、基本账户相区分。[1]《人

---

[1] 最高人民法院民事审判第二庭：《最高人民法院民法典担保制度司法解释理解与适用》，人民法院出版社 2021 年版，第 580 页。

民币银行结算账户管理办法》规定,客户在银行开户的类型包括:基本存款账户、一般存款账户、临时存款账户以及专用存款账户,其中第 13 条:"专用存款账户是存款人按照法律、行政法规和规章,对其特定用途资金进行专项管理和使用而开立的银行结算账户。"为担保目的而在银行开立保证金账户,可采用专用存款账户形式。

最高人民法院在(2017)最高法民申 2513 号裁定书中认为,"保证金形式的金钱特定化,应同时具备账户特定化和资金特定化的特征,即账户⋯⋯在形式外观上也应有别于普通结算账户",对外观识别性做出了一定的要求。而在(2018)最高法民再 168 号判决书中,最高人民法院亦认定:"天地源公司先后在中行自贸区支行开设的两个账户类型载明为'其他保证金人民币存款',不同于天地源公司的其他一般结算账户,该账户资金独立于出质人的其他财产",并以此作为"特定化"的主要依据之一。

(二) 实质要素: 特定实际控制人

债权人应对保证金实际控制,事实上实现对债务人保证金账户控制、管理。"实际控制"主要包括三种情形:① 保证金账户由债务人或担保人开立于债权银行。② 保证金账户由债务人或担保人开立于其他银行并移交债权人管理或由银行代为监管,债权人通过协议、技术等手段实际控制该账户及其资金使用,例如委托银行监管,通过合同约定方式,实现限制日常用途、审核或限定资金进出、通知划转等。③ 保证金账户由债权人开立。

(三) 资金要素: 特定化使用

虽然保证金账户的特定化不同于资金的固定化,但也并不意味着可以任意浮动。保证金账户中的资金浮动应与特定保证业务相对应,而非用于日常结算或其他业务。最高人民法院在指导性案例 54 号"中国农业发展银行安徽省分行诉张大标、安徽长江融资担保集团有限公司执行异议之诉纠纷案"中指出,金钱质押的有效要件为特定化,而非账户内资金不变动的固定化状态。只要特定账户内的金钱与其他金钱相区别,且保证金的存入划出是对应主债权的相应变动,也可以认定该账户符合特定化要求。

二、非保证金担保的其他形式金钱担保的性质

(一) 保证金担保为何被列入"非典型担保"

关于保证金质押的性质,最高人民法院认为,如果货币以现实物态特定化交付,则可以构成动产质押;如果以存款债权的方式交付,就债权质押而言,存款进入银行账户后,与其他债权无法区分,根据"合同标的不特定,则合同不能成立"的基本原则,亦无法确认为质押,在质押上就会出现解释上的障碍。①

保证金质押作为担保债权实现的特殊方式,在符合保证金质押成立要件的情况下,债权人对于保证金账户内的资金具有优先受偿的权利。但是,该种担保方式并不能用动产质押的规则解决,而是应该用《担保制度》第70条的规则解决。② 由此,也就不难理解《担保制度司法解释》将保证金担保列入"非典型担保"方式之一。

(二) 未构成"保证金质押"的,能否构成其他典型担保

按照上述逻辑进一步推衍,金钱作为一种特殊动产,为保障债务履行之目的,以实物形式交付于债权人后,以"保证金账户"作为公示和外观并实现特定化的,构成保证金质押,如果未实现特定化,特别是未设置"保证金账户"的,能否构成金钱质押,进而以"动产质押"为基础主张优先权?

实践中,考虑到资金使用效率等因素,出租人通常要求承租人交付一笔款项至"一般结算账户",并约定为押金、金钱质押、担保金、抵押金等,同时进一步明确,假如承租人违约,出租人可以自行扣除保证金抵充租金等债务,并有权要求承租人补足。按照双方当事人意思,该款项实际为保障债权偿还,若该情况不构成保证金质押的,能否构成其他形式的担保?

笔者认为,答案是否定的。从性质来看,金钱具有一般等价物的特点,如果未实现特定化,仍由债权人任意支配,则其属于可自由流通的货币,无

---

① 最高人民法院民事审判第二庭:《最高人民法院民法典担保制度司法解释理解与适用》,人民法院出版社 2021 年版,第 579 页。

② 最高人民法院民事审判第二庭:《最高人民法院民法典担保制度司法解释理解与适用》,人民法院出版社 2021 年版,第 580 页。

法固定、识别,不具备担保功能。2021 年 3 月,最高人民法院在作出的(2020)最高法民终 1307 号判决中认为,金钱质押作为特殊的动产质押,既不同于一般的动产质押,也不同于不动产抵押和权利质押,由于其本身的特殊性质,应当符合将金钱进行特定化,并将该特定化的金钱移交债权人占有两个要件,以使该特定化之后的金钱,既不与出质人其他财产相混同,又能独立于质权人的财产。

(三) 出租人对于保证金之外的金钱享有哪些权利

按照货币"占有即所有"的特性,不构成担保物的金钱从承租人交付于出租人后已经属于债权人。在(2020)最高法民申 5423 号案中,最高人民法院认为,周某、莫某向鑫磊公司支付的 100 万元为保证工程施工合同顺利履行而约定的履约保证金。该款项通过银行转账方式向鑫磊公司一般账户支付,并未以封金、保证金账户或者其他专户的形式予以特定化。广西壮族自治区崇左市中级人民法院于 2018 年 12 月 28 日裁定鑫磊公司进入破产程序。因此,原审法院认为金钱作为一般种类物,在鑫磊公司收取该款项后,即为鑫磊公司所有,故周某、莫某依据《中华人民共和国企业破产法》第 38 条关于一般取回权的规定,请求对不属于债务人的财产予以取回,于法无据;并作出驳回周某、莫某的诉讼请求的处理意见,事实和法律依据充分,本院予以认可。而在该案二审判决中,(2020)桂民终 39 号案,广西壮族自治区高级人民法院法官也认为,100 万元工程质保金在交付后,已成为鑫磊公司的财产,周某、莫某对鑫磊公司享有的是债权关系,而非物权关系,周某、莫某并不具备行使取回权的主体资格,与一审法官认识一致。

对于不构成保证金担保的款项,承租人对出租人成立附条件的"应收账款",如果将来合同正常履行的,出租人应返还承租人,即形成承租人对出租人的"特定债权"。债权系请求权,不同于可以产生取回权和支配权的物权。

承租人对出租人享有"特定债权",出租人对承租人享有"租金等债权",该两类债权种类相同、性质相同,按照《民法典》第 568 条规定,当事人互负债务,该债务的标的物种类、品质相同的,任何一方可以将自己的债务与对方的到期债务抵销;但是,根据债务性质、按照当事人约定或者依照法律规定不得抵销的除外。当事人主张抵销的,应当通知对方。通知自到达对方时生效。抵销不得附条件或者附期限。

抵销不仅有简化清偿功能,而且还具有担保功能。作为形成权的抵消权一旦行使即可导致交叉债权在相应范围内相互消灭,一方面,这是对自身债务的履行;另一方面,也是自己的债权在相应范围内获得全额清偿,相当于在行使范围内获得了一个法定的担保权利。[①]

三、金钱"担保"的效力

(一) 保证金质押一般不能对抗查封,但可以对抗扣划

如果保证金账户被查封,能否要求法院解除冻结措施,或者不得扣划?实践中,对于保证金账户的查封冻结,笔者查询相关规定发现,可以查封的类型[②]可以分为两种。

1. 明确规定型:银承保证金和开证保证金

根据《关于依法规范人民法院执行和金融机构协助执行的通知》第9条规定:"人民法院依法可以对银行承兑汇票保证金采取冻结措施,但不得扣划。如果金融机构已对汇票承兑或者已对外付款,根据金融机构的申请,人民法院应当解除对银行承兑汇票保证金相应部分的冻结措施;银行承兑汇票保证金丧失保证功能时,人民法院可以依法采取扣划措施。"根据最高人民法院《关于人民法院能否对信用证开证保证金采取冻结和扣划措施问题的规定》中关于冻结、扣划信用证开证保证金问题的规定:"人民法院在审理或执行案件时,依法可以对信用证开证保证金采取冻结措施,但不得扣划。"

---

① 最高人民法院民法典贯彻实施工作领导小组:《中华人民共和国民法典合同编理解与适用(一)》,人民法院出版社2020年版,第671页。

② 不得查封的保证金账户主要有:一是《中国银保监会办公厅关于规范银行业金融机构协助有权机关办理保险公司资本保证金账户查询、冻结、扣划有关事宜的通知》规定,账户资金仅可用于清算时清偿债务等特定用途,以及账户允许查询但不得冻结、扣划等安排;二是《最高人民法院、人力资源社会保障部、中国银保监会关于做好防止农民工工资专用账户资金和工资保证金被查封、冻结或者划拨有关工作的通知》规定,人民法院在查封、冻结或者划拨相关单位银行账户资金时,应当严格审查账户类型,除法律另有专门规定外,不得因支付为本项目提供劳动的农民工工资之外的原因查封、冻结或者划拨两类账户资金。

2. 其他类型保证金

对于其他类型的保证金查封、扣划等,现有法律未有特别规定。若债权人主张出质人已经为其提供保证金质押担保,可以向法院提起执行异议。该异议虽不能阻却查封,但可主张享有优先权,并阻却法院扣划。法院认为保证金质押担保不符合相关法律规定,债权人不享有优先受偿权,可以对保证金进行冻结和扣划。

2020 年 8 月 31 日,《最高人民法院对十三届全国人大三次会议第 1068 号建议的答复》(简称《答复》)指出,实践中,如果金融机构以案外人身份提出异议,主张法院冻结账户内资金的性质为保证金的,执行法院一般将停止扣划;如果在异议或异议之诉程序中终局性认定金钱质押成立、账户确属保证金账户、金融机构的兑付符合法定或约定条件的,金融机构即对保证金享有合法的优先受偿权,人民法院应当解除对保证金的冻结。如果当事人对账户内资金的性质是否保证金、是否符合金钱质权的设立要件、是否已经丧失保证金功能等实体问题存在争议的,一般还应通过诉讼程序进行实体审查和判断,并根据诉讼结果来确定是否返还。

(二) 其他金钱"担保"遇到查封时的处置

如前所述,对于保证金质押之外的金钱"担保",出租人可以依法行使抵销权。如果抵销权行使前遇到查封冻结,出租人的权利应如何保障?

(2017)最高法民申 1392 号案提供了答案。最高人民法院认为,首先,铭嘉公司与神龙峡公司互负债务。其次,两种债务均属于金钱债务,种类品质相同。再次,两种债务均已届清偿期。最后,两种债务均不属于性质、法定和约定不得抵销的债务,故铭嘉公司与神龙峡公司的互负债务可以抵销。神龙峡公司已于 2016 年 10 月 10 日(二审庭审时)将《债务抵销通知书》当庭送达给铭嘉公司,《合同法》第 99 条规定,此时产生抵销后果,双方债务在 6 157.235 2 万元范围内等额消灭。虽然根据 481 - 2 号执行裁定书,神龙峡公司对铭嘉公司负有的 6 157.235 2 万元借款债务中的 4 500 万元被保全,但是一方面该情形不属于不得抵销的债务;另一方面,这属于程序上的措施,不影响债务的真实存在,故神龙峡公司对铭嘉公司的债务适于抵销。

对于被保全保证金的抵销问题也有不同认识,有观点认为,某一债权如果已经被人民法院保全,保全的效力导致该债权人对债权的处置效力受到限制,而行使抵销权实质上是对债权的处置,也应受到限制。因此,在保全措施解除前,被保全的债权不能作为主动债权进行法定抵销,如果行使抵销权的,依法不应产生债务抵销的法律后果。[①]

关于该问题,笔者认为,从价值衡量和可行性角度,似更应支持被保全财产的法定抵销。理由在于:一是抵销制度本身具有担保债务履行的功能,如果不允许抵销,出租人作为协助执行人因为履行协助义务而导致债权实现的担保落空,利益受损,显失公平。二是人民法院对债权的冻结是控制性措施,主要目的是未经冻结法院同意,债权人不得向债务人清偿,主要为限制向债务人履行,不妨碍出租人依据其与承租人之间的合同关系行使自己的权利。三是法定抵销权产生于法律规定,而非当事人意定,根据《民法典》关于抵销权行使的规定,通知即可行使。

第六节 财产保险受益人的争议、法律逻辑与实践建议

财产保险合同中能否设置受益人?我国《保险法》第 18 条第 3 款规定:"受益人是指人身保险合同中由被保险人或者投保人指定的享有保险金请求权的人。投保人、被保险人可以为收益人。"从字面看,法律条文明确指向"人身保险合同"。[②] 与此相应,实践中,许多财产保险合同中都会约定受益人,这些受益人的法律地位、权利性质如何认定,是一个值得深入探讨的话题。

---

① 马向伟:《论已被采取冻结措施的债权当事人能否协议抵销》,《执行工作指导》2015 年第 2 辑。

② 关于财产保险中第一受益人,《城市房地产抵押管理办法》(2021 年修订)第 23 条规定:"抵押当事人约定对抵押房地产保险的,由抵押人为抵押的房地产投保,保险费由抵押人负担。抵押房地产投保的,抵押人应当将保险单移送抵押权人保管。抵押期间,抵押权人为保险赔偿的第一受益人。"

一、司法实践中的冲突

投保人与保险人签署财产保险合同,能否将第三方例如出租人约定为受益人,并进而由受益人直接主张保险金受偿?

(一) 否定观点

持否定观点的判决理论基础一般为"依据《保险法》规定,受益人仅存在于人身保险合同中,财产保险合同中不存在财产保险受益人的概念。保险法对财产保险没有受益人的规定"。典型判决如(2019)豫 16 民终 2871 号。

值得注意的是,这一观点并不鲜见。在财产保险特别约定"第一受益人为国银金融租赁有限公司"的前提下,贵州省贵阳市中级人民法院在(2018)黔 01 民终 6153 号中依然认定:"虽然该保险合同中指定受益人为国银公司,但是依据《保险法》第十八条的规定,受益人是指人身保险合同中由被保险人或者投保人指定的享有保险金请求权的人,只有在人身保险合同中才有受益人,《保险法》对受益人的法律规范并不调整财产保险。上诉人国银公司因与刘俊签订《融资租赁合同》《债权债务确认协议》而享有债权,其不具有《保险法》规定的受益人法律地位,不享有刘俊与财保贵阳分公司所签保险合同的保险金请求权,其要求财保贵阳分公司支付保险金的请求,不应获得支持。"

(二) 支持观点

与上述判决中的观点截然相反,支持财产保险受益人的法院通常会基于以下逻辑:虽然受益人是人身保险合同中的明确规定,但并不意味着将其作为财产保险合同的约定就无效。根据民事活动意思自治的原则,财产保险中受益人的约定并不违反法律法规的禁止性规定。(2019)川 14 民终 1329 号案件即持有上述观点。

无独有偶,(2018)鲁 1102 民初 1891 号案,关于德银融资租赁有限公司是否系本案适格原告,山东省日照市东港区人民法院也认为,我国保险法虽未明确规定财产保险受益人,但亦未禁止。涉案保险合同投保人、被保险人日照丰泰运输有限公司与本案被告在保险合同中明确约定原告系保单第一受益人、保险赔款必须支付给原告,该约定系被保险人以合同明确约定的方式对自身享有的商业保险金请求权的处分,且保险人亦以相同方式表示了认可,该约定不违反法律法规强制性规定,亦未损害他人权益,原告因该保险合同约定,对保险车辆享有保险利益,即对本案享有诉讼利益,系本案适格原告。对于被告提出的"原被告之间不存在保险合同关系,德银融资租赁有限公司非本案适格原告"的抗辩理由,本院不予采信。

二、财产保险受益人应当获得支持的逻辑

(一) 财产保险受益人的请求权基础

关于财产保险受益人的受偿权,有法院虽然予以认可,但认为其基础为保险金请求权转让,例如(2019)渝 02 民终 3002 号案,重庆市第二中级人民法院认为,因受益人是人身保险合同中的特有概念,故在财产保险合同中约定的受益人不是保险法意义上的受益人,财产保险受益人享有的权利基础应理解为被保险人向其转让保险金的请求权。

该观点有待商榷。财产保险合同作为民事合同,投保人与保险公司签订保单,对合同条款协商约定,未违反法律强制性、禁止性规定等无效情形的,应为有效合同。双方约定向第三方(受益人)支付的,属于涉他合同。关于该类型合同,《合同法》第 64 条规定:"当事人约定由债务人向第三人履行债务的,债务人未向第三人履行债务或者履行债务不符合约定,应当向债权人承担违约责任。"按照该规定,第三方有受领权,即受益人的权利基础为涉他约定。

除受领权外,受益人是否享有直接的请求权?前述支持观点的判决大多直接认定受益人属于适格受领主体,而在一起针对 2020 年签署合同的判决中,法院有不同观点。(2021)豫 1102 民初 2554 号判决,漯河市源汇区人民法院认为,关于车损险保险金请求权的主体资格问题,作为财产保险合同,其受益人的约定相对人身保险的受益人而言应有所差异。保险合同的受益人作为人身保险合同专有概念,基于被保险人保险金请求权的转移,具有实体请求权;而财产保险合同中约定受益人,保险法中并无具体规定,应适用一般法——合同法中第三人利益合同的相关规定,即第三人只具有合同履行利益的受领权,而无债权请求权。因此,在保险公司未履行保险金赔

偿义务的情形下,富铭运输公司具有保险金请求权,其可以要求保险公司将保险金赔偿给自己,亦可赔偿给第三人,平安融资公司不具有保险金请求权。

关于受益人能否行使请求权,《民法典》实施后,规定相对明确。符合法律规定或合同约定的,债权人或第三人均有权请求债务人向第三人履行,第三人可直接要求承担违约责任。《民法典》第 522 条第 1 款规定:"当事人约定由债务人向第三人履行债务,债务人未向第三人履行债务或者履行债务不符合约定的,应当向债权人承担违约责任";第 2 款规定:"法律规定或者当事人约定第三人可以直接请求债务人向其履行债务,第三人未在合理期限内明确拒绝,债务人未向第三人履行债务或者履行债务不符合约定的,第三人可以请求债务人承担违约责任;债务人对债权人的抗辩,可以向第三人主张。"

(二) 司法实践中的指导规范

《民法典》实施前,对于财产保险合同受益人,各地多在特定情况下允许其直接起诉。

2009 年,浙江省高级人民法院《关于审理财产保险合同纠纷案件若干问题的指导意见》第 15 条规定:"财产保险合同中约定受益人条款的,在受益人与被保险人非同一人的情形下,被保险人未主张保险金请求权时,受益人可以作为原告向保险人主张权利。"

2019 年,《山东省高级人民法院民二庭关于审理保险合同纠纷案件若干问题的解答》在关于"14. 机动车向银行抵押贷款后,在保险合同中约定银行为'受益人'是否具有法律效力"的回答中明确:"此类保险合同中约定的'受益人'或者'第一受益人'实际为保险赔偿金请求权主体,如果不存在其他导致无效的情形,应认定该约定具有法律效力。在发生保险事故导致车辆全损时,受益人有权根据保险合同约定向保险人主张保险赔偿金,除非有证据证明受益人已经同意将索赔权转让给被保险人。但是,如果被保险人有证据证明保险事故发生后受益人不及时向保险人主张理赔,而直接起诉保险人请求赔偿保险金的,人民法院应当通知或者依法追加受益人作为第三人参加诉讼,并在查明贷款偿还情况后作出相应判决。"

三、两类特殊情况：未约定为受益人或约定为第一受益人

实践中，承租人对租赁物投保的，由于出租人、承租人双方谈判地位、保单已经先行购买、内部管理原因等，常见批改（《保险法》第41条规定："被保险人或者投保人可以变更受益人并书面通知保险人。保险人收到变更受益人的书面通知后，应当在保险单或者其他保险凭证上批注或者附贴批单"）出租人为第一受益人或不批改出租人是受益人的情况。在这种情况下，受益人对保险人或保险赔偿享有哪些权利？

（一）第一受益人能否取得优先权

实践中，出租人通常要求租赁物财产保险保单批改中将出租人设定为"第一受益人"，除去受益人的身份，还有第一的顺位意思，这一约定能否形成对被保险人等的优先受偿效力？对此，笔者认为，虽然承租人约定为第一受益人，但该权利系基于合同约定产生，鉴于债权的平等受偿性，在没有法律规定的情况下，该设定并不能产生类似于"物权顺位"一样的优先或程序上阻却被保险人等受偿的排他性受偿权利，除非与其他受偿人或债权人存在优先或劣后的约定。

这一点，在（2018）鄂02民终265号判决中也得到佐证。湖北省黄石市中级人民法院认为，本案所涉的商业第三者责任保险及车辆损失险保险合同系财产保险合同，而非人身保险合同。保险人与投保人虽在投保时特别约定大众汽车金融公司为第一受益人，但对于该财产保险合同受益人的权利，《保险法》没有规定，保险合同双方当事人在保险合同中亦无明确约定，而保险合同条款及《保险法》均规定被保险人享有保险金请求权，故本案不能排除被保险人对保险金的请求权。

而从程序上看，第一受益人是否必须参加诉讼？（2017）鄂09民终1693号案，湖北省孝感市中级人民法院认为，"神丹公司与孝感太平财保特别约定本保险'第一受益人'虽为安陆建行，但该'第一受益人'是否参加诉讼，不影响保险法律关系的成立、有效及履行，神丹公司是否将保险索赔权转让给安陆建行，或者安陆建行是否取得保险索赔权，不影响神丹公司依照保险合同的约定行使自己的权利。"而（2018）陕08民终1018号案，陕西省榆林市

中级人民法院则认为,一审法院在保险人平安保险公司提出应先行赔付第一受益人的抗辩后,仍未通知第一受益人参加诉讼,显属不当。

从诉讼法关于第三人的规定看,没有独立请求权的第三人是否参加诉讼,法院确有裁量权。根据《中华人民共和国民事诉讼法》(2021年修正)第59条规定:"对当事人双方的诉讼标的,第三人认为有独立请求权的,有权提起诉讼。对当事人双方的诉讼标的,第三人虽然没有独立请求权,但案件处理结果同他有法律上的利害关系的,可以申请参加诉讼,或者由人民法院通知他参加诉讼。"据此,出租人作为第一受益人,发现保险标的发生保险事故的,可以及时向法院申请参加诉讼。如果未能参加,也可以尝试依据第59条第3款"前两款规定的第三人,因不能归责于本人的事由未参加诉讼,但有证据证明发生法律效力的判决、裁定、调解书的部分或者全部内容错误,损害其民事权益的,可以自知道或者应当知道其民事权益受到损害之日起六个月内,向作出该判决、裁定、调解书的人民法院提起诉讼"。只不过,被保险人依法享有保险金支付请求权,仅以第一受益人未参加诉讼为由要求改判的,可能较难获得支持。出现该情况的,可以将前述(2018)陕08民终1018号案件作为同类案件判决证明向法院提交。

(二) 出租人不是受益人的情况

《民法典》第390条规定,担保期间,担保财产毁损、灭失或者被征收等,担保物权人可以就获得的保险金、赔偿金或者补偿金等优先受偿;被担保债权的履行期限未届满的,也可以提存该保险金、赔偿金或者补偿金等。融资租赁被纳入担保物权体系后,在《民法典》已经规定担保物权人对担保物保险金优先受偿权的情况下,未批改为受益人的,出租人能否优先受偿,是否再无批改为受益人的必要?

笔者认为,虽然融资租赁被纳入非典型担保,但对于第390条规定是否适用于非典型担保还没形成共识,因此,在未批改未受益人的情况下,以第390条为基础向保险人发函或诉讼主张对保险金优先受偿,存在较大不确定性。如果法院不支持行使优先受偿权,出租人可以按照《民法典》第461条规定:"占有的不动产或者动产毁损、灭失,该不动产或者动产的权利人请求赔偿的,占有人应当将因毁损、灭失取得的保险金、赔偿金或者补偿金等返还给权利人;权利人的损害未得到足够弥补的,恶意占有人还应当赔偿损失"来行使权利。从该条规定看,返还义务人为"占有人"。出租人若想直接要求"保险人"支付,存在一定的障碍。对于出租人来说,在与承租人已经出现合同履行争议的情况下,要求保险人给付保险金与要求承租人返还保险金相比,毫无疑问,风险小很多。从出租人角度看,被批改为保险受益人仍对其更有利。

四、受益人条款的建议:是否构成真正利他合同

如前所述,财产保险受益人的请求权基础为利他合同。对于该类合同,在司法实践中,要注意重点区分不真正利他合同和利他合同,进而准确适用《民法典》第 390 条的不同条款。作为广义上向第三人履行合同的不同类型,两者的核心区别是法律规定或者合同约定是否给予第三人直接向债务人请求履行的权利。在具体适用时,要考察当事人对于第三人权利的约定,例如是否约定第三人可以直接要求债务人履行债务或者在债务人未履行或者履行不符合合同约定时,债权人可以直接要求债务人承担违约责任;如果不存在相关约定,仍要进一步考察是否存在相应的法律规定赋予第三人直接履行请求权。如果亦不存在相应的法律规定,则应当适用《民法典》第 522 条第 1 款的规定;如果存在,则适用第 522 条第 2 款的规定。①

鉴于《保险法》中并无关于财产保险合同受益人的直接规定,受益人要取得请求权,应注意规范投保人和保险人合同中的约定。2018 年 12 月,上海市高级人民法院在发布的《2017 年度上海法院金融商事审判情况通报》中指出,保险公司的保证保险合同条款对所谓"第一受益人"权利、赔付条件和赔付机制等关键条款均存在约定不明的情况。

关于合同条款的约定方面,狮桥融资租赁(中国)有限公司对于受益人条款的表述和约定具有较好的参考意义。项目保险批单上"物约及附加信息"中注明:"本保单的第一受益人为狮桥融资租赁(中国)有限公司,作为本

---

① 最高人民法院民法典贯彻实施工作领导小组:《中华人民共和国民法典合同编理解与适用(一)》,人民法院出版社 2020 年版,第 416 页。

保单第一保险金请求权人,当本车发生保险责任范围内事故时,赔款由狮桥融资租赁(中国)有限公司领取"。

而在该项目涉及的(2020)黔 03 民终 7189 号案中,对于狮桥租赁公司是否具有保险金请求权资格,贵州省遵义市中级人民法院也认为,被告辩解财产保险中不存在受益人,但保险车辆投保单系双方真实意思表示,未违反法律法规强制性规定。投保人与保险人在保单中已明确约定发生保险事故时原告为第一保险金请求权人,赔款由原告领取,故原告依照合同约定行使保险金请求权,未违反法律法规强制性规定,应予支持。

第七节　回购交易的法律性质、逻辑前提和实践操作

回购是商事交易创新的结果。对于回购模式,《民法典》《担保制度司法解释》及之前法律法规均无直接规定,但回购在融资租赁交易,特别是在批量的厂商业务[①]中应用普遍。2022 年 5 月 2 日,笔者在中国裁判文书网以"回购"为关键词搜索融资租赁额合同纠纷判决书达 4 993 份,占到同期判决 139 431 份的 3.58%。

一、回购性质:实践中的争议

(一) 回购具有担保或增信的功能

回购一般具有担保或增信的功能。在融资租赁业务中,回购是指出租人、承租人外的第三方,在符合回购条件(主要包括承租人违约等)时,向出租人支付回购价款,取得出租人对承租人的债权或者一并取得租赁物所有权的合同类型。

对于具有增信或担保功能的文件,《担保制度司法解释》第 36 条规定:

---

① 常见出租人、生产商、代理商三方签订回购框架协议,由出租人根据生产商、代理商的资信给予一定的合作额度,约定出租人在合作额度内对生产商、代理商推荐的客户批量提供融资,生产商和代理商就其提供的租赁物承担回购责任。韩耀斌:《融资租赁司法实务与办案指引》,人民法院出版社 2020 年版,第 375—376 页。

"第三人向债权人提供差额补足、流动性支持等类似承诺文件作为增信措施,具有提供担保的意思表示,债权人请求第三人承担保证责任的,人民法院应当依照保证的有关规定处理。第三人向债权人提供的承诺文件,具有加入债务或者与债务人共同承担债务等意思表示的,人民法院应当认定为《民法典》第552条规定的债务加入。前两款中第三人提供的承诺文件难以确定是保证还是债务加入的,人民法院应当将其认定为保证。第三人向债权人提供的承诺文件不符合前三款规定的情形,债权人请求第三人承担保证责任或者连带责任的,人民法院不予支持,但是不影响其依据承诺文件请求第三人履行约定的义务或者承担相应的民事责任。"就保证而言,属于从属性债务,在效力、履行顺位等都具有补充属性;债务加入的,则加入方取得独立的债务人地位,本质上负担独立的自身债务。无论保证加入还是债务加入,都具有消灭原债权的功能,具有单务合同属性,无法对债权人课以责任或义务。从该角度来看,回购合同涉及债权人的租金债权或租赁物物权转让,较上述两种情形复杂。

(二) 司法实践中对回购性质的认定

司法实践中,回购性质往往是争议焦点。上海市黄浦区人民法院在《2014—2015年融资租赁案件审判白皮书》载明:"特别是厂商租赁,多表现为当事人签订有《回购合同》,出租人在起诉时往往要求回购人(通常为制造商或经销商)承担回购义务。但由于回购关系的法律性质尚无定论,各方当事人法律关系错综复杂,致使相关案件的审理争议颇大。实践中,绝大多数上诉案件均系由回购义务人提起,占比达到74.14%。"

关于回购合同性质,比较有代表性的观点如下。

一是混合合同说。《上海法院类案办案要件指南》(第1册)中的观点:回购合同是以附条件买卖合同为形式,以保证融资租赁合同履行为目的的一种混合合同,兼具保证和买卖的双重属性。具体来讲,在保证属性方面,回购合同具有担保债权、保障债权人债权得以实现的目的,回购人(出卖人)应在承租人违约时承担保证责任,即支付回购款。在买卖属性方面,出租人应向回购人交付符合合同约定的回购物。对于回购合同,不能单纯地适用担保或者买卖合同的相关规定,而是应结合担保和买卖两种法律规范对合同双方的权利义务予以调整。[①]

二是无名合同说。《天津法院融资租赁合同纠纷案件审理标准(试行)》规定:"4.8 回购合同不适用担保法中关于保证合同的规定,适用合同法第一百二十四条(无名合同)的相关规定。"按照该第 124 条"本法分则或者其他法律没有明文规定的合同,适用本法总则的规定,并可以参照本法分则或者其他法律最相类似的规定",回购合同作为一种独立的合同类型,适用总则或最类似分则的规定。回购担保为非典型担保,其法律适用应遵循合同自由原则,在合同内容不违反法律、行政法规强制性规定的情况下,在法律适用时,不能简单适用买卖合同或保证合同的处理规则,而应综合考虑合同双方利益状态、合同目的及交易惯例等因素,充分遵循当事人的意思自治,参照《合同法》分析或其他法律中最相似的规定进行审理。根据合同约定,在回购人承担回购责任后,出租人应将租赁物的所有权转移至回购人。[②]

关于无名合同法律适用规则,(2022)鲁 13 民终 3158 号案,山东省临沂市中级人民法院做了全面阐述。法院认为,回购合同不同于典型的担保合同,担保合同实际上为代为清偿的单务合同,而回购合同从性质上看,具备保证合同与债权转让的双重性质。回购合同意味着回购人在承租人违约时即支付回购款,承担相应责任,从保证属性上看,具有担保债权得以实现的功能;从权利转移角度看,回购人承担回购责任后,出租人即将融资租赁合同项下享有的全部权利转让给回购人。鉴于回购合同为非典型合同,法律适用应遵循合同自由原则,在合同内容不违反法律、行政法规强制性规定的情况下,应充分尊重当事人的意思自治。综合考虑双务合同下的各方利益状态、合同目的实现以及交易习惯等因素,参照《民法典(合同编)》相关规定进行审理。通过《工程机械融资租赁业务合作协议书》第 6、18 条的约定可知,瑞力信公司对承租人按时支付每期租金承担连带保证责任及回购责任,原告主张被告承担回购责任,不应当直接适用担保合同的相关法律规定,而应充分尊重当事人的

---

① 茆荣华:《上海法院类案办案要件指南》(第 1 册),人民法院出版社 2020 年版,第 80—81 页。

② 李阿侠:《融资租赁案件裁判精要》,法律出版社 2018 年版,第 249 页;李阿侠:《回购担保合同的法律定性与裁量规则——对回购型融资租赁合同纠纷案的评析》,《天津法学》2018 年第 4 期,第 98—103 页。

意思自治,衡量双务合同下的各方利益状态,决定参照适用具体的法律规定。

被告抗辩回购条款应当参照适用公司对外担保效力、保证期间的相关规定,一审法院认为,公司对外担保性质上属于为保证债权人权利实现附条件代为履行的保证合同,由于对外担保不利于公司的长远经营发展且有可能损害股东利益,出于平衡相对人及股东权利的目的,公司的法定代表人违反公司法关于公司对外担保决议程序的规定,超越权限代表公司与相对人订立担保合同,相对人应当尽到对外担保决议程序的善意审查义务,而公司对外签订买卖合同、租赁合同等双务合同时,相关法律基于鼓励交易、促进效率的原则并未规定公司经股东决议程序才可对外订立,因此公司对外订立的双务合同不需要经过股东决议程序且相对人无需履行善意审查义务。本案中,双方订立的回购条款属于典型的双务合同,瑞力信公司签订回购条款无须经过股东决议程序,即使中和公司未履行善意审查义务亦不能认定回购条款无效,在不存在《民法典》第 153、154 条规定的合同无效的法定情形时,应认定双方订立的回购条款有效。

关于回购条款是否适用保证期间的问题。虽然《民法典》第 692 条规定基于保护保证人、督促债权人及时行使权利的立场,在保证债务诉讼时效之外专门规定了保证期间制度,明确规定所有保证债务均强制适用保证期间,但双方订立的回购条款性质上为双方受益的无名合同,双方在订立融资租赁合同时,综合考量双方利益状态而设立了回购条款,故法律适用应充分尊重合同自由、当事人的意思自治的基本原则,在双方未明确约定适用保证期间规定的情况下,不宜超越双方意思自治的边界,而适用保证期间的规定。

二、关于回购合同性质的共识和进一步讨论

讨论"回购合同性质"的重要实践价值,不仅在于确定其是否具备担保效力、是否应参照担保规范,而且在于探索是否存在一种不受担保规范规制的回购形式,以及在何种情况下能够成就,进而探索能否按照一般买卖事项出具内部决议,而非按照担保流程出具决议。

(一) 基于同一逻辑假设得出唯一结论

前述混合合同说认为应当结合担保的相关规定;无名合同说认为,应当

尊重意思自治;而在实践中,大部分回购合同都会基于"承租人违约"这一基础条件设定回购。也就是说,从当事人意思来看,具备担保的意思表示。无论哪种学说,面对以承租人违约为条件的回购时,其得出的结论可能都是唯一的,均需参照或者考虑担保相关规范。从实践层面也会得出唯一结论:融资租赁回购合同中关于生产商、代理商等在回购条件成就时向融资租赁公司支付回购款等相关事宜,适用担保法的各项法律规定;关于融资租赁公司向生产商、代理商等转让租赁物所有权的约定,则应当适用合同法与物权法关于所有权转让及交付的有关法律规定。[①] 无论如何,要想回购人承担责任,需要参照担保法的规范,由担保决议机关出具决议。

然而,值得注意的是,这些讨论基于同一假设,即回购为附条件,且所附条件一般为"承租人违约"。如果打破这一前提,按照"买卖合同"的逻辑进行设计,将回购从附"承租人违约"条件变更为"附期限",例如约定:融资租赁合同生效后 2 年或 3 年时,出租人有权要求第三方购买租赁物的,性质将如何认定?

(二)"附条件"变更为"附期限"的性质认定

由上可以看出,按照附"承租人违约"条件设计回购,无疑混合合同说更为合理,原因在于这一观点本身就预设了能够得出这一结论的前提。而一旦按照"附期限",甚至是其他条件形式设计回购,则触发回购的前提,也就是当事人各方的意思不一定表现为担保融资租赁债权实现。该情况下,按照当事人真实意思,即按照无名合同规则具体分析合同性质将更为周延。

实际操作中,可以依照买卖合同逻辑设计回购合同,出租人、承租人、回购方共同约定:在租期结束前的某个时点,出租人有权要求第三方回购租赁物,无论承租人是否违约。从形式上看,附条件买卖属于买卖合同范畴,应当注意买卖合同的基本要素。《民法典》第 595 条规定,买卖合同是出卖人转移标的物的所有权于买受人,买受人支付价款的合同;第 596 条规定,买卖合同的内容一般包括标的物的名称、数量、质量、价款、履行期限、履行地点和方式、包装方式、检验标准和方法、结算方式、合同使用的文字及其效

[①] 韩耀斌:《融资租赁司法实务与办案指引》,人民法院出版社 2020 年版,第 375—376 页。

力等条款。

跳出"附条件"回购的逻辑前提，充分运用"附期限"规则才可能跳出"回购必须使用担保规则，按照担保规则出具决议"的结论。

三、带物回购操作中的难题破解

无论按照"附期限"买卖结构，还是按照附条件的带物买卖结构设计回购都涉及租赁物交付问题，这一问题往往成为交易中的痛点。而结合理论和实践进行深入分析，带物回购的交付问题似并无太大障碍。关于物的交付义务，主要包括以下问题。

（一）回购项下卖方是否必须承担交付义务

当事人约定"无论是否交付，所有权均转移至买方"的，能否可以视为卖方完成了买卖合同项下义务？从《民法典》第 598 条规定来看，"出卖人应当履行向买受人交付标的物或者交付提取标的物的单证，并转移标的物所有权的义务"，交付属于卖方法定义务。也就是说，除了要有当事人之间的债权合意外，还要进行交付，才发生物权变动的效力；否则，仅有当事人之间的合意而没有交付，物权变动就不发生预期的结果。[①] 这一点，从物权变动规定的变化也可见一斑。《民法典》第 224 条规定："动产物权的设立和转让，自交付时发生效力，但是法律另有规定的除外"，较之前《合同法》第 133 条之规定"标的物的所有权自标的物交付时起转移，但法律另有规定或者当事人另有约定的除外"，删除了"当事人另有约定的除外"的规定。限制当事人约定创设物权转移方式也比较符合物权法定之精神。

（二）交付方式并非一概意味着实物交接

交付可以通过现实交付，也可以通过《民法典》第 226—228 条规定的简易交付、指示交付和占有改定等交付形式。尤其是按照《民法典》第 227 条关于指示交付的规定，即"动产物权设立和转让前，第三人占有该动产的，负

---

① 最高人民法院民法典贯彻实施工作领导小组：《中华人民共和国民法典物权编理解与适用（上）》，人民法院出版社 2020 年版，第 131 页。

有交付义务的人可以通过转让请求第三人返还原物的权利代替交付"。在约定带物回购的情况下,回购前提通常为承租人不配合履行融资租赁合同项下义务,合同陷入僵局。在此情况下,由出租人取回或者与承租人、回购人共同清点租赁物等,操作层面可能会遇到较大障碍。指示交付无疑解决了上述痛点问题。

对于现实中各方无法就指示交付协商达成一致、必须现实交付的,以下案例具有典型参考意义。(2021)粤 06 民终 5264 号案,双方约定"中汇泰富公司向泰格威公司发出查验租赁物的书面通知,通知泰格威公司派指定代表到租赁物现场共同查验租赁物,双方代表查验完毕后,双方开具《租赁物查验清单》或建微信群拍照(确认所查验的租赁物)的行为,标志着泰格威公司完成租赁物查验工作,回购条件成立",未将质量瑕疵担保等设定为出租人义务。

广东省佛山市中级人民法院认为,根据泰格威公司与中汇泰富公司签订的《回购协议》约定,泰格威公司同意当满足本协议约定的回购条件时,根据协议约定的回购价款向中汇泰富公司回购租赁物,同时对回购条件进行了约定。中气公司逾期支付租金存在违约行为,已符合前述协议约定的回购条件,因此,泰格威公司应按协议约定履行回购义务。前述协议同时约定了租赁物的查验,即双方开具《租赁物查验清单》就完成了对租赁物的查验工作,回购条件成立,并无明确对查验时设备的质量、性能进行约定。另如一审所述,除协议明确约定的租赁物查验方法之外,在计算回购价款方法时,亦无约定以查验时设备的状态、质量作为影响计价的因素之一。因此,泰格威公司仍上诉主张在租赁物回购时查验其质量及性能并无合同依据,本院不予支持。

(三) 交付前租赁物灭失或不存在的

虽然不管是现实交付还是观念交付均需要有租赁物的交付过程,但交付主要解决所有权的转移时点问题,所有权相关的风险转移时点可以由当事人自行约定。《民法典》第 604 条规定,标的物毁损、灭失的风险,在标的物交付之前由出卖人承担,交付之后由买受人承担,但是法律另有规定或者当事人另有约定的除外。如果当事人在合同中对风险负担的转移有特别约定,即作出与交付主义的风险负担规则相悖的约定,例如动产的出卖人与买受人约定"在买受人支付完价款前,一直由出卖人承担风险",或者约定"买卖合同一经订立,买受人就承担风险"等与法律规定的风险转移时点不符的约定,也应当根据《民法典》第604条关于风险负担的规则属于任意性规定解释,认定当事人在买卖合同中关于风险负担的特别约定有效。不过,需要注意的是,此处所言"另有约定"专指买卖合同的双方当事人就"风险负担的移转"另有约定,而不是指"标的物所有权的移转"另有约定。如果当事人仅就买卖标的物所有权的移转作出特别约定的,并不影响标的物的风险依据该条所定的"交付"标准而转移。例如,动产的出卖人与买受人在合同中仅约定"自买卖合同订立时起,买受人取得标的物的所有权",则该标的物的风险仍然在出卖人交付标的物时转移。① 按此逻辑,在回购合同签订时,各方可以约定回购义务人自行承担标的物灭失毁损等风险。在约定回购方承担相应风险的情况下,租赁物毁损灭失的,回购方支付回购款项,出租人向回购义务人转让标的物返还请求权视为完成交付,回购方得以向承租人主张权利。

四、涉及回购诉讼实践中的注意事项

涉及回购的诉讼纠纷由于没有专门的法律规定,在实体审查或程序审查方面有值得注意的事项。

(一) 实体审查注意事项

作为一种新型交易模式,法院审查中一般较为全面。审查要素包括:① 融资租赁合同成立并合法有效;② 回购合同成立并合法有效;③ 回购合同约定的回购条件成就;④ 租赁物真实存在;⑤ 回购价款符合合同约定。回购合同属于双务合同,回购方在合同约定的回购条件成就后即应向出租人支付回购价款并取得租赁物,故租赁物的真实存在、回购条件成就以及回购价款的计算是需要审核的主要要件。其中,涉及回购价款的金额一般不

---

① 最高人民法院民法典贯彻实施工作领导小组:《中华人民共和国民法典合同编理解与适用(二)》,人民法院出版社2020年版,第901页。

是租赁物残值的对价,而是承租人未付租金、逾期利息及其他费用的对价。对于回购价款中逾期利息及其他费用存在畸高的情形下,法院应当对过高的逾期利息及其他费用予以适当调整。[①]

具体案件中,通常以当事人各方约定是否合法有效为审查要点。其中,如果回购时租赁物不存在,法院应根据各方对风险负担的约定判断各方权利义务;关于回购价格的设定,实践中的通常做法是以租金为计算基准,不得存在畸高情形,例如(2020)粤民申 9474 号判决,广东省高级人民法院认为,泰瑞公司与禧成公司签订的案涉《产品回购协议》约定,假如荣益公司出现《融资租赁合同》约定的严重违约情形,并因此导致其无法履行对禧成公司所负的义务,则禧成公司有权要求泰瑞公司立即承担回购责任,回购价格为至回购当日荣益公司尚未支付完毕的租赁本金余额。在荣益公司未依约支付租金 1 422 600 元的情况下,一、二审法院对禧成公司关于泰瑞公司以欠付租金回购租赁物的主张予以支持,符合合同约定和本案事实。

(二) 程序性选择

融资租赁合同纠纷和回购合同纠纷的请求权基础、义务人、法律关系、合同权利义务均不一致,能否合并处理?(2021)沪民申 1054 号案,上海市高级人民法院认为,承租人违约时,出租人依据融资租赁合同要求承租人支付租金及违约金,依据回购合同要求回购人支付回购款。该诉讼中虽然包含两个不同的法律关系,但两个法律关系是相互关联的,可以一并处理。本案中,在承租人友谊财源合作社违约的情况下,海尔融资租赁公司向承租人友谊财源合作社及其保证人以及回购人黑龙江农垦公司主张权利都有相应的合同依据,且原审判决在判决主文中已对避免重复超额受偿进行了限制。对此,有法院也认为,融资租赁法律关系与回购一并起诉。出租人向承租人主张租金,同时向回购人主张回购责任的,法院可以合并审理。[②] 由此来看,从实践角度,合并处理有先例可循,也具有现实合理性。

---

① 茆荣华:《上海法院类案办案要件指南(第 1 册)》,人民法院出版社 2020 年版,第 23—24 页。

② 茆荣华:《上海法院类案办案要件指南(第 1 册)》人民法院出版社 2020 年版,第 82 页。

　　而在(2022)鲁民终 903 号案件中,地矿公司称,若要求海运公司支付租金的请求和要求新宝金公司履行回购义务的请求不能同时主张,则地矿公司放弃对新宝金公司的回购义务的请求。最终,一审青岛海事法院认定,回购合同的履行依赖于融资租赁合同关系的存在。因地矿公司和海运公司之间并非融资租赁合同关系,故地矿公司要求新宝金公司履行回购义务的主张无事实和法律依据。而且,地矿公司要求海运公司支付租金的请求和要求新宝金公司履行回购义务的请求不能同时主张,经一审法院向地矿公司释明后,地矿公司放弃对新宝金公司的回购义务的请求,故一审法院对此地矿公司此项诉讼请求不予支持。二审山东省高级人民法院则认定"因地矿公司在一审中放弃了对新宝金公司向地矿公司支付回购价款的诉讼请求,本院二审判决维持一审法院判决"。

第一节 涉融资租赁公司行政处罚情况分析

截至 2022 年 5 月 25 日,《融资租赁公司监督管理暂行办法》(简称《暂行办法》)实施满两年。两年来,融资租赁公司被处以的行政处罚呈现哪些特点? 我们以威科先行数据为口径来窥见一斑。

一、涉融资租赁公司处罚总体情况

2020 年 5 月 26 日—2022 年 5 月 25 日,威科先行共收录融资租赁公司处罚 416 件,《暂行办法》实施以来,各地监管部门对融资租赁公司实际营业情况进行了排查梳理,尤其对于"僵尸企业"进行了清理。反映在行政处罚中,416 件处罚案件因涉及"吊销营业执照处罚事由成立后无正当理由超过六个月未开业的,或者开业后自行停业连续六个月以上"原因而被吊销执照 256 件。[①] 因此,吊销营业执照相关的市场监管处罚占比较大,这也是融资租赁公司处罚的突出特点。

考察 416 件处罚,总体呈现以下特点。

---

① 实际被清理数量远超该数字。参见《融资租赁行业加速清出:2021 年已公布非正常经营公司 4 859 家,超 2020 年总量 2 倍》,https://www.sohu.com/a/469960607_104992,最后访问日期:2022 年 5 月 21 日。

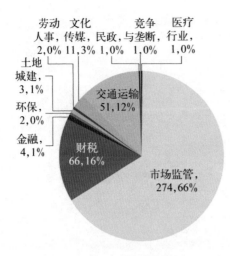

劳动 文化   竞争 医疗
人事, 传媒, 民政, 与垄断, 行业,
2,0% 11,3% 1,0% 1,0% 1,0%
土地
城建,
3,1%
环保,
2,0%
金融,
4,1%
交通运输
51,12%
财税
66,16%
市场监管,
274,66%

图 6-1 416 件行政处罚事由占比
(单位: 件)

(一) 处罚事由分布广,但相对集中

416 件处罚共涉及 11 类处罚事由,其中 274 件市场监管涉及"企业日常运营",4 件金融涉及"外汇"的 3 件,11 件文化传媒均与互联网相关(见图 6-1)。

(二) 处罚机构涉及多部门,市场监管局占比 2/3

在 416 件处罚中,市场监管局占 274 件,占比 66%。值得注意的是:广东东莞市某两镇政府分别因为融资租赁公司驾驶员"普通货车危险货物运输专用车辆未悬挂、喷涂危险货物运输标志""未取得经营许可,擅自从事网约车经营活动",对融资租赁公司以处罚。涉及劳动方面 2 件处罚:某公司北京分公司涉嫌拖欠 80 余名和 60 余名员工工资,被分别处罚。

(三) 处罚发生地区和处罚时间

在威科先行收录的行政处罚中,2020 年、2021 年、2022 年分别为 94 件、227 件、95 件。处罚地区相对集中,排名前五的分别为上海 122 件、天津 109 件、广东 52 件、江苏 31 件、福建 17 件,共计 331 件,占到处罚总数的 79.6%,远超其他 18 地市处罚之和。这一特点与融资租赁公司注册相对集中、经营活动相对集聚等特点有关。

二、正常经营企业处罚情况

416 件处罚中,剔除 256 件被吊销营业执照的处罚外,剩余 160 件。这 160 件系正常经营企业处罚情况。这 160 件为处罚事由主要有以下类型。

(一) 违反税收管理规定

众所周知,会计、法律、税收、监管是融资租赁行业的四大支柱。从处罚情况看,税收方面的处罚数量为 67 件,占正常经营企业处罚的近 42%。这些处罚呈以下特点:一是处罚事由集中,小额处罚较多。67 件处罚中,涉及《中华人民共和国税收征收管理法》第 62 条的处罚 42 件,占 62.69%,近 2/3。该条规定:"纳税人未按照规定的期限办理纳税申报和报送纳税资料的,或者扣缴义务人未按照规定的期限向税务机关报送代扣代缴、代收代缴税款报告表和有关资料的,由税务机关责令限期改正,可以处二千元以下的罚款;情节严重的,可以处二千元以上一万元以下的罚款。"通常涉及该条的经济处罚均较轻。二是与涉税总体处罚情况有相似性。根据威科先行统计,第 62 条项下处罚累计近 37 万元,比该法其他 90 余条文所涉及的处罚总和还多(排名第二的是第 63 条"纳税人伪造、变造、隐匿、擅自销毁账簿、记账凭证,或者在账簿上多列支出或者不列、少列收入,或者经税务机关通知申报而拒不申报或者进行虚假的纳税申报,不缴或者少缴应纳税款的,是偷税。对纳税人偷税的,由税务机关追缴其不缴或者少缴的税款、滞纳金,并处不缴或者少缴的税款 50% 以上 5 倍以下的罚款;构成犯罪的,依法追究刑事责任",融资租赁企业涉及该条处罚有 5 件)。

(二) 交通运输相关处罚

交通运输相关处罚 51 件、互联网相关处罚 11 件均为"不在许可的经营区域从事网约车经营活动或未取得许可擅自从事网约车经营"等,也属于交通运输相关范畴。上述两类处罚合计 62 件,占 160 件的 38.75%。交通运输相关处罚数量多,占比较大,与车辆融资租赁及纠纷占比较大有一定关系。

具体分析 62 件交通运输相关处罚,呈现以下特点:一是地域集中。从地域上看,排名前三位的广东、安徽、福建分别为 22 件、8 件、7 件,累计 37 件,占此类处罚的 59.68%。二是处罚对象集中,单一相对人占到近一半。从处罚对象来看,江西某集团旗下汽车融资租赁服务有限公司在各地被处罚计 25 件,占 40.3%。该公司经营范围包括汽车融资租赁服务等,被处罚事由包括危险货物运输电子运输轨迹、未悬挂或喷涂危险货物运输标志、擅自聘请未取得道路危险货物运输从业资格证的从业人员上岗作业、擅自改装、超重超限等,从处罚事由来看,均系直接与货物运输相关纠纷。三是其他处罚事由也相对集中。除江西某集团之外的处罚案件中,处罚事由分布也相对集中,分别为:公司或驾驶员未取得经营许可擅自从事网约车或出租车经营活动 27 件、未按规定对所经营管理的车辆定期进行维护检测或定级 5 件、一年内违法超限运输的货运车辆超过本单位货运车辆总数 10%,共 3 件(停业整顿 7 天),另有涉及网络平台发布的提供服务车辆与实际提供服务车辆不一致、损坏公路路产未向管理机构报告各 1 件。其中,关于未取得资质从事网约车服务,根据《网络预约出租汽车经营服务管理暂行办法》(2019 年修正)第 34 条规定:"违反本规定,有下列行为之一的,由县级以上出租汽车行政主管部门责令改正,予以警告,并处以 10 000 元以上 30 000 元以下罚款;构成犯罪的,依法追究刑事责任:(一)未取得经营许可,擅自从事或者变相从事网约车经营活动的"。虽然车辆驾驶员均为司机,但被处罚主体均为车辆所有权人,即出租人。

(三) 其他处罚情况多种多样

160 项处罚中,除税务和道路交通相关处罚外,外汇相关 4 件(违反外汇登记管理规定 3 件、擅自改变资本金结汇资金用途)、涉嫌使用排放不合格的非道路移动机械案、城乡建设 2 件(擅自处理建筑垃圾、未取得建设工程规划许可证或者未按照建设工程规划许可证的规定进行建设)、拖欠工资 2 件(同一主体,均罚款 2 万元)、当事人未依法公示年报,等等。

三、涉融资租赁公司处罚情况评析

2020 年 5 月《暂行办法》实施以来,融资租赁主要聚集地金融办下发的行政处罚情况如何?经查阅上海、天津、广东、江苏、福建等地金融办官方网站,由于《暂行办法》实施时间较短,从各地网站公开情况来看,笔者仅发现融资租赁公司行政处罚 1 件,发生在天津,即某融资租赁公司 2019 年第三、四季度未按规定填报"全国融资租赁企业管理信息系统"、2019 年 7—12 月未报送月报情况,违反《天津市地方金融监督管理条例》第 12 条有关规定。依据《天津市地方金融监督管理条例》第 38 条有关规定,2020 年 7 月 20 日做出责令限期改正,处人民币 20 万元罚款的行政处罚。

综上,涉融资租赁公司处罚主要有以下特点:一是融资租赁公司处罚涉及的行政机关较多,处罚主体和处罚事由较为分散;从处罚措施来看,主要为罚款类行政处罚,金额一般较小。与之相比,金融租赁公司处罚类型既包括大额罚款,也涉及警告、记过等行政处罚,处罚后果较为严重。二是融资租赁公司的处罚管理体系尚处于发展初期。融资租赁公司虽然被定位为地方金融机构,但由于地方相关管理部门接手时间较短,各地融资租赁行业尚处在完善基本规则、摸清经营数据、熟悉监管规范的初期阶段,相对成熟健全、运行有效的监管规范还需时日才能充分建立,管理体系总体未健全完善。三是配套措施尚有待完善。从金融租赁公司处罚情况看,不仅通常会对法人机构和责任个人进行双罚,而且要求对金融租赁公司进一步追究责任。相对于受到刑事处罚、行政处罚、党纪处分、内部处分及其他处罚等惩戒措施的信息,按照《银行业金融机构从业人员处罚信息管理办法》规定,各机构应建立从业人员处罚信息管理制度,明确专门部门、专职人员负责处罚信息报送、申请查询和日常管理等工作,融资租赁公司行政处罚的配套管理措施尚有完善空间。

第二节　涉金融租赁公司行政处罚特点统计分析

截至 2022 年 8 月,笔者统计发现金融租赁公司行政处罚决定书 127 件,涉及 85 项处罚事项。两者数字不一致的原因在于,部分处罚文书系针对同一事项,分别向公司和个人下达,但文号不同。

一、涉金融租赁公司行政处罚总体特点

(一) 处罚实施机关主要是银保监部门,双罚占到一定比例

在 127 份处罚中,银保监处罚 101 件、中国人民银行处罚 15 件、其他机关处罚 11 件;按事项口径统计,上述数字分别为 67 项、7 项、11 项。由于存在部分处罚决定书处罚对象既包括公司,也包括个人,所以上述两口径之间的差额均系个人被处罚的案例(见图 6-2、图 6-3)。

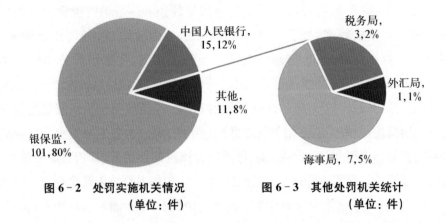

图 6-2　处罚实施机关情况　　　　图 6-3　其他处罚机关统计
（单位：件）　　　　　　　　　（单位：件）

（二）中国人民银行处罚主要涉及反洗钱、报表和征信等

人民银行的 15 项处罚主要涉及 7 个方面问题，处罚相对集中，包括：一是反洗钱 3 项。涉及反洗钱"未按规定履行客户识别义务""未按照规定报送大额交易报告或者可疑交易报告的"为 3 项 11 件处罚，该 3 项处罚均实行了公司和个人双罚。二是数据报送或统计 2 项。涉及提供不实统计报表、违反《金融统计管理规定》第 38 条规定①等。三是征信业务 2 项。包括：

---

① 《金融统计管理规定》第 38 条规定：金融金融租赁公司统计及相关部门和人员，有下列行为之一者，由中国人民银行地（市）级（含地、市）以上金融租赁公司和有关部门对该金融金融租赁公司给予警告并处以 3 万元以下罚款；对金融金融租赁公司直接负责的高级管理人员、其他直接负责的主管人员和直接责任人员，由所在金融金融租赁公司或者上级金融金融租赁公司给予警告、严重警告、记过、记大过、降级的纪律处分。中国人民银行统计及相关部门的工作人员有下列行为之一者，由所在单位或上级单位给予警告、严重警告、记过、记大过、降级的纪律处分。① 虚报、瞒报金融统计资料的；② 伪造、篡改金融统计资料的；③ 拒报或者屡次迟报金融统计资料的；④ 违反本规定，未经批准，自行编制发布金融统计调查表，造成恶劣影响的；⑤ 违反本规定有关保密条款和《金融工作中国家秘密及其密级具体范围规定》，超越权限，自行公布金融统计资料造成严重后果的；⑥ 强迫和授意统计部门和统计人员在统计数据上弄虚作假的；⑦ 对坚持原则实报统计数据或检举揭发统计违法、违规行为人员进行刁难、打击报复的；⑧ 在接受统计检查时，拒绝提供情况、提供虚假情况或者转移、隐匿、毁弃原始统计记录、统计台账、统计报表以及与统计有关的其他资料造成重大损害的；⑨ 使用暴力或者威胁的手段阻挠、抗拒统计检查的；⑩ 中国人民银行总行、分行、营业管理部、省会（首府）城市中心支行依法认定的其他行为。

征信业务违反《征信业管理条例》(国务院令第 631 号)第 40 条、①未取得信息主体书面授权查询其信用报告(见表 6-1、表 6-2)。

表 6-1　中国人民银行行政处罚的案件

序号	日期	文书号	实施机关	处罚对象	违 规 事 项	处罚结果
1	2016 年 3 月 17 日	武银罚字〔2016〕第 2 号	中国人民银行武汉分行	GD 金融租赁公司	提供不实统计报表	警告,并处罚款 5 万元
2	2016 年 7 月 22 日	乌银罚字〔2016〕第 2 号	中国人民银行乌鲁木齐中心支行	CCGX 金融租赁有限公司	征信业务违反《征信业管理条例》(国务院令第 631 号)第 40 条	对 CCGX 金融租赁有限公司处以五万元罚款,对直接负责的主管人员和其他直接责任人员处 1 万元罚款
3	2018 年 8 月 21 日	渝银罚〔2018〕24 号	中国人民银行重庆营业管理部	YNS 金融租赁有限责任公司	违反《金融统计管理规定》(中国人民银行令〔2002〕第 9 号颁布)第 38 条规定	给予警告并处以人民币 3 万元罚款
4	2018 年 12 月 16 日	南宁银罚〔2018〕17 号	中国人民银行南宁中心支行	BBW 金融租赁有限公司	未取得信息主体书面授权查询其信用报告	5 万元罚款

---

① 《征信业管理条例》第 40 条规定:向金融信用信息基础数据库提供或者查询信息的金融租赁公司违反本条例规定,有下列行为之一的,由国务院征信业监督管理部门或者其派出金融租赁公司责令限期改正,对单位处 5 万元以上 50 万元以下的罚款;对直接负责的主管人员和其他直接责任人员处 1 万元以上 10 万元以下的罚款;有违法所得的,没收违法所得。给信息主体造成损失的,依法承担民事责任;构成犯罪的,依法追究刑事责任:① 违法提供或者出售信息;② 因过失泄露信息;③ 未经同意查询个人信息或者企业的信贷信息;④ 未按照规定处理异议或者对确有错误、遗漏的信息不予更正;⑤ 拒绝、阻碍国务院征信业监督管理部门或者其派出金融租赁公司检查、调查或者不如实提供有关文件、资料。

续　表

序号	日期	文书号	实施机关	处罚对象	违 规 事 项	处罚结果
5	2019 年 12 月 24 日	武银罚字〔2019〕第 22 号、武银罚字〔2019〕第 23 号、武银罚字〔2019〕第 24 号	中国人民银行武汉分行	HB 金融租赁股份有限公司	违反《中华人民共和国反洗钱法》第 32 条第（一）项规定，未按规定履行客户身份识别义务	对单位处罚款 80 万元，对 2 名直接责任人共计处罚款 5.5 万元
6	2019 年 2 月 14 日	武银罚字〔2019〕第 8 号	中国人民银行武汉分行	潘某（时任 GD 金融租赁股份有限公司总裁）	对 GD 金融租赁股份有限公司违法违规行为负有责任：1. 未按照规定履行客户身份识别义务的；2. 未按照规定报送大额交易报告或者可疑交易报告的	罚款 1.5 万元
7	2019 年 2 月 14 日	武银罚字〔2019〕第 7 号	中国人民银行武汉分行	许某（时任 GD 金融租赁股份有限公司办公室负责人）	对 GD 金融租赁股份有限公司未按照规定报送大额交易报告的违法违规行为负有责任	罚款 0.5 万元
8	2019 年 2 月 14 日	武银罚字〔2019〕第 6 号	中国人民银行武汉分行	彭某（时任 GD 金融租赁股份有限公司业务四部负责人）	对 GD 金融租赁股份有限公司未按照规定履行客户身份识别义务的违法违规行为负有责任	罚款 1 万元
9	2019 年 2 月 14 日	武银罚字〔2019〕第 5 号	中国人民银行武汉分行	GD 金融租赁股份有限公司	违反《中华人民共和国反洗钱法》第 32 条第一款第一项规定，未按规定履行客户身份识别义务；违反《中华人民共和国反洗钱法》第 32 条第一款第三项规定，未按照规定报送大额交易报告和可疑交易报告	对单位共处 30 万元罚款

序号	日期	文书号	实施机关	处罚对象	违 规 事 项	处罚结果
10	2020年12月30日	深人银罚〔2020〕32号	中国人民银行深圳市中心支行	GY金融租赁股份有限公司	1.错报存款准备金考核材料;2.未按规定履行客户身份识别义务	警告,罚款90万元
11	2020年12月30日	深人银罚〔2020〕42号	中国人民银行深圳市中心支行	张某(GY金融租赁股份有限公司船舶业务部副总经理)	对GY金融租赁股份有限公司未按规定履行客户身份识别义务的违法违规行为负有直接责任	罚款2万元
12	2020年12月30日	深人银罚〔2020〕43号	中国人民银行深圳市中心支行	刘某(GY金融租赁股份有限公司经营管理部总监助理)	对GY金融租赁股份有限公司未按规定履行客户身份识别义务的违法违规行为负有直接责任	警告,罚款5万元
13	2020年12月30日	深人银罚〔2020〕44号	中国人民银行深圳市中心支行	黄某(GY金融租赁股份有限公司普惠金融事业部副总经理)	对GY金融租赁股份有限公司未按规定履行客户身份识别义务的违法违规行为负有直接责任	罚款2万元

表6-2 其他机关作出的行政处罚

序号	处罚时间	文书号	实施机关	处罚对象	违规事项	处罚依据	处罚结果
1	2018年12月21日	京西一税罚〔2018〕275号	国家税务总局北京市西城区税务局	中国HY金融租赁有限责任公司	未按照规定期限办理纳税申报和报送纳税资料	《中华人民共和国税收征收管理法》第62条	罚款2000元
2	2018年1月29日	沈地税三稽罚〔2018〕5号	沈阳市地方税务局第三稽查局	JY金融租赁有限责任公司	未按规定缴纳印花税	《中华人民共和国税收征收管理法》第64条	罚款10元

续 表

序号	处罚时间	文书号	实施机关	处罚对象	违规事项	处罚依据	处罚结果
3	2016年2月14日	沪地税一稽罚一〔2016〕10号	上海市地方税务局第一稽查局	NY金融租赁有限公司	在管理费用——业务宣传费列支相关费用,未代扣代缴个人所得税。依据有关法律法规,责成补扣补缴相应的税款	《中华人民共和国税收征收管理法》第69条	处以应代扣代缴税款50%罚款
4	2022年2月21日	苏海事罚字2021060703000789-1-1	中华人民共和国南通海事局	WJ金融租赁股份有限公司	2021年11月16日13:30—13:40,南通交管中心在狼山锚地南侧、长江26号浮水域监控检查发现:"九华山87"轮在船舶高峰流期间由北向南划江时,强行抢越顺航道上行他船船舶,给上下行船舶造成紧迫局面	《中华人民共和国内河交通安全管理条例》第17条第四款、第81条;《中华人民共和国内河避碰规则》;《中华人民共和国内河海事行政处罚规定》第17条第一款和第二款第(十一)项	罚款3000元
5	2022年4月19日	苏海事罚字2022060309000079-1-1	中华人民共和国镇江海事局	WJ金融租赁股份有限公司	镇江VTS中心执法人员通过交管监控系统发现,"九华山27"轮于2022年3月1日22:05—22:15在长江104—105号浮上行时,与下行受控船在单向控制段会船	《中华人民共和国内河交通安全管理条例》第17条第四款、第81条;《中华人民共和国内河海事行政处罚规定》第17条第一款和第二款第(三)项	罚款3000元
6	2022年5月18日	苏海事罚字2022060309000135-1-1	中华人民共和国镇江海事局	WJ金融租赁股份有限公司	镇江VTS中心执法人员通过交管监控系统发现,"九华山28"轮于2022年4月11日2:55—3:05在长江104—105-1号浮上行时,与下行受控船在单向控制段会船	《中华人民共和国内河交通安全管理条例》第81条、《中华人民共和国内河海事行政处罚规定》第17条第一款和第二款第(三)项之规定	罚款3000元

续　表

序号	处罚时间	文书号	实施机关	处罚对象	违规事项	处罚依据	处罚结果
7	2022年6月1日	苏海事罚字20220 60250000 497-1-1	中华人民共和国南京海事局	WJ金融租赁股份有限公司	2022年5月18日15:55,"江集运1232"轮在144#黑浮水域上行。浦口海事处第六快反中心监控发现,该轮沿144#黑浮北侧上行,未在规定通航分道内行驶	《中华人民共和国内河交通安全管理条例》第81条、《中华人民共和国内河海事行政处罚规定》第17条第一款和第二款第(三)项	罚款3 000元
8	2021年12月10日	苏海事罚字20210 61103000 201-1-1	中华人民共和国太仓海事局	WJ金融租赁股份有限公司	2021年11月27日9:57,太仓海事局执法人员在电子巡查中发现:"九华山27"轮于2021年11月27日9:51—2021年11月27日9:57,在长江#12浮—#13浮上行时,进入下行通航分道行驶。"九华山27"轮未按规定航路行驶	《中华人民共和国内河交通安全管理条例》第81条、《中华人民共和国内河海事行政处罚规定》第17条第一款和第二款第(三)项	罚款4 000元
9	2022年1月20日	苏海事罚字20220 60803000 011-1-1	中华人民共和国泰州海事局	WJ金融租赁股份有限公司	2022年1月11日8:20,泰州海事局执法人员电子核查时发现,停泊在天星洲锚地的WJ金融租赁股份有限公司所有的"九华山27"轮,2021年1月10日6:00—8:05进行船舶受油作业,未进行船舶进出港报告,涉嫌船舶进出内河港口,未按规定向海事管理金融租赁公司报告进出港信息	《中华人民共和国内河交通安全管理条例》第68条第(二)项、《中华人民共和国船舶安全监督规则》第55条第一款之规定	罚款8 000元

续　表

序号	处罚时间	文书号	实施机关	处罚对象	违规事项	处罚依据	处罚结果
10	2022年4月13日	苏海事罚字20220 60901000 021－1－1	中华人民共和国常州海事局	JS金融租赁股份有限公司	"鑫兴1"轮于2022年2月11日10:40在常州海轮锚地锚泊时,该轮本航次实际前后吃水为11.5米以上,超过了江阴大桥以上12.5米深水航道船舶最大吃水控制在11.36米的规定,该船舶未遵守海事管理金融租赁公司公布的富余水深要求	《长江干线水上交通安全管理特别规定》第34条第(二)项之规定	罚款20 000元
11	2018年11月26日	滨汇罚〔2018〕8号	国家外汇管理局滨海新区中心支局	GY金融租赁有限公司	违反外汇登记管理规定	依据《外汇管理条例》第48条第五项	责令改正,警告,罚款10 000元

从特点上来看:一是双罚占比较高。反洗钱所涉3个事项均进行了双罚,产生罚单11张;征信1项也进行了双罚。二是相对集中。受管理领域等限制,中国人民银行处罚频次较银保监会低,处罚所涉及的地域、被处罚对象、处罚事由等相对集中。三是处罚结果均涉及罚款,无论公司还是个人的处罚金额都相对较大。

(三) 其他涉金融租赁公司处罚

一是处罚数量较少,事由集中。在可以查询到的处罚中,金融租赁公司涉及海事相关处罚7项(涉及2家金融租赁公司)、税务3项、外汇1项,共11项,相对数量较少。二是处罚结果均涉及罚款。除税务局罚款外,其他罚款金额较中国人民银行处罚相对较小,尤其是海事局处罚。三是违反外汇管理的情形涉及《外汇管理条例》第48条:"有下列情形之一的,由外汇管理机关责令改正,给予警告,对金融租赁公司可以处30万元以下的罚款,对个人可以处5万元以下的罚款:(一)未按照规定进行国际收支统计申报的;(二)未按照规定报送财务会计报告、统计报表等资料的;(三)未按照规定提交有效单证或者提交的单证不真实的;(四)违反外汇账户管理规定的;(五)违反外汇登记管理规定的;(六)拒绝、阻碍外汇管理机关依法进行监督检查或者调查的。"

二、银保监部门处罚总体特点

(一) 年处罚数量: 处罚决定书数量及处罚事项数量

统计发现,截至2022年8月,银保监部门共下达处罚决定书101项,涉及处罚事项65项。具体来看:一是处罚决定书的数量和处罚事项的数量呈早期零星发生、后期平台式跃升、前低后高等显著特点。更能体现处罚特点的"处罚事项",2016年前1—2项零星出现、2017—2018年维持在7—8项、2019年以来呈10项以上的"平台式跃升"。二是出现金融租赁公司处罚与个人处罚年度分离的情况,例如2022年有4项个人处罚,其中1项对应2021年金融租赁公司处罚(对未经任职资格审查任命董事、高级管理人员,高级管理人员未经任职资格核准实际履行职责负有责任)、3项对应2020年金融租赁公司处罚(违规开展尽职调查、租赁物权属调查、确权等管理工作存在严重不足);2021年也有1项针对个人的处罚对应2020年金融租赁公司处罚事项(该公司严重违反审慎经营规则)。为统计方便,对该类情况分别作为单独处罚事项计入各处罚决定下发年度(见图6-4)。

图6-4　截至2022年8月银保监会处罚情况

之所以出现上述特点,与监管政策和力度关系密切。2017 年以来,强监管、严监管成为常态。2017 年,原中国银监会启动的"三三四十"("三三四十"专项整治行动是指在银行业全系统开展的"三违反、三套利、四不当、十乱象"大检查,其中"三违反"指违反金融法律、违反监管规则、违反内部规章;"三套利"指监管套利、空转套利、关联套利;"四不当"指不当创新、不当交易、不当激励、不当收费;"十乱象"指股权和对外投资、金融租赁公司及高管、规章制度、业务、产品、人员行为、行业廉洁风险、监管履职、内外勾结违法、涉及非法金融活动等十个方面的市场乱象)专项整治行动。为全面贯彻落实党的十九大、中央经济工作会议和全国金融工作会议精神,严守不发生系统性金融风险的底线,2018 年,银保监会印发《关于进一步深化整治银行业市场乱象的通知》(简称《通知》),在全国范围内进一步深化整治银行业市场乱象,巩固前期专项治理成果,着力引导银行业回归本源、专注主业、做精专业、合规经营、稳健发展。

(二) 涉金融租赁公司处罚情况

实施行政处罚的机关或机构共 26 家。其特点:一是主要由地方监管局实施。101 项中,银保监会下发处罚决定书 2 项,分别涉及 2020 年 1 项(不良资产非洁净出表,金融租赁公司处罚 100 万)、2018 年 1 项(未制定明确的服务收费标准并公示、办理融资租赁业务时搭售理财产品),地方监管局 99 项(其中,监管分局下达 7 项,分别为:佛山 1 项、洛阳 2 项、苏州 2 项、常州 1 项、舟山 1 项)。二是涉及地方监管局数量较多,分布广泛,但也相对集中。由于金融租赁公司本身分布的不平衡,各地处罚数量也不一致。从 71 家金融租赁公司的注册地分布情况来看,天津和上海为第一梯队,处罚决定书数量分别为 19 件(所涉事项 11 项)、13 件(所涉事项 12 项);新疆(注册金融租赁公司 1 家)、四川(1 家)、江苏(4 家)、深圳(2 家)、黑龙江(1 家)为第二梯队,分别为 8 件、8 件、8 件、5 件、5 件。上述两个梯队共涉及 7 家监管局,占全部实施机关的 23.4%,下发处罚决定书 62 件,占比 62.6%。而两个梯队所在地区注册金融租赁公司 32 家,占到全部金融租赁公司 45.07%。

(三) 被处罚对象分布

101 件处罚中,被处罚对象中包含金融租赁公司的为 63 件。从单个金融租赁公司受处罚数量看,涉及4件处罚的金融租赁公司1家,由深圳银保监局下发;3件处罚的公司1家,由新疆银保监局下发;2件处罚的公司13家;其余均为1件处罚。值得注意的事项有:一是63件处罚决定书涉及63项处罚事项,较第一部分统计之全部数量65件减少的2件,系个人较金融租赁公司延后年度处罚,计入了不同年度事项导致。二是63件处罚决定书中,3件既涉及公司,也涉及个人。3件涉及个人的行政处罚,共涉及11人。加之101件罚单中未涉及公司,只涉及个人的39件,全部处罚决定书中共涉及个人50人(见图6-5)。三是25项处罚事项系双罚。50人涉及处罚25项,即全部63项处罚事项中,25项对金融租赁公司和个人做了双罚,占到39%。部分处罚事项涉及人员较多。2021年,广东监管局就"开展金融租赁业务调查不尽职、项目评审逆程序操作、租后管理不尽职"事项处罚7人;2022年,新疆、天津监管局分别就"售后回租业务尽职调查不到位、租后管理不尽职,严重违反审慎经营规则的违法行为""违规开展尽职调查、租赁物权属调查、确权等管理工作存在严重不足问题"处罚4人和3人。

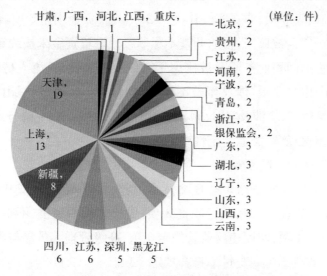

图6-5　银保监处罚决定书分布情况

(四)违规事项

63件处罚决定书中,涉及1项违规点的35件,占55.6%,其余均涉及多项违规点,例如川银保监罚决字〔2022〕7号处罚书:"1. 租前调查不到位;2. 租后管理不到位;3. 单一集团客户融资集中度超标;4. 信息披露不到位";新银保监罚决字〔2022〕9号处罚书:"非真实转让租赁资产,严重违反审慎经营规则;售后回租业务尽职调查不到位、租后管理不尽职,严重违反审慎经营规则"。统计发现,违规事项主要分布在以下方面。

1. 融资租赁业务

① 调查、审查、租后检查"三查"不到位涉及15项。主要处罚事由包括:尽职调查不充分、不到位、违规开展等;评审逆程序开展;租后管理不到位、不尽职等。② 租赁物涉及14项,包括:租赁物权属瑕疵(不动产未办理权属转移、承租人无处分权、直租项目未取得所有权等)4项、租赁物不合规(公益资产、在建工程等)7项、租赁物确权或准入等管理不到位2项、未对租赁物实质评估1项。③ 承租人相关10项。一是涉及地方政府或政府平台融资8项。其中,向地方政府融资6项(2个项目涉及接受或要求政府提供担保),违规向地方政府平台融资2项。二是其他2项。承租人资质存在瑕疵1项、向县级公立医院发放新债1项。④ 非真实资产转让5项。不良资产非洁净出表3项、非真实转让资产2项。⑤ 资金用途5项,包括:监督监控不到位、资金被挪用、租前调查不尽职致使融资资金未按约定用途由承租人使用、售后回租业务资金被挪用于缴纳土地出让金、流入房地产市场。⑥ 风险资产相关5项,涉及掩盖不良贷款、分类不准确、违规出表、分类不准确、不审慎等。⑦ 涉及"违反审慎经营规则"14项,该14项与其他事由都有交叉。"审慎经营"类似于定性中的兜底条款。

2. 公司治理相关8项

包括:未经任职资格审查任命董事、高级管理人员及(或)高级管理人员未经任职资格核准实际履行职责3项;股权管理不到位、不审慎各1项;擅自变更股东1项;制度违反监管规定1项;高级管理人员参与本人薪酬决定过程且绩效薪酬延期支付不符合规定1项。

3. 业务管理

一是关联交易6项。涉及关联交易共6项,包括:重大关联交易未经董事会批准1项、未有效识别关联方2项、关联交易管理不严格或违规开展3项。二是其他业务管理5项,包括:违规开展非固定收益类证券投资业务、掉期衍生品交易、超营业范围发放贷款、单一客户融资集中度超比例、未制定明确的服务收费标准并公示。

4. 数据治理 4 项

提供虚假报表 1 项、未按规定提供报表 1 项、数据错误 2 项。

5. 其他事项

涉及"对监管部门核准的住所不具备使用权"3 项,均由天津银保监局于 2020 年作出;监管整改未按要求落实、员工管理、搭售理财产品等。

主要处罚事由分布情况及业务相关处罚点分布见图 6-6。

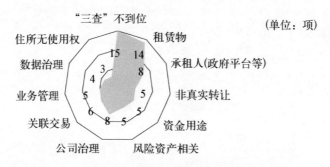

图 6-6 主要处罚事由分布情况

(五) 处罚结果

1. 金融租赁公司处罚主要为罚款

金融租赁公司所涉 63 项处罚中,62 项涉及罚款,其中 9 项同时责令改正,从一般意义来说,即使处罚决定书未涉及责令改正,金融租赁公司应当就相关事项予以整改;1 项处罚为"责令停业整顿 1 年"。在金融租赁公司所受的罚款处罚中,基本为 10 的倍数罚款,为 53 件,最高数值为 210 万元(晋银保监罚决字〔2021〕51 号,事由为:"未经任职资格审查任命董事、高级管理人员及高级管理人员未经任职资格核准实际履行职责"),最低 15 万元(事由为"未按规定报送统计报表"等),出现次数做多的前 5 名为:20 万元、50 万元、30 万元、80 万元、100 万元,分别为 11 次、10 次、8 次、7 次、5 次,合计 41 次,占 66.13%;50 万(含)以下 30 次、50 万—100 万元(含)20 次,合计 50 次,占 80.65%。

2. 个人处罚情况

金融租赁公司和个人"双罚"的 25 项涉及处罚决定书 33 件,占 101 件总处罚决定书的 32.67％。从个人处罚形式来看,主要包括四种形态:取消资格高管等任职资格终身 1 件、警告 13 件、罚款 3 件、警告并罚款 16 件。值得注意的是:一是处罚金额一般较大,且不因警告降低罚款金额。33 件处罚中,仅处以罚款的事项,金额为 5 万—8 万元;警告并罚款事项,金额为 5 万—12 万元。二是近年来金融租赁公司和个人双罚特征更为突出。从处罚决定书的分布来看,2022 年 14 件、2021 年 7 件,分别占当年处罚决定书 30 件、16 件的近一半;分别涉及处罚事项 7 件、5 件,占当年 10 件、11 件的 70％和 45.5％,即金融租赁公司和个人双罚的情况越来越明显。

第七章 典型纠纷

第一节 不构成融资租赁关系纠纷的
特点与法律后果

不构成融资租赁关系,是融资租赁行业特有的痛点问题。《融资租赁司法解释》第1条规定:人民法院应当根据《民法典》第735条的规定,结合标的物的性质、价值、租金的构成以及当事人的合同权利和义务,对是否构成融资租赁法律关系作出认定。对虽然名为融资租赁合同,但实际不构成融资租赁法律关系的,人民法院应按照其实际构成的法律关系处理。《民法典》第735条规定:融资租赁合同是出租人根据承租人对出卖人、租赁物的选择,向出卖人购买租赁物,提供给承租人使用,承租人支付租金的合同。

一、不构成融资租赁关系纠纷概况

《民法典》实施后,截至2021年8月22日,笔者以"不构成融资租赁"搜索中国裁判文书网"判决书",发现文书955件,占2021年当年融资租赁判决12 694件的7.5%,即大约每13件纠纷就有1件涉及该争议焦点。笔者选取其中有代表性的高级人民法院、中级人民法院审理案件加以分析。

高级人民法院判决的此类案件9件,承租人以买卖合同在先成立、共同承租不构成租赁合同关系、卖方与承租人系一人等事由,主张不构成融资租赁法律关系,经审理,法院均未支持上述事由,均认为构成融资租赁法律关系。

中级人民法院判决的案件72件,涉及汽车融资租赁55件,占比近

80%。72件案件中,承租人以车辆登记于承租人名下等事由提出"不构成融资租赁"关系抗辩,其中70件法院结合合同性质、租金构成、权利义务关系等判决支持构成融资租赁关系,2件法院认定不构成融资租赁法律关系。

汽车类案件之所以占比较高,除基数大之外,与特殊动产的确权规则有关。《民法典》第225条规定,船舶、航空器和机动车等的物权的设立、变更、转让和消灭,未经登记,不得对抗善意第三人。现实中,一方面,由于税费缴纳、交通事故处理、年检、补贴等方面的原因,机动车一般登记于实际使用人,即承租人名下,一旦出现纠纷,部分承租人以车辆登记于自己名下为由,主张租赁物所有权未转移。实务中,法院一般根据合同约定、车辆交付情况等,判决机动车权属和相应法律性质。另一方面,与操作不规范有关。以(2021)鲁15民终1144号案件为例,山东省聊城市中级人民法院认定,租赁公司主张刘某提供的其向物流公司购买车辆并实际占有车辆的唯一证据是提车照片2张,该照片无法显示车辆具体信息,亦无法证明与本案争议车辆系同一车辆;而本案的实际情况是,涉案车辆在融资租赁合同签署时并未提车出厂,刘某无法实际占有车辆,即在刘某与租赁公司之间无租赁物的转移。

二、两不变与两变:不构成融资租赁法律关系的法律后果

不构成融资租赁法律关系的,会对出租人、承租人权利义务产生怎样的影响?该问题关系双方合同目的实现程度和受法律保护的利益范围,值得重点关注。从法律规定和司法实践看,不构成融资租赁关系的,主要产生以下法律后果。

(一)两不变:合同效力和利率等约定

1.主合同效力和利息、违约金等约定

对于不能认定为融资租赁法律关系的合同,首先,应当确认实际履行的合同是否符合合同无效的规定,审查涉案合同是否符合法律的规定;其次,在确认合同有效的基础上将涉案合同归于有名合同或无名合同,并且依据法律以及司法解释的相应规定确定合同的效力、性质,明确当事人之间的权利义务关系。针对实务中常见的融资租赁公司与他人签订的以融资租赁为名,行借款合同之实的合同,由于涉及我国现有的金融管理机制,不宜简单

认定为无效。① 由上可以看出,合同法律性质变化和合同性质认定上的不一致,并不必然影响合同效力。进一步讲,在合同效力不受影响的情况下,融资租赁合同中关于利率、违约金等的约定也处于有效状态。

(2020)最高法民终 1256 号案,最高人民法院认为,由于中民租赁公司与九鼎租赁公司之间的合同关系不是融资租赁法律关系,而是民间借贷法律关系,所以《融资租赁合同》中对租金的约定,应当视为对支付贷款利息的约定。无独有偶,(2020)最高法民终 1154 号案,最高人民法院明确,案涉《回租租赁合同》第 5.1 条约定:每期租金的租赁费率按浮动租赁费率每年 6.175% 计算。第 12.2 条约定:当乙方未支付租金和其他款项,应向甲方支付逾期款项违约金,按租赁费率基础上浮 50% 计收罚息(按照每年 9.262 5% 计算),从逾期之日起,按罚息利率计收利息,直至清偿本息为止。该项约定并不违反法律法规强制性规定,且案涉长城租赁公司、胜利宾馆双方当事人均予以确认,故应作为案涉借款利息的计算依据。

2. 担保合同效力

主合同性质变化后,担保合同效力如何? 最高人民法院以担保合同中的"保证合同"为例认为,对于当事人在"融资租赁合同"之外又签订了保证合同,该"融资租赁合同"被认定为不构成融资租赁合同法律关系之后,作为其从合同的保证合同是否有效? 司法解释对此作出了慎重的回答:原主合同被认定不构成融资租赁合同,并非否认了合同的效力,只是不构成融资租赁合同,其本质上属于何种合同还有认定的余地,保证合同只要其本身排除了法律有关合同无效的情形,仍具有效力。也就是说,保证合同并不因其主合同的性质认定的变化而无效。②

上述认定具有理论基础和法律依据。从法理上看,主合同有效的,从合同一般处于有效状态,除非其本身存在无效情形,而这一认定和逻辑也具有非常重要的现实意义。在融资租赁合同不被认可构成融资租赁法律关系的场景下,发生变化的仅为合同性质,而非合同效力。主合同有效的,当然应推定担保合同有效。此时,担保人等再主张担保合同无效的,应承担相应举

---

① 江必新:《融资租赁合同纠纷》,法律出版社 2014 年版,第 32 页。

② 江必新:《融资租赁合同纠纷》,法律出版社 2014 年版,第 32 页。

证责任。如果能够证明存在《民法典》规定的无效情形的,则合同无效;反之,承担不利的法律后果。

(二) 两变: 本金和租赁物上负担

1. 本金中服务费、保证金等一般应予扣除

一旦认定名为融资租赁实为借贷且有效,融资租赁合同的保证金和手续费如果已在租赁物融资款中预先扣除,将按照"预先在本金中扣除利息的,人民法院应当将实际出借的金额认定为本金"处理。[①] 为什么融资租赁被认定为借贷法律关系后,会产生这样的变化? 根本原因在于两类合同的法律规定不同。融资租赁合同属于诺成性合同,无须以标的物的交付作为合同的成立要件,只要当事人意思表示一致,合同依法成立之时即发生效力;生效后,合同约定的价款支付方式、利息计算方式即对各方发生约束力,而无论是否内扣保证金或手续费。而涉及法人的借款合同虽也为诺成合同,但《民法典》第 670 条规定:"借款的利息不得预先在本金中扣除。利息预先在本金中扣除的,应当按照实际借款数额返还借款并计算利息"。

上述法律规定在司法案例中得到了很好的贯彻。融资租赁一旦被认定为借款合同关系,计算利息时,如果不能证明已经提供了相应服务,则服务费、手续费等价外费被视为利息,从本金中予以扣除。同样是前述(2020)最高法民终 1154 号案,最高人民法院认为,长城租赁公司不能证明其在履行合同过程中提供相应的融资租赁服务,且 900 万元保证金亦已由胜利宾馆提前支付给长城租赁公司,故实际发生的借款金额为 2.811 亿元,而非 3 亿元。一审法院以长城租赁公司已按合同约定向胜利宾馆足额支付借款 3 亿元,且并未在支付借款时提前扣减手续费 990 万元为由,未予以扣除该 990 万元有误,本院予以纠正。据此,扣除 2017 年 6 月 9 日胜利宾馆支付长城租赁公司 900 万元保证金和 990 万元手续费后,长城租赁公司实际支付款项应当为 2.811 亿元。经核算,胜利宾馆所借的本金为 2.811 亿元,扣除双方一致确认胜利宾馆已还款 129 219 885.41 元(其中已还本金

---

① 茆荣华:《融资租赁合同纠纷类案办案要件指南》,人民法院出版社 2020 年版,第 83—84 页。

1.05 亿元、已还利息 24 219 885.41 元），截至 2019 年 3 月 15 日，应付本息为 175 600 319.74 元（剩余本金 1.761 亿元＋应付利息 23 720 205.15 元－已还利息 24 219 885.41 元＝175 600 319.74 元）。一审法院以 344 444 562.49 元确定为本金数额，并以 21 期租金总额为基数，认定胜利宾馆还应还款 206 224 677.08 元，并承担利息，与本院查明的事实及实际发生的资金出借金额不符，本院对此予以纠正。

在（2020）最高法民终 1256 号案件中，最高人民法院认为，九鼎租赁公司向中民租赁公司收取 3 500 万元押金，系为保证中民租赁公司及时履行义务，是基于融资租赁合同关系而收取的费用。而本案中，双方之间并未形成融资租赁合同关系，双方之间是借款合同关系，九鼎租赁公司在出借 311 569 370.98 元本金当天即收取 3 500 万元押金，应当视为提前收回借款本金，中民租赁公司因并未享受借用 3 500 万元的期限利益，无需支付该 3 500 万元款项所产生的借款利息。一审判决未在借款本金中扣除 3 500 万元，属认定不当，本院予以纠正。

综上，保证金和未提供实质服务的手续费、服务费等，如果承租人未实际占有使用，且未享有其期限利益，应从本金中予以扣减。

值得注意的是：一是内扣与否并无影响。保证金、服务费等是出租人支付租赁价款后承租人实际支付，还是出租人直接从租赁物购买价款中扣除（即内扣），对于最终租赁本金的计算并无影响。理由在于：如果构成融资租赁法律关系，由于融资租赁合同系诺成性合同，保证金、服务费等可以根据各方约定扣除；如果构成借款合同，无论各方如何约定，按照《民法典》"借款的利息不得预先在本金中扣除。利息预先在本金中扣除的，应当按照实际借款数额返还借款并计算利息"的规定，只要扣除了相应款项，即均应按照承租人实际占用的款项金额计算。二是如果不以"砍头息"形式，即利息不在借款本金中扣除，而是放款后立即扣除，"对于实务中出现的借款次日即付息的情形等，也属于剥夺了借款人对于部分借款本金部分的期限利益，应予以否定评价"。[①] 三是即使构成融资租赁法律关系，内扣保证金等

---

① 最高人民法院民法典贯彻实施工作领导小组：《中华人民共和国民法典合同编理解与适用（二）》，人民法院出版社 2020 年版，第 1236 页。

也为监管部门所不提倡。银保监会在回答某融资方关于保证金在放款时抵扣合规性的问题时指出,《融资租赁公司监督管理暂行办法》虽未涉及保证金收取比例和来源规定,但是监管导向不支持融资租赁公司直接从融资款中扣除保证金,鼓励融资租赁公司合理确定保证金比例,减轻承租人负担。① 该意见对保证金、服务费等内扣具有一定的指导意义。

2. 租赁物上负担的消灭和对破产债权申报的影响

不构成融资租赁关系的,"租赁物"自然不再受融资租赁合同约束,不属于合同项下标的物。而失去"物"的屏障后,也同时失去了融资租赁作为"非典型担保"的法律基础和优势。这些优势包括以下方面。

一是承租人正常经营下的优先受偿和程序便利。《民法典》实施后,作为非典型担保的一种,融资租赁合同出租人不仅可以依据《担保制度司法解释》第 65 条要求以租赁物拍卖、变卖价款优先受偿或主张按"实现担保物权案件"特殊程序实现权利,而且还可以要求解除合同,取回租赁物。二是破产程序中的权利保护。承租人破产时,对于破产财产中的特定财产享有担保物权的权利人,可以不受破产程序的约束,在破产程序开始以后,直接向破产管理人请求就该特定财产行使优先受偿权,并在无担保的破产债权人按照破产财产分配方案受偿之前随时进行清偿。《中华人民共和国企业破产法》第 109 条规定,对破产人的特定财产享有担保权的权利人,对该特定财产享有优先受偿的权利。融资租赁项下标的物按照担保物权的路径处置。而按照融资租赁本身的逻辑,租赁物不属于破产财产,出租人可以行使取回权,就租赁物变现价值受偿。三是要求执行移送。如果租赁物被其他法院在先查封,但一定时间内未处置的,可以要求首封法院予以移送。《最高人民法院关于首先查封法院与优先债权执行法院处分查封财产有关问题的批复》第 1 条规定:执行过程中,应当由首先查封、扣押、冻结(简称查封)

---

① 中国银行保险监督委员会:"融资租赁合同项下,租赁公司在融资方不知情的情况下通过其关联企业第三方支付机构直接走了一个账,以应付融资方的首笔货款(总价款 50%)直接抵扣应收融资方的保证金(亦为总价款的 50%),相当于融资款项实际未能为融资方使用。该类情形是否属于以预扣保证金的方式变相抬高融资成本? 这种行为是否合规?" http://www. cbirc. gov. cn/cn/view/pages/ItemDetail. html? docId =-100&itemId = 948&generaltype=10,最后访问日期: 2022 年 10 月 6 日。

法院负责处分查封财产。但已进入其他法院执行程序的债权对查封财产有顺位在先的担保物权、优先权(简称优先债权),自首先查封之日起已超过60日,且首先查封法院就该查封财产尚未发布拍卖公告或者进入变卖程序的,优先债权执行法院可以要求将该查封财产移送执行。而如果不构成融资租赁法律关系,原租赁物虽然仍然属于承租人的责任财产,但一旦被其他法院查封,则出租人只能待首封法院处置完毕,再行处理。

三、对公司运营的长远影响:合同当然无效与刑事责任

偶发性的融资租赁法律关系不被认可,在法律层面、债权实现层面和信用层面虽有一些影响,但一般不会对公司运营产生根本性、颠覆性变化。对于偶尔被认定为借贷关系的情形,参照(2020)最高法民终1256号案,最高人民法院认为,"九鼎租赁公司作为金融租赁企业,虽然发放贷款超越经营范围,但其与中民租赁公司签订的合同系真实意思表示,不违反法律的效力性规定,双方之间的民间借贷法律关系应为有效"。而对于经常性出现"融资租赁法律关系不被认可"的情况,除了可能的监管处罚外,法律评价也有较大不同。

(一)合同效力的"当然性"否定

2019年11月,《全国法院民商事审判工作会议纪要》第53条规定:"未依法取得放贷资格的以民间借贷为业的法人,以及以民间借贷为业的非法人组织或者自然人从事的民间借贷行为,应当依法认定无效。同一出借人在一定期间内多次反复从事有偿民间借贷行为的,一般可以认定为是职业放贷人。民间借贷比较活跃的地方的高级人民法院或者经其授权的中级人民法院,可以根据本地区的实际情况制定具体的认定标准。"

按照《关于审理民间借贷案件适用法律若干问题的规定》第13条规定:"具有下列情形之一的,人民法院应当认定民间借贷合同无效:(一)套取金融机构贷款转贷的;(二)以向其他营利法人借贷、向本单位职工集资,或者以向公众非法吸收存款等方式取得的资金转贷的;(三)未依法取得放贷资格的出借人,以营利为目的向社会不特定对象提供借款的;(四)出借人事先知道或者应当知道借款人借款用于违法犯罪活动仍然提供借款的;

（五）违反法律、行政法规强制性规定的；（六）违背公序良俗的。"

由上可知，一旦达到一定数量或出现相关情形，被认定为借贷关系合同的效力就容易被"当然性"地否定，即借款合同一律被认定为无效。与合同定性变化相比，合同效力变化的不同主要在于：① 主合同效力丧失，合同关于利息、违约金等的约定全部归于无效，项目收益无从谈起。根据《民法典》第 157 条规定，民事法律行为无效、被撤销或者确定不发生效力后，行为人因该行为取得的财产，应当予以返还；不能返还或者没有必要返还的，应当折价补偿。有过错的一方应当赔偿对方由此所受到的损失；各方都有过错的，应当各自承担相应的责任。法律另有规定的，依照其规定。② 担保合同效力丧失，担保责任变为过错赔偿责任。根据《担保制度司法解释》第 17 条规定，主合同无效导致第三人提供的担保合同无效，担保人无过错的，不承担赔偿责任；担保人有过错的，其承担的赔偿责任不应超过债务人不能清偿部分的 1/3。

（二）刑事责任

与合同效力相比，另一个层面的影响在于刑事处罚。2019 年 7 月 23 日，最高人民法院、最高人民检察院、公安部、司法部下发《关于办理非法放贷刑事案件若干问题的意见》："一、违反国家规定，未经监管部门批准，或者超越经营范围，以营利为目的，经常性地向社会不特定对象发放贷款，扰乱金融市场秩序，情节严重的，依照刑法第二百二十五条第（四）项的规定，以非法经营罪定罪处罚。"前款规定中的"经常性地向社会不特定对象发放贷款"是指 2 年内向不特定多人（包括单位和个人）以借款或其他名义出借资金 10 次以上。该意见还对"情节严重"、利率计算等加以规定。

四、融资租赁业务操作中的注意事项

融资租赁业务开展过程中，难免会遇到"是否不构成融资租赁法律关系"的疑问或困惑。实践中，应注意以下事项。

一是常见不构成融资租赁法律关系情形。导致融资租赁关系不被认可的因素主要集中在"租赁物"上。据统计，影响融资租赁法律关系认定的常见情形有：① 承租人无权处分租赁标的物；② 租赁物低值高估；③ 在建商

品房所有权无法转移;④ 以易耗物、消耗品等为租赁物;⑤ 出租人未能证明租赁物存在;⑥ 缺少买卖关系,仅有融资,缺少融物;①⑦ 委托承租人购买租赁物,操作瑕疵;②⑧ 出租人未履行融资义务,实际为分期付款买卖关系;⑨ 汽车售后回租所有权转移有瑕疵;⑩ 名义为融资租赁,实际为买卖及运输经营混合合同。③

二是偶发不构成融资租赁法律关系的。承租人或担保人主张合同无效或减轻责任的,出租人可以按照以下思路抗辩:合同定性发生变化,并非合同效力变化;主合同效力未变的情况下,合同关于利率、违约金等约定均有效。同样,从合同效力附随于主合同效力,也应当推定为有效。

三是避免经常出现不构成融资租赁法律关系情形。如前所述,经常出现该情形的,既可能影响合同效力,导致收益严重下降,也可能招致行政处罚或构成刑事犯罪。从实务中看,从事中小微、个人业务尤其汽车融资租赁的融资租赁公司,尤其应当重视。

第二节 "虚构租赁物"条款的争议、理解与适用思路

《民法典》第 737 条规定,当事人以虚构租赁物方式订立的融资租赁合同无效。作为《民法典》中新出现的条款,该条应如何理解和适用?

---

① (2017)湘 02 民终 1435 号案,湖南省株洲市中级人民法院认为,出租人、承租人及供货方分别签署了融资租赁合同或买卖合同,形式上似乎满足出租人按承租人的要求,购买租赁物后直接出租给承租人的融资租赁方式。但是在实质上,出租人与供货方签署的买卖合同并未履行,出租人向供货方交付的货款直接转给了承租人,故仅有融资而无融物,属于典型的名为融资租赁实为借贷。

② (2017)鲁 01 民初 515 号案,山东省济南市中级人民法院认为,本案所涉《融资租赁合同》系出租人直接将款项支付给承租人。《融资租赁合同》中虽约定出租人委托承租人购买租赁物,但并未约定确定的出卖人和租赁物价款。出租人称其不清楚承租人如何使用款项及是否实际购买了租赁物,即出租人未提供证据证明本案中有实际租赁物的存在,亦未证明出租人自出卖人处取得了涉案租赁物的所有权。

③ 许建添:《融资租赁名实不符的十种情形》,http://www.sunjunlaw.com/sdian_mb.php?article=1016,最后访问日期:2021 年 9 月 11 日。

2023 年全国法院金融审判工作会议对相关问题做了统一，"对于融资租赁公司明知租赁物虚构仍然提供融资的'名租实贷'合同，人民法院尽管可根据通谋虚伪意思表示无效的规定，认定表面形成的融资租赁合同无效，但如无其他法定无效情形，人民法院应当认定该合同隐藏的借款法律关系有效，以避免债权'脱保'；根据过责相当规则，可根据债务人的抗辩对合同约定的过高利率依法予以调整。"①而《民法典》公布以来，实务中关于该条文的理解，长期存在较大争议。

一、争议的根源：合同无效还是通谋虚伪

从文义解释角度单纯看《民法典》第 737 条规定，虚构租赁物的法律后果是"无效"。民事法律行为无效必有相应的法律后果，包括主从合同无效、已取得财产返还、损失赔偿等。

而从《民法典》体系解释的角度看，该条文又与《民法典》第 146 条规定的"通谋虚伪"规则第 1 款有类似之处。《民法典》第 146 条规定，行为人与相对人以虚假的意思表示实施的民事法律行为无效（第 1 款）；以虚假的意思表示隐藏的民事法律行为的效力，依照有关法律规定处理（第 2 款）。通谋虚伪的法律后果是"表面合同无效，隐藏行为各从规定"，即如果适用通谋虚伪规则，主从合同的效力等均根据"隐藏行为"本身的法律规定、构成要件判定。

最高人民法院民法典贯彻实施工作领导小组的主编的《中华人民共和国民法典合同编理解与适用（三）》，在对该条文释义中指出："根据本条规定，确定的租赁物是开展融资租赁业务必须具备的要件，虚构租赁物的，融资租赁合同无效。融资租赁是一种特殊的交易制度，其核心是租赁物……因此，本次《民法典》专门规定，当事人以虚构租赁物方式订立的融资租赁合同无效。"对于融资租赁合同无效的后果未有进一步论及。

而用虚构租赁物的方式订立融资租赁合同，其实就是伪装成融资租赁带有"非法"目的的合同。按照《民法典》第 737 条规定，这种虚构租赁物订

① 刘贵祥：《关于金融民商事审判工作中的理念、机制和法律适用问题》，《法律适用》2023 年第 1 期。

立的融资租赁合同是无效的合同。但同时,依照《民法典》第 146 条第 2 款的规定,以合法形式掩盖非法目的的民事法律行为中的"隐藏行为",应当根据被隐藏行为的性质适用法律。当用形式上的融资租赁合同掩盖非法的融资行为,融资行为是非法的,则该融资行为当然是无效的;[①]反之,如果被掩盖的融资行为本身并不存在非法或无效情形的,则应属有效。

综上,"虚构租赁物"的法律后果到底是无效,还是根据通谋虚伪规则予以认定,按照不同的解释方法、不同角度,会得出不同结论。

二、学界观点相对一致:通谋虚伪占主流

针对上述问题和冲突,学者的观点相对一致,认为适用通谋虚伪规则的占主流。

有观点认为,在交易实践中,当事人可能会为了逃脱金融监管,例如某些不符合金融放贷资质的金融机构以融资租赁的名义进行金融放贷,或者贷款的利息违反利率管制的要求,从而选择以虚构租赁物的形式进行贷款,这是以虚假的意思表示实施的民事法律行为。按照通谋虚伪规则的解释路径,虚构租赁物不构成融资租赁法律关系,应定性为借款合同,因此融资租赁合同无效。法律关系定性与法律效力相互独立,定性不会影响效力。"名为融资租赁实为借贷"如无特别情形,不违反法律、行政法规强制性规定,一般属于有效的民事法律关系,涉及借贷等问题按照相应的法律法规处理。[②]

同样有观点认为,"如果融资租赁合同所隐藏的融资行为,其实就是民间借贷,而民间借贷的行为是合法行为,那么,这种融资行为应当是合法行为,应当按照有关民间借贷的法律规定确定行为的效力,不一定都是无效的。这样的理解,是否形成《民法典》第 146 条第 2 款规定与第 737 条规定的冲突?第 737 条规定的是'租赁合同无效',以掩盖非法目的为要件,既然

[①] 杨立新:《〈中华人民共和国民法典〉条文精释与实案全析(中)》,中国人民大学出版社 2020 年版,第 390 页。

[②] 杜涛:《中华人民共和国民法典学习问答(合同编)》,中国法制出版社 2020 年版,第 305 页;石宏:《〈中华人民共和国民法典〉释解与适用·合同编(下册)》,人民法院出版社 2020 年版,第 506 页。

隐藏的是非法目的,当然该融资租赁合同是无效的。如果以虚构租赁物的方式隐藏的不是非法目的,而是合法的行为,则适用第 146 条第 2 款规定确认被隐藏行为的效力规则,是没有问题的。"①

三、司法实践中关于虚构租赁物后果的不同认识

(一)"按实际法律关系"评价是否背离了预期

实践中,不同法院对于"虚构租赁物"的法律后果,确实存在不一致的认识。(2020)京 0108 民初 22063 号案,北京市海淀区人民法院认为,"涉案《融资租赁合同》是否无效合同,是本案各方当事人的核心争议问题,基于担保合同与主合同的从属性原则,若《融资租赁合同》无效,将必然导致涉案抵押合同无效的法律后果。经查,涉案的《融资租赁合同》、两份抵押合同签订时间均为 2017 年,而本案的审理期间内《中华人民共和国民法典》已施行。根据《最高人民法院关于适用〈中华人民共和国〉时间效力的若干规定》第 1、3 条的规定,法律事实引起的民事纠纷案件,适用当时的法律、司法解释的规定,但是法律、司法解释另有规定的除外。《民法典》施行前的法律事实引起的民事纠纷案件,当时的法律、司法解释没有规定而民法典有规定的,可以适用,增加当事人法定义务或者背离当事人合理预期的除外。经查,针对融资租赁合同履行过程中仅有融资没有融物的情况,《最高人民法院关于审理融资租赁合同纠纷案件适用法律问题的解释》(简称 2013 年《融资租赁合同司法解释》)第 1 条规定:人民法院应当根据价值、租金的构成以及当事人的合同权利和义务,对是否构成融资租赁法律关系作出认定。对名为融资租赁合同但实际不构成融资租赁法律关系的,人民法院应按照其实际构成的法律关系处理。《民法典》第 737 条规定,当事人以虚构租赁物方式订立的融资租赁合同无效。

归纳上述法律、司法解释的规定,并结合司法实践审判思路,在《民法典》施行之前,对于仅有融资没有融物的融资租赁合同,均根据 2013 年《融资租赁合同司法解释》的规定认定为名为融资租赁实为借款合同关系,再依

---

① 杨立新:《〈中华人民共和国民法典〉条文精释与实案全析(中)》,中国人民大学出版社 2020 年版,第 390 页。

据相关民间借贷的司法解释判定借款合同的效力,若借款合同关系有效,则为主债务提供担保的担保合同亦为有效。在《民法典》施行之后,此种情况将被判定为无效合同,基于从属性原则,担保合同亦属无效。可以看出,以上两种情况在担保合同效力这一问题上差别巨大。

本院认为,是否'背离当事人合理预期'是关键因素。结合双方签订涉案《融资租赁合同》、两份《抵押合同》的时间,可以看出当时对于不具有融物情况的《融资租赁合同》将被认定为借款合同关系是存在合理预期的,如果适用《民法典》第737条规定,将会背离当事人合理预期,故本院确定应根据2013年《融资租赁合同司法解释》的规定,认定涉案《融资租赁合同》名为融资租赁实为借款关系。"

值得注意的是,对于仅有融资没有融物的融资租赁合同,《民法典》实施后,与前述2013年《融资租赁合同司法解释》相同的规定仍然被保留了下来。《融资租赁合同司法解释》(2020年修正)第1条仍然明确:"人民法院应当根据民法典第七百三十五条的规定,结合标的物的性质、价值、租金的构成以及当事人的合同权利和义务,对是否构成融资租赁法律关系作出认定。对名为融资租赁合同,但实际不构成融资租赁法律关系的,人民法院应按照其实际构成的法律关系处理。"《民法典》只是对"虚构租赁物"这一情况进行了规定,该规定并未取代"按实际构成法律关系评价"的规则。采用"按实际构成法律关系"评价融资租赁合同,在《民法典》实施前后,并不构成"背离当事人合理预期"的情形。

(二) 虚构租赁物的不同判决路径

1. 按实际关系观点:适用通谋虚伪规则

在《民法典》实施前,(2018)最高法民再373号依据通谋虚伪规则,同样论及了"融物事实不存在"的问题。最高人民法院认为,该案融物的事实难以认定:① 租赁公司所持有和尽调依据的是设备发票复印件,不是发票原件;② 租赁公司提交的《售后回租资产清单》及增值税发票复印件所记载的租赁物与承租人实有机械设备严重不符,主张权利的发票与设备照片无法一一对应;③ 租赁物保险单仅是一种设立保障的形式,不能证明租赁公司所主张设备客观存在;④ 租赁物的购买价远高于案涉租赁物的实际价值

(对应票号的发票原件所载明的设备价款)1.5 亿元：1 700 万元。最终法院认定,本案中,签订合同之时,融资租赁行为系其通谋虚伪的意思表示,但其隐藏的民间借贷法律行为并不当然无效。

(2022)沪 74 民终 370 号案,一审上海市浦东新区人民法院认为,上海莹岑公司并未审查租赁物清单上的设备是否真实存在、是否属于云南智云公司所有。对名为融资租赁合同但实际不构成融资租赁法律关系的,应按照其实际构成的法律关系处理。二审上海金融法院做了进一步分析:"本院认为,本案二审争议焦点为案涉《融资租赁合同》无效时,是否构成有效的借款合同法律关系。根据《最高人民法院关于审理融资租赁合同纠纷案件适用法律问题的解释》第 1 条规定,人民法院应当根据民法典第七百三十五条的规定,结合标的物的性质、价值、租金的构成以及当事人的合同权利和义务,对是否构成融资租赁法律关系作出认定。对名为融资租赁合同,但实际不构成融资租赁法律关系的,人民法院应按照其实际构成的法律关系处理。案涉《融资租赁合同》原为售后回租合同,上海莹岑公司作为出租人应当核验租赁物是否真实存在,并以必要方式示明物权。本案中,根据一审查明,被上诉人虽在动产权属统一登记平台登记了案涉融资租赁业务,但其中租赁财产状况无客观证据证明,当事人也未提交其他证据说明租赁物的客观情况。本案中合同当事人之间仅有资金往来的融资事实,无融物特征。故案涉合同不构成融资租赁合同关系。因案涉法律关系中上诉人云南智云公司与被上诉人上海莹岑公司存在资金融通,一审认定双方构成借款合同关系,并无不当。"基于上述分析,二审法院驳回上诉,维持原判。而根据生效判决,保证人也承担了连带保证责任。

2. 无效观点:适用合同无效规则

《民法典》实施后,在第 737 条明确规定法律后果为"合同无效",而未进一步规定需要评价隐藏行为的情况下,有法院直接认定合同无效。(2021)苏 0812 民初 1233 号案,淮安市清江浦区人民法院认为,"当事人以虚构租赁物方式订立的融资租赁合同无效。本案中,雅捷公司未与被告贝林科公司签订过涉案'纸箱成型连线一体机'买卖合同、被告贝林科公司提供的购买租赁物发票亦非雅捷公司开具,故可以确认涉案融资租赁合同中的机器'纸箱成型连线一体机'是被告贝林科公司虚构的租赁物,该'纸箱成型连线一体机'实际并不存在。原告要求确认两被告签订的融资租赁合同无效的请求符合法律规定,本院予以支持。"进而认定,担保合同是主债权债务合同的从合同,主债权债务合同无效的,担保合同无效,但是法律另有规定的除外。本案中,主合同融资租赁合同无效,故从合同抵押合同无效。

2021 年 10 月判决的(2020)鲁 0783 民初 6905 号案,寿光市人民法院认为,关于西藏金租与山东泰丰的合同效力认定问题,从融物属性分析:双方签订的租赁物清单仅载明资产名称、资产数量、资产原值、累计折旧、净值等财务记账内容,未载明租赁物的购买途径、购买时间、规格型号、技术性能、现状等内容,部分租赁物存在虚构或虚高价格,现有证据不能证明融资租赁物真实存在且能够特定化,融物特征并不明显;从融资属性分析:西藏金租向山东泰丰发放融资款后款项的流转去向显示,款项并未在山东泰丰实际停留,而是一日内辗转进出多家公司账户,西藏金租所收 3 笔还款的来源和走向也显示,还款并非来自山东泰丰的自有资金,而是经由多家公司依次转账而来,由此说明山东泰丰只是起到款项中转作用,并非实际的用款人和还款人。从当事人的行为和交易目的分析:原告代理人刘佳辉与本案证人张某(山东泰丰财务负责人)的微信聊天中,刘佳辉称"山东泰丰是通道业务",刘佳辉向张某发送的"三方协议"内容也充分体现出东旭集团是实际用款人和还款人。售后回租型融资租赁合同作为普遍、基本的非银行金融形式,应为承租人起到融资作用,而本案现有证据表明,山东泰丰并未实际使用案涉款项,也未获取收益,这显然不符合常理。因此,西藏金租与山东泰丰所签订的合同虽名为融资租赁合同,但实质上不具备融资租赁合同的基本特征,系以虚假意思表示实施的民事法律行为。2017 年 10 月 1 日颁布实施的《民法总则》第 146 条规定:"行为人与相对人以虚假的意思表示实施的民事法律行为无效。以虚假的意思表示隐藏的民事法律行为的效力,依照有关法律规定处理。"本案事实发生于 2018 年 3 月 26 日,应适用该法律规定。因此,本院认定双方签订的融资租赁合同无效。根据《担保法》的第 5 条的规定,主合同无效,担保合同亦无效,因此西藏金租与威能电源签订的《保证合同》,与山东泰丰签订的《股权质押合同》《应由账款质押合同》均无效。原告西藏金租要求确认其对被告山东泰丰享有财产担保优先破产债权50 089 525.12元,无事实及法律依据,本院不予支持。

无独有偶，(2021)皖 1202 民初 654 号案，阜阳市颍州区人民法院也认为，"被告李勤同海通公司之间签订的融资回租合同的效力，因案涉车辆系原告常辉个人财产，李勤、飞腾公司明知其不享有案涉车辆的实际产权的情形下，采用虚构租赁物方式与海通公司签订融资回租合同并办理了抵押登记，且海通公司并未取得案涉车辆所有权的登记手续，故该合同效力应属无效"，判决租赁公司返还车架号××的"一汽解放载货车一辆"。

值得关注的是，由于种种原因，上述认定"合同无效"的判决并未对虚构租赁物的构成要件为单方虚构，还是双方虚构等问题作出阐述。

四、两个关键问题的认识：法律后果及适用规则

如何看待和解决理论界和实务界上述认识不一致、判断不一致的问题，关键在于两个方面。

(一) 关于法律后果的认识

关于虚构租赁物的法律后果，笔者认为，虚构租赁物的法律后果应当遵从通谋虚伪规则，进一步认定隐藏行为的效力，而不应直接适用合同无效规则，主要理由如下。

1. 体系解释角度

《民法典》第 737 条规定的"虚构租赁物"与第 146 条第 1 款规定的"行为人与相对人以虚假的意思表示实施的民事法律行为无效"具有同一性，是第 146 条规定在融资租赁合同中的具体体现。《民法典》作为一个整体，对同一性质行为的评价应一致。

2. 司法倾向性观点

在 2023 年全国法院金融审判工作会议之前，除最高人民法院上述案例外，《最高人民法院关于审理融资租赁合同纠纷案件适用法律问题的解释》第 1 条规定："人民法院应当根据民法典第七百三十五条的规定，结合标的物的性质、价值、租金的构成以及当事人的合同权利和义务，对是否构成融资租赁法律关系作出认定。对名为融资租赁合同，但实际不构成融资租赁法律关系的，人民法院应按照其实际构成的法律关系处理。"这实际上也是

按照通谋虚伪的规则来评价实际隐藏的行为。

3. 具有实践和理论基础

《民法典》实施前,(2018)最高法民再 373 号案就适用通谋虚伪规则对"虚构租赁物"法律后果作出了认定。从法律稳定角度来看,出现虚构租赁物情形的,进一步评价隐藏行为也符合惯例。同时,如前所述,理论界该观点也系主流。

(二) 法律适用: 哪些属于"虚构租赁物"的情形

关于虚构租赁物的具体法律适用,从实践中看,"虚构租赁物"主要从两个层面加以认识。

1. 哪些情形构成"虚构": 双方虚构

"虚构"行为既可能基于一方行为发生,也可能基于双方行为发生。从体系和文义角度看,虚构租赁物中的"虚构"应为"双方虚构",理由如下。

一是双方虚构符合通谋虚伪的一般规则。如前所述,通谋虚伪是"行为人与相对人以虚假的意思表示",具有"通谋"的情形。所谓虚伪意思表示是指行为人与相对人都知道自己所表示的意思并非真意,通谋作出与真意不一致的意思表示。其特征在于,行为人与相对人都非常清楚地知道,自己所表示的意思并不是双方的真实意思表示,民事法律行为本身欠缺效果意思,双方均不希望此行为能够真正发生法律上的效力。典型的就是名为什么,实为什么。如果是单方进行虚伪意思表示,对方并不知情,则该意思表示并不因此无效。①

二是单方虚构构成"欺诈"。如果一方单方隐瞒租赁物不存在的事实,导致另一方陷入错误认识并做出法律行为,则行为方构成欺诈,另一方可行使撤销权。(2021)沪 72 民终 258 号案,上海市高级人民法院认为,即使租赁物事实上并不存在,则承租人在签订《回租租赁合同》时,向中成租赁提供租赁物的购买合同、发票,并出具租赁物接收证明等文件的行为,构成对中诚租赁的欺诈,中诚租赁对租赁物不存在的事实并非明知或应知,亦未行使

---

① 最高人民法院民法典贯彻实施工作领导小组:《中华人民共和国民法典总则编理解与适用(下)》,人民法院出版社 2020 年版,第 729 页。

撤销权,故《回租租赁合同》仍有效。

2. 哪些情形构成虚构"租赁物"

有观点认为,虚构租赁物有狭义和广义之分。狭义的虚构租赁物是指租赁物客观不存在且无法转移所有权;广义的虚构租赁物不仅包括狭义的虚构租赁物,而且还包括租赁物客观存在但是所有权未发生转移、价值差异型下的租赁物价值明显低于融资金额等其他方式。① 最高人民法院则以房地产等不动产、权利、单纯以软件作为租赁物等情形举例。②

到底哪些情形构成虚构"租赁物"? 笔者认为,"虚构"的客体为"租赁物"。"租赁物"既要具有适合"租赁"的特征,也要符合"物"的属性。因此,出现以下情形,均可适用"虚构租赁物"规则:一是租赁物不存在,包括客观不存在、未特定化等情形;二是性质不适合作为租赁物,例如消耗品、房地产、城市道路、权利等;三是所有权未转移至出租人,包括无法转移、未发生转移等情形;四是明显的"低值高估",例如(2018)最高法民再373 号案。综合来看,虚构租赁物未能实现"融物",与构成"融物"的规则相互照应。

五、部分虚构的法律后果

部分租赁物虚构的,可在同一案件中分别处理融资租赁和借款法律关系。

在"融资租赁合同"的合同项下,仅有部分租赁车辆真实存在并完成所有权转移,此部分应构成融资租赁法律关系。虽然承租人就其余车辆出具了交车确认单,但无证据证明车辆实际存在,就此部分双方之间成立借款法律关系。案涉《融资租赁合同》实际包含融资租赁和借款两种法律关系,两种法律关系中的租金、借款数额、已还款数额及双方的权利义务均应当按照《融资租赁合同》的约定确定。在《天津滨海新区法院发布十大融资租赁案

---

① 郑伊芯、程平:《虚构租赁物对于融资租赁合同效力的影响》,http://www.east-concord. com/zygd/Article/202010/ArticleContent_1910.html,最后访问日期:2021 年 9 月 11 日。
② 最高人民法院民法典贯彻实施工作领导小组:《中华人民共和国民法典合同编理解与适用(三)》,人民法院出版社 2020 年版,第 1623—1626 页。

例》中,滨海新区法院对于田某已支付的款项认为,依法应当先冲抵无担保的借款关系项下的借款本息,再冲抵融资租赁合同项下的租金和损失。就已收回的 4 台车,双方已就车辆价值协商一致,原告和田某之间的融资租赁关系已于收车时解除,原告只能主张解除后的损失,即未付租金、违约金与所收回车辆价值的差额;就未收回的四台车,租赁支付期间已届满,原告有权主张未付租金及违约金。本案不存在合同无效情形,在合同有效的前提下,案涉名为"融资租赁合同"的法律关系性质问题,属于司法审查确认的范畴,不影响保证人依约承担合同义务,且刘某作为原出卖车辆公司的法定代表人,对虚构部分租赁物的事实应当知晓,对签订保证合同的法律后果应当有预见性,在无证据证明原告和田某故意骗取其保证的情况下,刘某应当对两种法律关系中田某的债务承担连带保证责任。一审判决后,刘某不服上诉,二审维持原判。[①]

(2020)鲁 0104 民初 6849 号案,法院则更倾向于保护保证人利益。济南市槐荫区人民法院认为,根据《民法典》第 737 条的规定,当事人以虚构租赁物方式订立的融资租赁合同无效。方德公司与仲利公司没有真实的交付激光下料机和自动化机器人上下料系统,因此双方签订的融资租赁合同只履行了部分,存在虚构问题,融资租赁合同无效。这是法律的规定。至于实际履行多少,那是另案法官需要解决的问题。保证人由此而签订的保证合同因融资租赁合同的瑕疵和履行问题,保证人不应该承担保证责任。保证人是对全部的租赁物提供保证,有租赁物的存在可以大大减低保证人的法律风险,现租赁物不足,应免除保证人责任。原告的诉讼请求成立,予以支持。仲利公司辩称租赁合同真实有效,已经实际履行,虽然其罗列了很多事实,但仅有书面材料,不能确定有真实租赁物的存在,处理案件的依据应是法律事实而不是书面上存在的依据,因此其辩称不成立,不予采纳。方德公司辩称合同有效,已经实际履行,只是实际交付了 8 台套,而其余部分没有提供充分证据证明租赁物的交付,其辩称不予采纳。

---

① 《天津滨海新区法院发布十大融资租赁案例》,https://mp.weixin.qq.com/s/5hDeSa8MClUTyMv1WFFZ6A,最后访问日期:2022 年 7 月 23 日。

第三节　服务费的司法冲突、法律
合规基础与完善路径

根据《金融租赁公司管理办法》《融资租赁公司监督管理暂行办法》规定,经济咨询、租赁交易咨询分别属于金融租赁公司和融资租赁公司经营范围。据此,收取服务费也当然属于上述公司业务经营的题中之义。但实践中,围绕服务费的争议,尤其是服务费是否"质价相符",经常成为融资租赁纠纷当事人争议的焦点,各地法院判决也不一。

一、冲突判决的核心问题:"质价相符"的判断标准

如何认定服务费"质价相符",能否以《服务确认书》作为充分证据,出租人提供承租人签署的《服务确认书》或类似文件后,是否需要进一步承担"质价相符"的举证责任和不利后果? 对于这些问题,各地法院甚至在同一层级或地区、同一时期的法院都出现过不同认识。

(一) 支持服务费的判决

支持服务费的判决,通常基于承租人已经签署服务确认书或认可服务。在此情况下,法院结合诚实信用原则、综合融资成本等因素,支持服务费。支持的典型事由和情形主要有以下几个方面。

1. 已确认"基于服务支付",已履行完毕,且总体成本未显著过高

2021 年 6 月 18 日,(2021)最高法民终 44 号案,最高人民法院认为,中金融租赁公司与伟翔公司签订《手续费支付协议》约定,基于中金融租赁公司为伟翔公司提供的融资服务,伟翔公司向中金融租赁公司支付融资租赁手续费 2 205 万元。上述协议系双方当事人的真实意思表示,不违反法律法规的强制性规定,且伟翔公司已自愿履行完毕。另外,如前一问题所述,从一审判决最终认定的租金、费用、补偿金等各类款项合计标准来看,本案并不存在伟翔公司融资成本显著过高的情形。因此,伟翔公司上诉所提中金融租赁公司收取的上述费用应予退还或者抵扣的主张缺乏依据,本院不

予支持。

2. 服务协议已对服务费进行确认，法院未进一步要求出租人证明是否实质提供服务

实践中，出租人、承租人签署服务协议的同时，通常会同时签署《服务确认函》等类似附件。上海金融法院于 2022 年 1 月 24 日下发的 (2021) 沪 74 民终 1642 号判决认为，"关于服务费，孝义医院在其与平安公司签订的《服务协议》中已确认平安公司向其提供的发展方案策划、业务咨询、行业竞争分析等服务均已完成，并基于此已向平安公司支付相应的服务费用。现孝义医院、孝义城投公司主张该服务费应在租金中予以扣除，该主张缺乏相应的事实及法律依据，不予支持。"

（二）未支持服务费判决：对"质价相符"做出自由裁量

出租人提供的服务是否与收取的服务费匹配、质价是否相符，很大程度上是一个"量"的衡量和判断，很难有客观统一的标准。不支持服务费的判决，其逻辑基础通常为"质价不符"，法院对出租人已经提供的服务作出判断和裁量，以确定服务与收费是否一致。

1. 部分服务凭证内容空白，未达到约定标准，无实质性服务

2021 年 12 月 17 日，最高人民法院作出 (2021) 最高法民再 296 号判决，该案可谓一波三折，二审法院认为"一审判决仅凭部分空白服务凭证认定工行贵港分行在上述协议中均没有为龙升国际大酒店提供实质性的相关服务，证据不足"。最高人民法院再审认为，"工行贵港分行提供了相关融资顾问服务方案、服务工作记录表，主张其以纸质报告、面谈、电话咨询、电子邮件等形式向龙升国际大酒店多次提供市场研判资料，并已提供了实质性服务。经查，工行贵港分行提交的部分服务凭证或服务记录为空白内容。上述 4 份《投融资顾问业务服务协议》均明确约定，费用支付条件为乙方为甲方成功提供投融资顾问服务，'成功'是指甲方同乙方推荐的融资提供方正式签署融资协议。工行贵港分行依据《投融资顾问业务服务协议》出具的 6 份融资顾问服务方案结构框架基本一致、内容相似，内容多为融资背景、融资方式、产品介绍，未结合龙升国际大酒店财务状况、行业特点对融资方式进行比较分析，也未提出具有针对性的计划建议，对于促成龙升国际大酒店

与融资提供方正式签署融资协议，并未达到合同约定的'成功'标准。工行贵港分行另依据《国际业务综合服务协议》主要提供了金融市场晨报、国家外汇政策、国际市场分析、市场政策研究等资讯内容，依据《综合养老保障服务协议》提供了《如意养老e刊》《养老金观察》《养老金行业动态》等期刊，但上述服务资讯多为公开渠道可获取的资料。工行贵港分行没有根据龙升国际大酒店的实际需求及自身业务范围提出有实质性帮助的建议和方案，其未依据服务协议向龙升国际大酒店提供与其收取费用相对等的实质性服务，属于质价不符。"

2. 应尽工作不应单独计收服务费，确认函不能作为质价相符的充分证据

虽然上海金融法院也有以确认函支持"质价相符"的判决，但在很多案件中，法院也判决将服务费分摊至整个租赁期间内，与租息、保证金等合并计算承租人的融资成本。2020年10月公布的(2020)沪民申1157号判决认为，一是融资租赁中的业务咨询、可行性方案、尽职调查、资金发放、支付管理、贷后管理等服务，均属合同签订和履行中应尽工作，不应单独计收服务费用。融资租赁企业以服务费、咨询费、综合费等名义收取其他费用，只收费不服务或不合理收取的费用，法院应当将之视为实质利息或融资成本，酌情予以调整或减扣。二是租赁公司虽提供《咨询服务确认函》作为新的证据，但该函件全部主文仅4行，对具体服务方式、内容无任何描述，显然不能证明其已经提供与150万元相对应的服务，也就不足以推翻原审判决。

3. 不认可服务费，但可以不进行扣除

(2022)沪74民终196号案，上海金融法院认为，本案的争议焦点为被上诉人中民投公司在计算剩余欠付租金时是否应当扣除服务费。上诉人孝义医院、孝义城投公司认为，中民投公司在支付融资租赁物价款后另向孝义医院收取了服务费490万元，但未提供相应服务，故在计算剩余欠付租金时应当扣除该笔服务费金额。对此，本院认为，该笔服务费实际发生于双方在本案的融资租赁过程中，被上诉人并未提供证据证明实际提供的服务，故相关费用支出可视为融资方孝义医院的融资成本。综合考量本案的实际融资金额以及在整个融资租赁期限内上诉人应支付的租金、违约金及服务费的合计金额，各方当事人在融资租赁合同项下实际约定的综合融资利率并未超过合理范围，故上诉人孝义医院、孝义城投公司关于应在计算欠付租金中

扣除服务费的主张无事实与法律依据,本院不予支持。

二、服务费的法律合规基础和规范

如何认识服务费、"质价相符"的标准和上述争议判决,可以从法律规定、实践情况和监管规定等方面逐一展开。

(一)服务费的法律性质:双务合同

从法律性质上看,服务费合同属于双务合同,出租人享有收取服务费的权利,同时承担提供服务的义务;承租人支付相关费用后,享有要求出租人履行义务的请求权。《全国法院民商事审判工作会议纪要》第51条规定:"金融借款合同中,借款人认为金融机构以服务费、咨询费、顾问费、管理费等为名变相收取利息,金融机构或者由其指定的人收取的相关费用不合理的,人民法院可以根据提供服务的实际情况确定借款人应否支付或者酌减相关费用。"据此,金融机构对服务费等相关费用的收取必须质价相符,即商业银行应当根据客户的实际需要,提供价格合理的服务。顾问与咨询类、资金监管类、资产托管类、融资安排类等业务,特别应当体现实质性服务的要求。如果商业银行收取的财务顾问费等费用与其为付费方提供的服务不对等、未实质提供服务、提供的服务个性化不足等,则容易被认定为"质价不符"。

(二)"质价不符"的常见情形

近几年,财务顾问服务领域大量监管罚单的主要处罚依据是财务顾问服务的质价不符。质价不符,即商业银行收取的财务顾问费等与其为付费方提供的服务不对等,包括服务不值所收取的费用,以及只收费不服务等情形。具体来说,质价不符主要包括以下情形:① 财务顾问合同约定的服务实际未提供。② 服务内容无针对性。例如提供的服务内容为银行业务、产品融资方式介绍,没有结合该企业财务状况、行业特点对融资方式进行比较分析,未提出具有针对性的计划建议;服务报告提供的资讯均为公开渠道可获取的资料,无针对性。③ 财务顾问服务没有实质性内容。例如财务分析报告仅对财务指标进行了分析,未指出财务运行中的问题,未向企业提出财务状况的建议和方案,对企业没有实质性帮助;部分服务报告质量较差,服务报告内容为贷前调查报告内容,且部分服务报告出现大量拼凑及逻辑错误。④ 财务顾问方案大幅雷同。例如不同阶段提供的两份方案框架结构基本一致,除个别数据有所修改外,内容大幅雷同;财务分析报告对不同领域的企业所提供的服务内容几乎相同。⑤ 服务记录造假。例如同一客户经理同一时间竟然"分身"为两家企业提供服务;部分财务顾问服务资料后补痕迹明显。①

(三) 服务费的合规管理规定

2019 年 8 月,市场监管总局、国家发展改革委、工业和信息化部、民政部、财政部、国资委、银保监会在《关于进一步加强违规涉企收费治理工作的通知》中要求"各商业银行开展自查自纠。银保监会督促指导各商业银行总行,严格对照'七不准、四公开'要求('七不准':不得以贷转存、不得存贷挂钩、不得以贷收费、不得浮利分费、不得借贷搭售、不得一浮到顶、不得转嫁成本;'四公开':收费项目公开、服务质价公开、效用功能公开、优惠政策公开)"。2018 年 1 月,原中国银监会在《关于进一步深化整治银行业市场乱象的通知》中亦进一步重申和明确了"七不准"的要求。

而关于"七不准"的具体含义,2012 年 1 月 20 日,《中国银监会关于整治银行业金融机构不规范经营的通知》中有明确规定:① 不得以贷转存。银行信贷业务要坚持实贷实付和受托支付原则,将贷款资金足额直接支付给借款人的交易对手,不得强制设定条款或协商约定将部分贷款转为存款。② 不得存贷挂钩。银行业金融机构贷款业务和存款业务应严格分离,不得以存款作为审批和发放贷款的前提条件。③ 不得以贷收费。银行业金融机构不得借发放贷款或以其他方式提供融资之机,要求客户接受不合理中间业务或其他金融服务而收取费用。④ 不得浮利分费。银行业金融机构要遵循利费分离原则,严格区分收息和收费业务,不得将利息分解为费用收取,严禁变相提高利率。⑤ 不得借贷搭售。银行业金

---

① 最高人民法院民事审判第二庭:《〈全国法院民商事审判工作会议纪要〉理解与适用》,人民法院出版社 2019 年版,第 332 页。

融机构不得在发放贷款或以其他方式提供融资时，强制捆绑、搭售理财、保险、基金等金融产品。⑥ 不得一浮到顶。银行业金融机构的贷款定价应充分反映资金成本、风险成本和管理成本，不得笼统地将贷款利率上浮至最高限额。⑦ 不得转嫁成本。银行业金融机构应依法承担贷款业务及其他服务中产生的尽职调查、押品评估等相关成本，不得将经营成本以费用形式转嫁给客户。

银保监会在 2022 年 5 月 1 日实施的《关于规范银行服务市场调节价管理的指导意见》中规定，对于融资类业务，不得未提供实质性服务而收取费用。

综上，从合规角度来看，似乎目前受到规范的主要是银行业金融机构。但如前所述，鉴于服务合同的双务合同性质，在司法实践中，法院通常也会以"质价相符"作为认定其他资金提供方服务费是否合理的标准。

三、实践中常见争议和需要进一步探讨的问题

从法院判决和实践情况看，服务费相关的常见争议和需要进一步探讨的问题主要包括以下三个方面。

（一）确认函能否成为质价相符"一锤定音"的证据

从各地法院判决存在冲突的情况来看，一个很关键的问题是，在承租人已经出具《服务确认书》等类似函件的情况下，法院是否需要进一步审查出租人的服务提供情况。对此，笔者认为，首先，根据诚实信用原则，对于承租人已经出具确认函的，应由承租人承担相应后果。诚实信用是民事法律行为的帝王原则，对于承租人已经出具确认函的，作为具有民事法律行为能力的主体，除非其能够证明存在行为无效或可撤销的情形，否则，应对其行为承担法律后果。2021 年 4 月 27 日，上海金融法院在（2021）沪 74 民终 393 号判决中认为，"本案的争议焦点主要在于被上诉人平安融资租赁公司应否收取服务费。上诉人玻新材料公司主张，平安融资租赁公司未出示其提供具体服务内容的证据，故收取服务费没有依据。然而，民事诉讼应遵守诚实信用原则。根据玻新材料公司出具的《确认函》，该公司已认可平安融资租赁公司为其提供了发展方案策划、业务咨询、行业竞争分析、流程优化改进、

财务规划咨询、管理咨询等服务,并确认将按约支付金额为 108 900 元的服务费。因此,对玻新材料公司的该项上诉理由,本院不予支持。"[1]其次,承租人已经出具确认函的,认可服务费更符合合同签署时双方真实意思。融资租赁合同签订时,承租人对整体融资成本有综合考量和计算,将服务费计入其总体成本,符合融资时的真实意思。再次,从举证责任分配角度来看,出租人已经提交承租人"服务符合要求"书面材料的情况下,举证责任已经初步完成。除非承租人证明该证据材料系虚假,否则应承担举证不能的法律后果,而不应继续责令出租人提交服务提供情况的证据。综上,在承租人已经签署相应完整的服务确认函的情况下,应推定承租人已对服务予以认可。

尽管持有以上观点,但进一步来看,由于质价是否相符属于"司法自由裁量"领域,在承租人已经签署确认书的情况下,是否需要做进一步审查更多的是要考虑司法立场和价值取向。由此,对于服务费的审查和裁判,当务之急还是要通过统一裁判规则来引导市场主体规范交易行为,形成明确的行为预期。在统一规则适用之前,还是以维护诚实信用规则为要。对于谈判能力、缔约能力、法律认知能力较弱的金融消费者、公司法人等商事主体应区别保护,兼顾公平和秩序更为合理。

(二) 第三方收取的法律认定

实践中,为了规避综合融资成本过高或服务费"质价不符"的问题,部分出租人在提供融资时,通过自身关联方,例如担保公司、资产管理公司等收取服务费,或向承租人关联方收取服务费。对于该情形,法院在审查时,一般通过服务费和财务顾问费等的收取节奏与利息收取节奏是否一致、费用的收取与贷款金额是否存在比例关系、签订财务顾问协议时间和收取融资顾问费时间与贷款发放时间接近等事实判断服务费与贷款业务是否存在关联。经审查,确实没有证据证明案外人收取的财务顾问费与金融借款之间

---

[1] 北京市第二中级人民法院(2021)京 02 民终 10707 号也认为,"从《确认函》内容看,确认函中明确载明人民医院已经收到了《服务报告书》,且环球租赁公司已向人民医院提供了《咨询服务合同》约定的全部服务内容,即付款行为系人民医院明确认可环球租赁公司已经完成合同约定的义务后的履行行为。"

具有关联性,法院难以支持债务人要求酌减或者抵扣的请求。[①] 同样,在前述(2021)最高法民再 296 号判决中,最高人民法院认定:案外人中景公司分别于 2012 年 12 月 27 日、2013 年 6 月 28 日、2014 年 3 月 31 日向工行贵港分行支付服务费用共计 646 万元,上述 3 个时间点均为龙升国际大酒店向中景公司转账的当日或次日,且后两次转账金额与金融服务费用数额一致。从现有证据看,该 646 万元与本案借款存在高度关联性。工行贵港分行主张其向中景公司提供了《投融资顾问业务服务协议》及相关国际业务金融服务,但其提供的证据不足以证明其向中景公司提供了质价相符的服务,也不足以证明中景公司支付的 646 万元服务费与本案无关。

(三) 服务费和手续费不应混为一谈

如前所述,服务费通常是双务合同项下标的,而手续费一般没有对价,属于单务合同项下的标的。从会计上看,手续费通常随租金确认,服务费按服务合同期限摊销。根据《企业会计准则第 21 号——租赁》第 8 条"最低租赁付款额,是指在租赁期内,承租人应支付或可能被要求支付的款项(不包括或有租金和履约成本),加上由承租人或与其有关的第三方担保的资产余值"、第 9 条"最低租赁收款额,是指最低租赁付款额加上独立于承租人和出租人的第三方对出租人担保的资产余值",租金及手续费均属于最低收款额范畴;根据第 19 条"未实现融资收益应当在租赁期内各个期间进行分配。出租人应当采用实际利率法计算确认当期的融资收入"。出租人针对租金及手续费一般采用实际利率法,分期确认收入,计入"租赁收入——融资租赁收入"科目。而关于咨询服务费,根据《企业会计准则第 14 号——收入》第二章第 2、11 条的规定,出租人通常以权责发生制为基础,在咨询服务合同期内按序时进度确认收入,计入"手续费收入——咨询费"科目,按月摊销计入收益。

(四) 服务费争议是否必须与融资租赁合同纠纷一并处置

(2022)最高法民申 40 号案,最高人民法院认为,"关于租赁服务费应否

[①] 最高人民法院民事审判第二庭:《〈全国法院民商事审判工作会议纪要〉理解与适用》,人民法院出版社 2019 年版,第 333 页。

纳入审理并抵扣租赁本金问题。根据原判决查明认定,渤海租赁与成都沃沐签订融资租赁合同,具备融资和融物双重属性,双方之间形成融资租赁法律关系且合法有效。《租赁服务协议》建立的服务合同关系与本案争议的融资租赁合同关系并非同一法律关系,成都沃沐申请再审,主张《租赁服务协议》系渤海租赁为规避法律规定收取的额外的租金利息,没有提供充分证据证明。原审基于租赁服务费与本案融资租赁合同系基于不同法律关系,认为成都沃沐向渤海租赁以及案外人支付的服务费应另行处理,对其在本案中予以抵扣的主张未予支持,并无不当。"

无独有偶,(2022)京 0102 民初 10862 号案,北京市西城区人民法院也认为,"关于咨询服务费是否应在租赁本金中扣除。新兴能源公司与中建投公司签订《咨询服务协议》,且该《咨询服务协议》未作为《融资租赁合同》的组成部分,协议主体与融资租赁主体不一致,与本案处理的融资租赁关系非同一法律关系,且综合考虑融资成本未超过法定上限,故对于新兴能源公司的该项主张,本院不予采信。新兴能源公司与中建投公司如就《咨询服务协议》存在争议,可另行解决"。

同一法律关系通常是指同一债权债务关系,即法律关系的主体、客体或权利义务关系相同。而融资租赁合同和服务合同,从表面约定的权利义务内容上来看的确不一致,属于不同法律关系。在诸多案件中,法院也参照通谋虚伪规则,依照双方真实意思,例如(2022)沪 74 民终 196 号案,上海金融法院认定"相关费用支出可视为融资方孝义医院的融资成本",对融资租赁合同和服务合同作出一并处理。

四、2023 年金融审判工作会议后"服务费"的完善建议

实践中,出租人有提高收益的需求,承租人有降低成本的需求。从平衡双方权利义务、促进市场交易和遵守法律监管规则的角度,笔者建议如下。

(一) 可以变更"服务费"为"首期租金"

终局性解决服务费"质价相符"问题,最直接的方法是不再收取服务费,将服务费对应的收益以首期租金或首期款等形式。首期租金属于"租金"的一种,是出租人提供融资的对价。对于该常见模式,上海法院系统的观点很

有代表性。融资租赁合同明确约定了首付租金金额和付款时间,虽然首付租金金额较高且仅对应一个租期,但该约定未违反禁止性规定,应为有效,且扣除后承租人从未提出异议,并支付其余租金,应视为同意。对于首付租金占融资总额的比例是否过高,应结合首付租金、租期、总融资金额等进行综合判断。假如确属过高的情形,法院有权进行调整,以防当事人借融资为名行借贷之实。[①]

虽然法院原则上也要对首付租金比例是否过高进行审查,但总体来看,较服务费的"质价相符"争议,首期租金的法律合规风险明显减低。尽管如此,较首期租金,服务费还是有一定优势:一是从税务上看,根据《国家税务总局关于融资性售后回租业务中承租方出售资产行为有关税收问题的公告》:"融资性售后回租业务中承租方出售资产的行为,不属于增值税和营业税征收范围,不征收增值税和营业税……租赁期间,承租人支付的属于融资利息的部分,作为企业财务费用在税前扣除。"售后回租中,首期租金无法以增值税形式抵扣;而服务费可以开具增值税专用发票,一般就对应增值税部分(一般为6%),出租人可以抵扣。二是从会计上看,对于承租人来说,首期租金属于租金的一部分,体现在融资租赁合同中,合同实际利率或年化利率较高,如果承租人严格控制合同融资成本,不审查综合成本的公司,通常合同中所载利率无法通过其公司内部审查;而对于出租人来说,服务费可以约定单独的服务期,较首期租金完全附随租期,服务费在摊销和记账等方面更为灵活。

(二)服务费的合规建议

2012年1月20日,《中国银监会关于整治银行业金融机构不规范经营的通知》提出四方面的原则要求;2022年5月1日起实施的《关于规范银行服务市场调节价管理的指导意见》对服务费提出了七方面要求。结合融资租赁行业特点,合规收取服务费,应当坚持以下原则。

1. 合规收费

服务收费应科学合理,服从统一定价和名录管理原则。银行业金融机

① 茆荣华:《上海法院类案办案要件指南(第1册)》,人民法院出版社2020年版,第78页。

构应制定收费价目名录,同一收费项目必须使用统一收费项目名称、内容描述、客户界定等要素,并由法人机构统一制定价格,任何分支机构不得自行制定和调整收费项目名称等。对实行市场调节价的收费项目,应在每次制定或调整价格前向社会公示,充分征询消费者意见后纳入收费价目名录并上网公布,严格按照公布的收费价目名录收费。

2. 以质定价

服务收费应合乎质价相符原则,不得对未给客户提供实质性服务、未给客户带来实质性收益、未给客户提升实质性效率的产品和服务时收取费用。对于"质价相符"应注意以下三个方面:一是针对性,提供个性化定制服务;二是充分性,具备一定数量,能够达到质价相符的标准;三是价值性,体现对承租人的服务和帮助,并得到承租人的书面确认或认可。

3. 加强管理

将价格管理融入服务方案设计、业务策略制定、服务质效评估等环节中,指定专门部门牵头负责,通过建立内部协调机制,统筹各业务部门和服务单元落实职责分工,加强对服务价格执行情况的指导和监督;将服务价格管理和执行情况纳入审计范围,防止出现违反服务价格管理要求、强制接受服务、不当利益输送等损害金融消费者合法权益的情况。

4. 公开透明

服务价格应遵循公开透明原则,各项服务必须明码标价,充分履行告知义务,使客户明确了解服务内容、方式、功能、效果,以及对应的收费标准,确保客户了解充分信息,自主选择。

5. 减费让利

银行业金融机构应切实履行社会责任,对特定对象坚持服务优惠和减费让利原则,明确界定小微企业、三农、弱势群体、社会公益等领域相关金融服务的优惠对象范围,公布优惠政策、优惠方式和具体优惠额度,切实体现扶小助弱的商业道德。

(三) 总体偏严的司法审判趋势

总体来看,除了监管部门对于乱收费问题三令五申外,法院系统对于服务费的态度也愈发趋严。

　　从 2023 年全国法院金融审判工作会议精神来看，为保障国家普惠金融政策的落实，保护借款客户、金融消费者的合法权益，在案件审理中应当把握如下三个方面：一是对没有明示的利息不予支持。利息及利率是借款合同的核心要素，根据《商业银行法》第 47 条规定和中国人民银行〔2021〕第 3 号公告要求，所有从事贷款业务的机构均应向借款人明示年化利率，贷款年化利率应以对借款人收取的所有贷款成本与其实际占用的贷款本金的比例计算。贷款人或其代理人与客户签订融资性服务合同时，未以明显的方式向客户提示贷款的年化利率，致使客户没有理解和注意到应支付的实际贷款成本负担，客户主张以合同约定的名义利率支付款项，超出部分不成为合同内容的，应当予以支持。这里所说的贷款年化利率，是一个实际成本的概念，以向借款人收取的所有贷款成本与其实际占用的贷款本金的比例计算，其中，贷款成本包括利息及与贷款直接相关的服务费、保证保险费、融资担保费等各类费用。二是依法否定违反监管政策的利息约定效力。金融机构违反国务院金融管理部门及国务院相关部门发布的政策规定，超出国家金融监管政策规定收取利息的，应当认定超过部分无效；违规向中小微型企业收取贷款承诺费、法人账户透支业务承诺费、银行承兑汇票敞口管理费、资金管理费、财务顾问费、咨询费等禁止或限制收取的费用，或者在发放贷款时强制搭售保险收取高额服务费用等变相增加企业隐性融资成本的，应当认定无效。三是违规收取的利息和费用的处理。对金融机构和地方金融组织违规收取的利息和费用，借款人主张依照《民法典》第 561、670 条的规定冲抵本金和利息的，人民法院应当予以支持。①

　　2023 年 3 月 3 日，上海市高级人民法院发布《关于司法服务保障经济社会高质量发展的若干意见》，在"5. 缓解中小微企业融资难题"一节也明确提到"规范商业银行、融资租赁公司、保理公司、典当公司、小额贷款公司等金融机构和市场主体的经营行为，严格审查以服务费、咨询费等各类费用为名变相收取高额利息的行为，对超出法律法规允许范围的利息部分，依法不予保护。引导金融机构在合同中向借款人明确提示说明年化利率。"

---

① 刘贵祥：《关于金融民商事审判工作中的理念、机制和法律适用问题》，《法律适用》2023 年第 1 期。

参考文献

一、专著

[1] 最高人民法院民法典贯彻实施工作领导小组.中华人民共和国民法典总则编理解与适用（下）[M].北京：人民法院出版社,2020.

[2] 最高人民法院民法典贯彻实施工作领导小组.中华人民共和国民法典物权编理解与适用（上）[M].北京：人民法院出版社,2020.

[3] 最高人民法院民法典贯彻实施工作领导小组.中华人民共和国民法典物权编理解与适用（下）[M].北京：人民法院出版社,2020.

[4] 最高人民法院民法典贯彻实施工作领导小组.中华人民共和国民法典合同编理解与适用（一）[M].北京：人民法院出版社,2020.

[5] 最高人民法院民法典贯彻实施工作领导小组.中华人民共和国民法典合同编理解与适用（二）[M].北京：人民法院出版社,2020.

[6] 最高人民法院民法典贯彻实施工作领导小组.中华人民共和国民法典合同编理解与适用（三）[M].北京：人民法院出版社,2020.

[7] 最高人民法院民事审判第二庭.最高人民法院民法典担保制度司法解释理解与适用[M].北京：人民法院出版社,2021.

[8] 最高人民法院民事审判第二庭.《全国法院民商事审判工作会议纪要》理解与适用[M].北京：人民法院出版社,2019.

[9] 最高人民法院民事审判第二庭.最高人民法院关于融资租赁合同司法解释理解与适用[M].北京：人民法院出版社,2016.

[10] 李国光.最高人民法院关于适用《中华人民共和国担保法若干问题的解释》理解与适用[M].长春：吉林人民出版社,2000.

[11] 江必新.融资租赁合同纠纷[M].北京：法律出版社,2014.

[12] 江必新.中华人民共和国民法典适用与实务讲座（下册）[M].北京：人民法院出版社,2020.

[13] 江必新,夏道虎.中华人民共和国民法典重点条文实务详解（中）[M].北京：人民法

院出版社,2020.

[14] 茆荣华.融资租赁合同纠纷类案办案要件指南[M].北京：人民法院出版社,2020.

[15] 茆荣华.上海法院类案办案要件指南(第一册)[M].北京：人民法院出版社,2020.

[16] 梁慧星,陈华彬.物权法[M].北京：法律出版社,1997.

[17] 谢在全.民法物权论(上册)[M].北京：中国政法大学出版社,1999.

[18] 王泽鉴.民法物权(第1册)[M].北京：中国政法大学出版社,2001.

[19] 刘心稳.票据法[M].北京：中国政法大学出版社,2006.

[20] 安建.中华人民共和国企业国有资产法释义[M].北京：法律出版社,2008.

[21] 刘德权.最高人民法院裁判意见精选(下)[M].北京：人民法院出版社,2011.

[22] 朱庆育.民法总论(第二版)[M].北京：北京大学出版社,2016.

[23] 李阿侠.融资租赁案件裁判精要[M].北京：法律出版社,2018.

[24] 杨立新.《中华人民共和国民法典》条文精释与实案全析(中)[M].北京：中国人民大学出版社,2020.

[25] 杜涛.中华人民共和国民法典学习问答(合同编)[M].北京：中国法制出版社,2020.

[26] 石宏.《中华人民共和国民法典》释解与适用·合同编(下册)[M].北京：人民法院出版社,2020.

[27] 韩耀斌.融资租赁司法实务与办案指引[M].北京：人民法院出版社,2020.

[28] 高圣平.民法典担保制度及其配套司法解释理解与适用(下)[M].北京：中国法制出版社,2021.

[29] 许建添,袁雯卿.融资租赁法律实务20讲[M].北京：法律出版社,2023.

二、期刊文章

[1] 傅鼎生.票据行为无因性二题[J].法学,2005(12).

[2] 钱晓晨.关于《中华人民共和国融资租赁法(草案)》民事法律规范若干问题的评析[J].法律适用,2006(4).

[3] 宋晓明,刘竹梅,原爽.关于审理融资租赁合同纠纷案件适用法律问题的解释的理解与适用[J].人民司法,2014(7).

[4] 刘汉霞.我国知识产权融资租赁的现实困惑与法律规制[J].知识产权,2017(8).

[5] 常洁,曹明哲.融资租赁中的自物抵押权不适用混合共同担保规则[J].人民司法·案例,2018(14).

[6] 李阿侠.回购担保合同的法律定性与裁量规则——对回购型融资租赁合同纠纷案的评析[J].天津法学,2018(4).

[7] 刘保玉,张炬东.论动产融资租赁物的所有权登记及其对抗效力[J].中州学刊,2020(6).

[8] 郑思清.价金担保权优先顺位的司法适用[J].山东法官培训学院学报,2022(1).

［9］高圣平.上市公司对外担保特殊规则释论——以法释〔2020〕28 号第 9 条为中心 [J].法学,2022(5).

［10］刘贵祥.当前民商事审判中几个方面的法律适用问题[J].判解研究,2022(2).

［11］刘贵祥.关于金融民商事审判工作中的理念、机制和法律适用问题[J].法律适用, 2023(1).

三、报纸文章

刘颖,张荣旺.构筑物租赁出局金租发力"融物"业务[N].中国经营报,2022 - 03 - 28(17).

索 引